To Marry Bill Gates

嫁給比爾・蓋茲

美琳達與比爾・蓋茲幸福家庭的相處藝術

金誠致 ● 編譯

臺灣商務印書館 發行

引 子

美琳達在童年的時候，閱讀了一則童話故事，這是對她印象最深的至今也無法忘記的美好記憶，以至於影響著她的一生，特別是她的處世藝術。這則童話故事是這樣的：

北風與太陽都爭著誇耀自己的能力比對方強，正當他們爭論得面紅耳赤的時候，來了一位穿大衣的老人。太陽對北風說：「誰能先讓那位老人把大衣脫掉，誰就最能幹。」

北風答應了，並且非常驕傲地說：「當然是我北風最強，你看，我馬上就把那老人的大衣吹下來。」

說著，他鼓足了勁，使勁向那老人吹去。誰知道吹得越用力，老人將大衣裹得越緊。最後，北風只得搖頭認輸。

這時，太陽從烏雲後邊露出臉來，並笑眯眯地逐漸增加著溫度。只見老人不斷地擦汗，接著就把大衣脫下來了。太陽於是對北風說：「溫暖地體貼別人總比強硬地迫使別人好！」

序

美琳達嫁給世界上最富有的男人比爾·蓋茲，她是如何獲得幸福的呢？她怎樣處理事業與家庭、財富與愛情的關係呢？

美琳達與比爾幸福家庭的相處藝術，對於我們有哪些啟發和借鑑呢？

擁有財富卻不一定獲得幸福，擁有事業卻不一定獲得家庭。處理好愛情、家庭、事業與財富的關係，特別是當代女性處理與富有丈夫的關係，這是現代社會很多人必須研究的問題。

比爾創造了世界上最多的財富，他的夫人美琳達創造了世界上最富有的男人！

比爾是世界上最富有的男人，美琳達則是世界上婚姻家庭情感生活最富有的女人！

比爾與美琳達，他們夫妻倆相得益彰，在事業與家庭、財富與愛情方面，猶如太陽和月亮交相輝映，他們是世界上真正的當之無愧的「超級首富」！

他們用自己的「神話」證實了一個真理：每一個成功男人後面都有一個好女人！當人們更多地關注比爾創造微軟帝國有關經營、管理和發展等問題的時候，往往並不在意這位微軟靈魂人物的人生經歷，還有他那位生活在金字塔頂端的夫人的情感世界，特別是她獨到的創造幸福家庭的賢慧、寬容、理解和善良的精神實質和處世藝術。

美琳達，一位平凡普通、默默無聞的女人，她與瘋狂執著、不拘小節的比爾組成了默契的事業搭檔和幸福的婚姻家庭。比爾

情場失意時，美琳達幫他找回愛的甜蜜；比爾全心投身商戰時，美琳達甘願做他堅強後盾；比爾官司纏身時，美琳達與他攜手走向聽證席……

美琳達與丈夫比爾，一起回憶甜蜜的過去，一起憧憬美好的未來，一起兌現他們許下的美麗諾言……

如果說比爾的創業是靠高度的熱情、睿智的頭腦與獨到的眼光。那麼他的守業與發展在更大程度上靠的是理智的夫人、美滿的婚姻和港灣般的幸福家庭。

本書全視角展現了美琳達與丈夫比爾這對志趣相投的情人、幸福生活的伴侶、宏偉事業的搭檔，展現了美琳達高超的處世藝術和賢妻良母的形像。美琳達與比爾這對世界上無論愛情與財富、家庭與事業都最富有的夫婦，會給許許多多愛情、婚姻、家庭和事業都迷茫的人們，帶來許多有益的信息。

嫁給富有的人能夠獲得幸福！
嫁給不富的人也能創造幸福！

目 錄
content

第 **1** 章 /
走向微軟的足跡

美琳達用自己女性特有的偉大的溫柔和賢慧，默默地推對動著比爾的前進，默默地推動著微軟的發展。美琳達用自己女性特有的情感和胸懷，默默地滋養著比爾的心靈，默默地滋養著微軟的生命。

NO1　走向微軟的足跡

微軟是一個充滿傳奇色彩的世界級企業，它的背後有著許多鮮為人知的感人故事。故事的主角——比爾·蓋茲，世界上最富有的男人，他是世界上婦幼皆知的人物。當我們把注意力過多集中在他的財富、成就與管理藝術上時，往往並不十分在意他多面的人生與情感經歷，特別是與這位傳奇人物最親密的人，他的夫人——美琳達·夫蘭奇，知之者更是甚少。

美琳達是如何與比爾相處的呢？美琳達是如何創造世界上最富有的男人的呢？美琳達是如何獲得幸福家庭生活和美滿的婚姻情感的呢？……

美琳達·夫蘭奇並不是一位叱咤風雲的職業女性，她的表現更多展現出的是一位溫柔賢慧的母親，體貼入微的妻子。她沒有傳奇般的人生經歷，直至嫁給了這個世界上最富有的男人，她還依然保持著自己平凡的本色。

可以這樣說，美琳達的一生，是屬於微軟的，正像她自己曾認為的那樣，或許生來上帝就注定讓她成為一位微軟人。雖然她從不認為自己先前的生活、學習與微軟有過任何聯繫，但是從她走進微軟後，她的職業、情感生涯在不經意中融入了微軟，並開始經歷著這裡發生的一個個奇蹟……

美琳達用自己女性特有的偉大的溫柔和賢慧，默默地推動著比爾的前進，默默地推動著微軟的發展。美琳達用自己女性特有的情感和胸懷，默默地滋養著比爾的心靈，默默地滋養著微軟的生命。

美琳達這位充滿神秘色彩的平凡女性，用自己的一言一行感動著比爾和微軟，甚至世界上每一個崇敬她的男人和女人們。

美琳達的性格、思想、意識深深根植於她的成長歷程。

一九六四年十月二十日，在美國達拉斯州一個不出名的小鎮，美琳達來到了這個世界，她的家庭是一個普通得不能再普通的中產階級家庭。像這樣的家庭在美國是一個占主流群體的階層，所以，她的童年經歷與當地其他家庭的孩子沒有什麼區別。

美琳達的母親非常賢慧，名叫依蓮·夫蘭奇，是一家公司的職員。她與美琳達的父親愛德華·夫蘭奇，一位出色的航天專家，一共生育了四個孩子。美琳達除了有兩個哥哥之外，還有一個比她小三歲的妹妹——西卡杰·夫蘭奇。

童年的美琳達不善言談，總是與周圍的人保持一定距離，表現得極其內向，所以沒有人想像得出她將來會過上什麼樣的日子。直到現在，美琳達都很畏懼在公眾場合展現自己的才能，不過她的舉止倒是很有風度。

在所有家庭成員中，美琳達最聽母親的話，母親經常給幾個孩子講述過去發生過的事。

依蓮·夫蘭奇在一九五四年的時候到過紐約。那時，美琳達的外公哈德·維爾奇是一家快遞公司的主管，外婆是佛羅里達人，他們先後生了六個孩子。相對拮据的生活，使依蓮·夫蘭奇在很小的時候就學會了照顧自己。當家人不在的時候，六歲的依蓮經常拿用餐券到附近的一家餐廳吃飯。更讓童年的美琳達不可理解的是，她的外公很少關心自己的母親，甚至那時依蓮最喜歡的節日禮物——一塊巧克力，或是一個布娃娃，他都很少買回來。

依蓮與愛德華一家並沒過上富裕的生活，但家庭中所有人都相處得很和諧，一家六口人過得其樂融融。

他們家也是所有親戚朋友的集散地，尤其是愛德華經常在家中招待一些志同道合的朋友，他們經常聚集在一起談天，或是研究一些問題。那時，他將家裡的一間臥室特別整理了一番，用作接待客人。他家雖是一個中產階級家庭，愛德華也是一位非常出色的航天工程師，但經濟收入並不豐厚。

不過那段日子給美琳達留下的印象並不很深。在美琳達上小學四年級的時候，依蓮重返工作崗位，在此之前，她只能在家照料自己最小的女兒西卡杰‧夫蘭奇。一家人過得緊張而充實，孩子們都開始懂得了學習，愛德華與依蓮都在努力工作。

後來，美琳達的一個哥哥麥查得‧夫蘭奇考入紐約州立大學，一年當中很少回來。她的另一個哥哥維得‧夫蘭奇則很早就工作了。接下來父母把希望寄予了美琳達，希望她能完成大學學業，並能找到一分好的工作。美琳達很爭氣，一直讀完了商學院，所以，父母經常會因自己女兒的出色表現而自豪不已。

當這個家庭中所有孩子都各奔東西的時候，美琳達的母親依蓮常提起的一句話就是：

「還不如過著窮日子快活呢。」

直至後來美琳達成為比爾的夫人，一位世界上最有錢男人的妻子，依蓮仍沒放棄同樣的看法，相信美琳達的出嫁也是依蓮最快樂也是最心痛的事。

如果說美琳達的聰明源於他的父親，那麼她的賢慧則賴於母親依蓮的功勞。當然，依蓮也是一個非常聰明的人，在她讀小學的時候，學習成績一直都名列前茅，最後如願考入了紐約州立大

學，也就是美琳達的哥哥後來就讀的那所大學。

就是在這所大學，她認識了愛德華。很快，相同的志趣與人生觀讓他們幸福地結合了，後來因為愛德華必須要到達拉斯工作，所以依蓮與愛德華就在達拉斯安了家。他們相互之間很諒解，也不曾吵過一次架。有時，因為一些瑣碎的事情，依蓮會嘮叨丈夫幾句，可對方總是笑笑就了事，依蓮隨後也就沒有了脾氣。這一點與美琳達和比爾之間化解糾紛的方式驚人地相似。

有時，美琳達兄妹幾個湊到一塊開母親的玩笑，依蓮總是耐心地與他們談笑。

在四個孩子中，母親最喜歡美琳達，不只是因為她更聽父母的話，還因為她做事非常認真、細心。因此，美琳達常會招來妹妹的嫉妒。的確，西卡杰長得要比美琳達漂亮一些，但她可是個讓美琳達頭疼的傢伙，小的時候她們曾是最好的玩伴，但是西卡杰經常會背著美琳達拿家裡的錢去買一些零食。每次不論她如何掩飾，還是會讓母親發現。家裡丟錢的事，依蓮從來不懷疑美琳達。在後來美琳達讀大學，走進微軟，每一個結識過她的人，都會真切地感受到，她是一個誠實且可以信賴的人。所以一直到現在，比爾還是對她寵幸有加，甚至將微軟近三百億美元的慈善基金交給了她與自己的父親亨利來管理。

美琳達是一個懂事比較早的女孩，當她還在當地一家天主教私立學校讀書的時候，就已經會做許多家務事，有時會幫母親洗衣服，有時帶妹妹去上學。但那時的她還是顯得有些單純，有時也被複雜的情感所困。當她快要升入九年級的時候，有一次，母親對她說：

「你應該有個大人樣了。」

那時，美琳達僅僅十五歲，聽完母親的話，美琳達決定先從自己的髮型變起。先前她只是習慣紮著小辮，那次她讓母親依蓮幫她將頭髮拉直了，並找來她那時的好友梅迪‧利亞幫忙。從那時起，美琳達習慣於在家裡一邊與母親說話，一邊整理自己的頭髮。

當時，美琳達非常希望升入高年級時能使自己成為一位別人羨慕的大女孩。雖然她自認為自己並不漂亮，但是她也像許多女孩子一樣不曾放棄過對美的追求。但不久她對自己的新髮型不滿意了，她又請求母親帶她到專業理髮店。母親無奈，帶她到附近一所教堂後面的美容店。她非常認真地給那位理髮師看了她喜歡的髮型照片，並告訴他，自己就要那個樣子。

理髮師拿起剪刀便開始為她工作了，依蓮在一旁與她聊天，但她的心思卻在自己的頭髮上，對與母親的談話並沒有多大的興趣。但最終的修理結果更讓她感到不滿意，母親安慰說：

「沒關係，不久便會長長的。」

或許有人會認為美琳達是個非常挑剔的人，要是這樣認為就錯了。實際上，美琳達是個很豁達的女孩，這在她婚後就表現出來了。在婚後她不曾抱怨過什麼，也很少關心自己的得失，為了比爾的事業，她做得相當完美，甚至傾注了她所有的感情。

那次剪髮後，美琳達好久不願出家門，直到想出變通的辦法——到雜貨店買一些絲帶，將頭髮紮起來。雖然那是多年以前的事情了，但從中可以窺見美琳達是怎樣的一個人——懼怕自己任何改變給別人或是自己的整個生存空間帶來任何的不和諧或者不好的影響。

讀高中三年級的時候，美琳達所在學校像其他許多學校一樣

成立了一個「文化自助委員會」的學生團體，這對於許多學生來說是非常新奇的事。加入這個團體的都是學生中的精英，大家經常在一起探討一些不同種族、階層等背景的學生生活與人生價值問題。那時，校方的一位主任極力推薦美琳達加入其間，原因很簡單，美琳達的父親是該校學生家長中惟一的航空專家。那年代，美國的航空事業一直遙遙領先於任何國家。學校的師生都非常關注這些，他們更想讓美琳達談談擁有一位這樣的父親，會怎樣來看待將要面臨的選擇。美琳達在校領導和同學們的邀請下，勉強參加了座談會，並做了簡單的發言。那時，生性有些害羞的美琳達，還很害怕當著幾十個人的面大聲講話，但那的確是一次很有意義的交流，使她平生第一次有機會與素不相識，或是從前敬而遠之的人打交道。接下來，她加入了這個學生組織。

回憶這段經歷，美琳達認為它對自己的性格改變至關重要。因為，從那以後，她不但可以大膽地與別人講話了，並且當時在一些學生的推薦下，她負責了這個團體的組織與議題工作。

童年的美琳達很富有愛心與正義感。她童年感受最深的是一個非洲裔的男孩留給她的印象。

這位男孩兒在美琳達所在的學校受到一些學生的不公正對待，經常叫他「黑鬼」。那男孩的遭遇在美琳達幼小的心靈深處隱隱產生了一種痛楚，但是這個男孩子卻很樂觀，他彷彿願意人們這樣稱呼他，以此換取人們與他的「親近」。男孩的父親是一位雜貨店的雇員，母親是坦尚尼亞人。後來，美琳達經常向父親講起這件事，父親便經常給她講一些關於美國各個民族的歷史。但她從沒有因為自己生在一個中產階級家庭，或是一個道道地地的白人而有過任何的優越感。雖然在美國種族歧視的事時有發

生，但是這種陰影始終没影響到美琳達。直到後來，她遇到了比爾，她更堅信了那便是所謂的「至高無尚的美利堅民族」的悲劇。比爾也對種族歧視現象恨之入骨。所以後來，在他們基金會的資金使用上，美琳達特別提議其中的一筆專項資金用作援助非洲的兒童，用於他們的健康、教育以及正常的生活。比爾也非常贊同這麼做。相對來說，這些錢只能解決一少部分人短時間的問題，這恰恰更讓美琳達感受到自己在這種事業中應該承擔的責任與使命。她不願意人們就此事大作文章，她說：

「如果換作別人，或許也會這麼做。」

美琳達這種表現，與父母言傳身教是離不開的。

美琳達求學的過程並不像有些人想像那樣一帆風順。雖然那時她的學習成績很棒，但對於老師給她布置的一些問題，尤其是棘手的數學問題，她有時還是感到無所適從。

父親從没有放棄過對她寄予厚望，有時，她也會隱約感覺到父親對自己的期望太高了，從而心理負擔很重。

從小學到中學，雖然她覺得自己的成績總的看來還很不錯，可她卻一直很厭惡上數學課，更害怕數學測試。她的數學成績一度經常排在班上的倒數第二，只有一個比她更差勁的男孩兒多少讓她挽回一些面子。在那個時候，讓美琳達感到非常失望的是，幾乎每一位給她講授過數學的老師，都將她遺忘。只要她上課不出聲，任憑她做得怎麼樣，没有老師會對她說什麼。只是在美琳達升入中學後的一次考試中，數學老師喬‧歌茲將她叫到辦公室，對她說：

「美琳達‧夫蘭奇，你的數學實在太糟糕了，請允許我建議你考試那天自由活動去，好嗎？」

出於童心的天真，以及對考試的懼怕，美琳達很爽快地答應了，她只是向老師提出了一個小小的要求——必須給自己一個合適的成績，這樣才可以向父親有個交代。

雖然，她害怕家裡的人知道事情的真相，但最終還是被父親看出些什麼。有一次，她與卡西杰研究一道數學題，折騰了好半天，美琳達也沒弄出個究竟來，要知道那只是一個連小學生都感覺不很難的問題。父親在一旁不停地提問，美琳達很少能正確地回答。看得出來，父親起了疑心。美琳達感到一種不祥的預兆，父親終於開口了：

「美琳達，我不知道你是如何升入中學的，或許只是因為你讀的是這裡最好的小學校。我不是不信任你，是你的表現實在令我感到沮喪。」在她的印象中，只有母親最能包容她的過錯，她甚至不允許父親對女兒有任何的指責。

美琳達是個很要強的人，從那時起，她便下定決心要學好數學。她找來課本，背著同學、家人，趁著星期天躲在母親與妹妹的房間，從小學的內容開始自學。雖然美琳達自學的進程很慢，但她卻很投入，她不止一次碰到讓她無從下手的難題，但她沒有請教父親，雖然她知道，父親是位非常出名的工程師，他的數學天賦即使在他們的研究所也無人能及。還好，她當時的數學老師正在為新的工作而忙碌，由另一名數學老師代課，她就是麥肯‧華納，一位非常值得敬重的女教師。她的心很細，知道了美琳達從前一些故事後，對她既同情又讚賞：「從此，我可以幫助你，美琳達，願我們成為好朋友。」

在麥肯‧華納的幫助下，美琳達進步很快。在老師肯定了美琳達有了一定自學的基礎後，便嘗試著讓她學更深的內容。就這

樣，美琳達順利完成了中學的數學課程。

在美琳達臨近升學考試的時候，她開始喜歡上馬克·吐溫的作品，但只能偶爾讀讀。在自己有十二分的把握可以進入大學後，美琳達還是不敢有絲毫懈怠，因為對於父親寄予自己的哈佛大學夢她還有些茫然。但父親的壓力對她來說也並不是很為難，至少母親不會抱怨她的選擇與表現。有幾次，她也找過學校的升學顧問，可是這位顧問忙得不可開交，又沒有對她的問題做過絲毫的準備，所以他並沒有給美琳達提過什麼建議，只給了她一些東部與中部學校的簡介。那時，美琳達所在的中學剛好來了兩位碩士生，他們都來自於同一所大學——杜克大學。他們建議美琳達：

「可以考慮這所學校，因為，論歷史與名氣，它也不算很差。」

也有人建議美琳達到諸如西部的拉德克利女子學院就讀，但在美琳達看來，這些學校會培養出平凡至極的人，確實，在美國的風雲人物中，出自這裡的學生實在少得可憐。

母親的態度很明顯，只要美琳達喜歡，哪所學校都無所謂，她會尊重女兒的選擇。於是，美琳達開始考慮把自己想像中的杜克大學定為自己的目標。如許多人所說，那也是一個美麗的地方，也是深受一些美國人歡迎的大學。

當美琳達告別了她在讀的那所羅馬天主教私立學校後，便以全校第二名的成績升入了美國杜克大學。

雖然她沒有受父親的影響選擇數學專業，就如同比爾沒有受父親的影響選擇法律專業一樣，她給自己選擇了一個全新的課程——計算機。這一點好像是與比爾在向同一個地方起步。所以美

琳達曾說：

「我一生中做出的每一次選擇彷彿都注定了我將要成為一位微軟人。」

看來不無道理。她這次選擇主要原因在於她對計算機感到陌生而新奇，只是出於好奇而已。

那年美琳達十九歲，生平第一次住進了學生公寓。她告別了整日與父母、兄妹在一起生活的日子，取而代之的是全新的大學生活。談到這段生活，美琳達有著深刻的感受。

確實，大學生活不僅讓美琳達有所改變，更讓她學會了用另一種眼光看待一切問題。

其實，在美琳達的心目中，雖然杜克大學遠比不上哈佛大學等世界一流學校，但是它同樣可以給人以一種理念。當美琳達踏進杜克大學不久，就親身感受到了不同背景、不同文化、不同種族、不同階層的思想與生活在這裡的交匯與碰撞，所以這裡也並不是她想像中的那樣，是一個「完美的學校」，而更多的時候體現出來的是一種理念、一種文化精神。或許是因為出身在一個崇尚知識的家庭，在美琳達還很幼小的時候，父母經常會有意或無意培養她一些精神上的美好品質，只是那時她並不覺得它很重要，只知道如何獲得一個好成績。

如果說成績，美琳達絕對是個很棒的學生，但是成績在大學裡顯得不再那麼重要。在美琳達的印象中，在整個大學期間，自己也不曾上過幾節像樣的課。她大部分時間是和一些學生聚在一起討論一些「無關緊要」的話題，諸如「是誰創造了上帝？」、「埃及人為什麼會選擇建造那樣的一座金字塔？」、「計算機究竟都讓我們得到了什麼，失去了什麼？」……起初，這樣的大學

學習與生活多少讓她感到有些不適應，她也曾抱怨過：

「這完全不是我想像中的大學生活，我感覺不到自己從中獲得了什麼？」

在幾乎所有師生眼裡，美琳達只不過是一個比較內向的女孩，但大學生活讓她進一步有所改變。美琳達時常會對比爾提起自己的大學生活。或許是由於她只是一個女孩子，那時她更傾向於對生活的探索，例如，她會在學校的宿舍學著做飯，或是學如何打扮自己，而比爾總是對狂奔式的搗蛋更感興趣。

初入學校後不久，學校便舉行了成人儀式，美琳達被安排到第一排。面對眾多陌生的面孔，雖然她口裡念念有詞，心裡卻慌得不知所措。這樣的儀式在美國很普遍，從這一天起，你必須學會獨立，不能再依靠父母，這是每個人人生旅途中最重要的一件事。

校長宣布了成人儀式的開始，在奏樂聲中，美琳達像許多學生一樣宣告步入成年。大約十幾分鐘後，他們每人領到了由學校簽發的《成人守則》。從那以後，這裡的一切幾乎都實現了成人化管理。如果在你犯了錯誤之後，校方發現你還未滿十八歲，他們便會寬容你的行為，然後給你記一個處分紀錄。如果你已經參加過成人儀式了，那麼他們會毫不留情地對你進行教育，甚至開除，這樣的事經常會發生。

的確，杜克大學在管理方面是美國所有大學中最為嚴格者之一。同樣，這裡的老師也非常敬業，他們很少隨便耽誤學生的課，並且與學生之間總可以建立一種朋友式的關係，這在小學，甚至中學都是很難想像的。

美琳達的主修專業老師杰爾森‧拉普斯是一個非常熱心的

人，他同時還是美國國家電信局的科研人員，在網路與通信方面很有造詣，經常到其他一些地方講學，沒有一個學生不因為能夠接觸到這樣的老師而感到榮幸，美琳達也不例外。但是杰爾森‧拉普斯並不希望他的學生這麼認為。他對自己的地位與成就表現出非常謙遜的態度，除了給學生們講解一些疑難的問題之外，他還會與學生們在一起談生活與理想。看得出來，他並不對自己的地位與功名感到興奮不已，他追求的是一種平靜而安寧的鄉間生活，他說，他再工作幾年就要離開這裡了，到佛羅里達的老家重新過自己的牧民生活。美琳達總想試圖從他那裡得到更多的教益，但卻總是對他敬而遠之。

作為一個女孩子，美琳達很想知道那些男孩是如何看待他們的家庭以及父母的，但是她始終沒有得到答案。那時，她承認自己對男生已經產生了興趣——沒有一個女孩兒會欺騙自己，但她卻不敢輕易表露自己的感情。雖然也有過一些志同道合的男生想接近她，但是她與他們始終保持著一種純真的友誼，愛情在美琳達的觀念中是非常神聖的。

在大學的時候，美琳達結交了許多朋友，他們來自各個地方，有南美的、有歐洲的，還有亞洲的。美琳達覺得與各地的學生交流是一件非常有趣的事，他們的文化、傳統不盡相同，但她與他們相處得都非常融洽。

一位阿根廷籍的女生桑切斯，曾與美琳達建立深厚的友誼。她的母親是美籍阿根廷人，父親是加州本地的一名商人，從很小的時候，她就開始接受美國的教育，所以除了她的膚色，幾乎看不出她來自南美，她的英文也非常流利。有時，美琳達在假期會帶桑切斯到家裡做客。桑切斯非常喜歡達拉斯的人文風俗，在學

校的幾年中，她們一直是好朋友。畢業之後，她告訴美琳達自己想繼續深造。而那時的美琳達開始籌畫著工作的事情了。所以她們此後直接見面的機會就很少了。

桑切斯的成績很優秀。二○○○年的時候，美琳達從杜克大學畢業後第一次得知桑切斯已經拿到博士學位，並正在佛羅里達講學。於是在二○○一年春天，她借到紐約參加一次美國慈善機構組織的會議時，抽空到了佛羅里達見桑切斯。

對於美琳達的到來，這位昔日的朋友感到非常激動，她們在一家稱為「北斗星」的賓館聊了很久。桑切斯非常理解、也非常支持美琳達從事的事業，她希望有時間可以為美琳達做些什麼。但是美琳達是一個非常體貼別人的女性，她不願意浪費桑切斯太多的時間，因為桑切斯也很忙。與美琳達見面的那天，桑切斯是專門抽出一天時間做準備的，可惜只有短短的一天，她們就分別了，又都開始了自己的工作。

從此以後，她們不間斷地用電話，或是在網上聯繫。可見美琳達是非常平民化和非常重視友誼的。

美琳達還有其他一些外國朋友，雖然美琳達很難記起他們的名字，但她總是不會忘記為他們祝福──「願上帝讓我們都有好的歸宿。」

温靜、隨和、重情誼是美琳達贏得朋友的重要原因。

由於從小受到良好家庭教育的緣故，美琳達很看重知識，也非常崇拜有才華的人。但後來因為一些經歷，她開始覺得有知識的人不一定就非常優秀。她曾在美國國內發行量很大的一份報紙上讀到過這樣一則報導：

一位深得家庭寵愛的芝加哥學生，在自己大學畢業後未能找

到施展才華的地方，於是選擇了自盡。

這真是駭人聽聞。後來報道又說，這位學生成績非常優異，在他升入大學之前就曾有五項發明專利，大學畢業時便完成了碩士生三年才完成的課程，並與他的教授共同製作成了該校第一個等離子體試驗模型。後來他總是抱怨世態的不公，最讓他氣憤的是，甚至幾家他看中的優秀公司都拒絕與他合作。他不明白自己到底做錯了什麼，因此走上了絕路。美琳達對此深有感觸，她認為一個人不僅要有突出的才華，還要有完善的心靈。

美琳達在大學畢業後，沒有想像母親那樣做個出色的主管，也沒有想像父親那樣去做一位工程師，相反，她喜歡上了教育。但是做教師的條件在美國是非常苛刻的，至少要求必須是個樂觀的人。只因為自己有時表現得內向些，所以她並沒有在主考官面前顯現出自信，讓自己喪失了一次夢想成真的機會，她感到很遺憾，儘管她本質上並不是一個過於內向的人。

那時，風靡美國的商學院熱開始流行了。因為那時商學院即使在美國也並不是很普遍，商學院畢業的學生更是被「商家」特別看好。憑藉自己有一顆睿智的頭腦，美琳達開始嘗試著爭取進入商學院深造。

父親卻鼓勵她最好進入耶魯大學深造——他希望女兒像他一樣可以拿到碩士學位，但是美琳達更看好富闊的商學院。

一九八七年的夏天，商學院報名工作開始後，美琳達幾乎是第一批報名，按照通知，半年後開始應試。這時，她又捧起了久違的課本著手學習相關課程——應試三門基礎課，並加口試。

在這年的十二月份，美琳達坦然地走進了設在杜克大學的考場。或許對她來說，那次考試顯得很輕鬆，因為她從來都不覺得

考不上就一定意味著失敗。參加這次考試的考生有八百多人，而從杜克大學錄取的只有區區幾十人，那時實行的名額制著實讓許多人感到很緊張，甚至有些家長不放心，專程趕來助考。美琳達認為這是多餘的，她的心態非常平和，用不著父母幫忙。

成績公布後，美琳達再一次以前十名的成績筆試過關。隨後她參加了口試，口試也如同她想像的一樣輕鬆。主考官只問及她一些相關方面的簡單問題，然後再與她做了一些簡單的交流，直到現在她還是不明白那些主考官是根據什麼來問那些看似無聊的問題。諸如問：

「你覺得繼續深造對你有好處嗎？」

這還用說，好處當然很大了，只不過當時沒有一個學生敢這麼說，美琳達也不放過這個撒謊的機會，她告訴主考官：

「這是我的興趣。」

在口試這一點上，在美琳達後來成為微軟營銷部經理時，她感受很深，因為這與微軟的人才招聘極其相似。對工作沒有興趣，怎麼能做好呢！

第二年三月份，美琳達被通知到富闊商學院上學。母親依蓮聽後，有些不耐煩地說：

「又要上學，都快成為老姑娘了。」

她似乎更關心女兒的生活和婚姻。她曾經打探過美琳達的心意：

「你整天在打電話，是不是交男朋友了？」

美琳達笑著告訴母親沒有，只是與同學保持正常的聯繫。但母親並不放心，還是告訴美琳達說：

「我的女兒是最美麗的，我見過的那些壞小子，沒有一個可

以配得上我的女兒。」

她甚至要美琳達將男朋友帶給她看看。可實際上美琳達當時根本就沒有男朋友。按照多數人的標準，那時美琳達還不到結婚年齡，但母親總是為女兒操心。

直到一九九三年二月份的一天，美琳達才將比爾領來給母親看，比爾整整大美琳達九歲，但依蓮並不在意比爾的年齡，只是多次囑咐比爾：

「美琳達是個善良的女孩子，你要認真地呵護她。」

這位始終沒有脫離過母愛的大男孩兒總是滿口答應：

「噢，是的，我相信我們會幸福的。」

有時在私下，依蓮對比爾不盡如人意的表現還是不放心，總愛嘮叨著說：

「這小子為什麼總是轉來轉去，有時彷彿不是很注意我對他說話。把你嫁給這樣的人，我很不放心。」

美琳達微笑著告訴母親，比爾生性就是這樣子，美琳達還告訴母親，比爾的性格讓他的母親瑪麗很是頭疼了一陣子，因為瑪麗曾為他介紹過朋友的一位女兒，只因為他像個傻小子，婚事因而告吹。女兒如此瞭解女婿，母親才稍稍有些放心。

美琳達的父親對此表示了不同的看法，他認為這樣好動的人聰明。他告訴依蓮，比爾與他在一起交談的時候，時常會蹺動自己的雙腿，有時屁股還不停地在椅子上亂動，彷彿下面有人為他放了釘子。

在後來的日子裡，依蓮也不是很在意比爾的表現。在很早的時候，依蓮就聽說過微軟，只是她到現在也不能讓自己相信，眼前這個戴著眼鏡、瘦瘦的傢伙就是微軟的總裁比爾・蓋茲，居然

是自己的女婿，世界上最富有的男人。自己的女兒怎麼能高攀得上呢？所以她常常對自己的女兒說：

「美琳達，你不會是找了一個冒牌的吧？」

「當然不是，他就是那個比爾·蓋茲，微軟的比爾·蓋茲。」

富闊商學院對美琳達來說是一個值得懷念的地方，幾乎所有對美琳達產生過重要影響的人物都出現在這裡。有幸成為這裡的學員，也是美琳達生平又一次做出慎重選擇的結果。或許是自己更加成熟，或許是對大學校園不再感到新奇，她在這裡度過的三年很平淡。重要的是，那個時候，她第一次開始思考自己的價值、自己的人生和工作出路。

就是在這時，美琳達結識了美國著名的企業策畫專家、資深的投資學教授達瓦基·凱特。他是一位歐裔舊金山人，曾在通用汽車公司任職。在美琳達剛認識他的時候，他還是美國企業聯合會高級顧問。與這樣的人物對話，美琳達並沒有產生先前的那種焦慮與膽怯，代之的是更多的平靜和求知欲。有時，她會針鋒相對地提出自己的不同看法，達瓦基·凱特也會糾正她的一些錯誤。例如，他曾給美琳達講過美國一些石油、電信以及鋼鐵等大型企業的運作規律，也曾熱情地邀請美琳達聽他在其他學校針對不同課題的講學。身為他的學生與朋友，美琳達感受最深的還是這位教授對待人生和學問的執著態度。

「你認為索取與奉獻永遠成正比嗎？」有一次達瓦基·凱特教授問美琳達。美琳達略微思考了一下，回答他說：

「應該是吧，至少美國人的價值觀應該是這樣，或許……」

「你是想說，或許運用於經濟理論中就未必了。」繼而達瓦

基・凱特教授解釋說，「這是我近三十年在工作與教學中經常思考的一個問題，我問過許多學生，他們有的表示不能明確回答，有的很肯定，也有表示其他意見的。」

「你還沒有參加過工作吧？」他突然問到工作的事情。

「是的，達瓦基・凱特教授。」美琳達回答說。

「不過，我可以向你說明我對這個問題的一些看法，真正的東西還需要你在工作中尋找，或許是因為你沒有工作過，所以這些問題會讓你感覺很抽象。他們在經濟理論中確實是成正比的，我從不否認那些因金錢而變得貪婪的人，但是他們的奉獻在哪裡呢？試想，如果……」然後，他又告訴美琳達，「在你追求的整個過程中，你會留給社會很多東西；你得到的，並非就全部是自己的，試想，你可以任意的消費，但是那只能再一次給社會創造價值，直到你死去，甚至花完所有的錢，那些財富會永遠留下來，這是一個永恆的法則。」

所以，達瓦基・凱特非常推崇慈善家們的做法，認為那是最有意義、也是最讓人賞識的事業。

在美琳達所結識的幾位教授中，還有來自本土的傑克・科倫、維爾斯・喬卡等，也有一些女性教授，他們都帶給美琳達不同的價值觀與理想。或許是因為他們來自不同的國家，所以他們的教學與觀點有著較大的差別。的確，在美國是從來不講求一種教學觀念與模式的，只要他的理論可以得到驗證，並能讓學生產生興趣，無疑他的存在便是有價值的。

三年的商學院深造，並沒有使美琳達立刻給自己一個準確的定位——哪位教授的觀點才是她最終可以信賴的呢？在她撰寫畢業論文的時候，這個問題依然在糾纏著她。

　　一九九〇年，美琳達如期從富闊商學院畢業，她面對的是一個嶄新的開始。這一年，她依照母親依蓮的要求首先到達拉斯的麥卡倫與沃思堡待了一段時間，她並不是很喜歡這兩個地方，所以她也沒有打算在這裡找一份工作，只是草草地看了幾家公司，就沒有再繼續聯繫。

　　那時美琳達只希望自己能從事一份相對讓她感到能展示自己才華的工作，她首先想到了矽谷，但她並不很擅長計算機軟體開發，所以找一份營銷或是策畫方面的工作是再合適不過的了，這也與她學的專業比較對口。她開始將目標鎖定在電腦行業。恰逢微軟一年一度的人才招聘在不久後舉行，於是她很認真地填寫了一份簡歷，並及時寄到了微軟相關部門。

　　那時美琳達也在想，自己是否也應該為自己設個目標，然後讓自己去適應那所有的一切呢？隨著微軟的名聲在美國、甚至世界同行中越來越大，她的這個目標也逐漸變得明朗起來，於是她乾脆就鎖定了在微軟營銷部門任一個職位。

　　早在一九七八年，微軟就先後超過蓮花、阿森塔特、甲骨文等軟體公司而成為美國商界最引人注目的一顆明星，所以許多年輕人都想到其間就職，或許僅僅是因為這裡有他們崇拜的偶像——比爾·蓋茲。

　　但是讓美琳達更想來到這裡的，是她認為如能到微軟工作，著實是對自己的一種激勵。儘管這裡高手雲集，但如果你真有水平，那這裡絕對有你施展才華的平臺。

　　為此，美琳達曾做過充分的準備。起初，微軟總裁鮑爾默在招聘啟示上註明，這個部門只需要兩個職位，競爭的激烈程度是可想而知的。即使現在看來，美琳達還是相信自己被聘用主要得

益於自己的自信，更確切地說是得益於她先前為自己鎖定的目標，那時她並沒有另一種準備——如果微軟將我拒之門外，我會讓自己選擇什麼？她沒有任何其他的思想準備。信念在這裡產生了一種神奇的力量。在很小的時候，美琳達便被告知：

「信念可以改變一切。」

想不到它真的讓自己受益匪淺。

在招聘過程中有段奇特的面試經過。在那個年代，許多公司並不選擇這種做法，但那的確是一個非常有效而有趣的方法。直到現在，微軟每年招聘新人時，這個程序也必不可少。

微軟負責這項工作的是鮑爾默，那天美琳達如約叩響了他辦公室的門，這裡已經聚集了一些先來應聘的男男女女，大概這些學生模樣的人都是選擇同一職業——營銷。事先所有人都得知，微軟在這個職位上只需要二個人，那就意味著至少有百分之九十以上的人會被淘汰。

招聘會的氣氛並不像美琳達想像中的那樣緊張，但美琳達還是不敢有絲毫鬆懈。

「美琳達‧夫蘭奇，輪到你了。」有一個主管模樣的人請她到隔壁的一間辦公室。

「您好。」美琳達熱情地向一個老闆模樣的人打招呼，想必他就是主考官了。

他看上去很直爽，說話的聲音總是很大，美琳達當時不知道他是不是對所有人都這樣。

「對軟體的問題，你能不能說說有多少瞭解？」她還沒有坐穩，主考官便開始問話了。

美琳達原本想先向他介紹個人的一些情況，看他對這些似乎

不感興趣，便直截了當地說：

「是的，我對軟體很感興趣，並且在學校的時候曾參與過一些軟體的製作。當然，我更喜歡的是微軟這個團隊。」

「這麼說，你對軟體很感興趣了，那麼你覺得軟體是不是無所不能？」

「可以這麼說，我們人類可以完成的事情，完全可以交由軟體來完成。」

「你認為軟體的開發，對人的生活會產生什麼根本性的影響？」

這個問題美琳達從來沒有考慮過，但是她不知從哪裡來的勇氣，憑著自己的所學知識和自信，她一口氣說了一大堆。看來對方感覺不錯。

接下來的問題是一個接一個，像是連珠砲，但都與具體的工作沒有一點聯繫。主考官也似乎不想給這些面試的人一點喘息的時間，問題也越來越奇怪。甚至他問美琳達：

「你喜不喜歡穿西裝？」

「你喜不喜歡吃漢堡？」這樣的問題那時連美琳達的母親都很少關心的。

「這就是微軟的面試嗎？」在美琳達筆試的時候，就聽說過有個主考官很厲害。確實，鮑爾默是個知識淵博而異常機靈的人。

對此美琳達抱怨說：

「厲害，厲害，看來微軟的錢不好掙。」

前來面試的每一個人，只要一見到鮑爾默，都會感到一種莫名的壓力。那時美琳達被他問得幾乎渾身冒汗。後來，她還特意

將這件事情講述給比爾聽，比爾得意得不得了：

「他是我的摯友，我在工作中不能缺少他。」

除了自信，美琳達更應該感謝幸運之神，由於她出色的表現，很快就得到了微軟的回覆。兩天後，微軟的人力資源部來電：

「三天後，如果你有興趣，可以到微軟的一些地方看看。」

從此美琳達正式走進了微軟，成為了它的一分子。

微軟招聘人才的原則是：狂熱於工作，有使命感，求知欲旺盛，忠實於微軟。有許多非常優秀的軟體人才，微軟都視而不見，他們不喜歡那些恃才自傲的傢伙。顯然，美琳達這類人最合他們的胃口。

在微軟工作期間以及後來的生活中，美琳達還是經常用自己面試時的那種自信和平靜來武裝自己。雖然這裡的福利待遇與員工生活補助要明顯高於美國的全國平均水平，但是這裡的工作也更具難度與挑戰性。有時你看上去很輕鬆，其實你根本不能讓自己真正輕鬆下來，就如同比爾・蓋茲，他經常會一邊與一些人談話，一邊若有所思，甚至還經常會答非所問：

「哦，你剛才說什麼了？」那時，很讓美琳達不解。這裡的多數人，尤其是中高層領導，都有一個共同的特點——工作沒有嚴格的時間觀念，隨時都可以工作。正是這種工作不斷鍛鍊著美琳達，使她不斷地走向成熟和穩重。繁重的工作，並沒使美琳達變得刻板，相反，她表現出女性特有的忍耐力，不斷適應著工作，不斷從工作中尋找著樂趣和價值，這使她成為了一個合格的微軟人。

第 **2** 章/

牽手浪漫的戀愛

美琳達與比爾進行的並不是一場普通的戀愛。因為,這樣一位富有愛心的女性,注定了她在成為世界上最富有男人妻子的同時,會毫不吝嗇地向社會付出自己的真愛,這就是偉大的愛,崇高的愛。

NO2　牽手浪漫的戀愛

美琳達天生喜歡笑，總是笑口常開，而且笑容很甜。直到現在，她也沒有改變她那對人貼心的微笑。她用真誠與樂觀在同學、老師、同事中贏得了良好的聲譽。

有段時間，美琳達夢想像母親一樣做一名出色的主管，這與她的專業特長也相吻合。直到她懷著興奮與不安的心情走進期待已久的微軟，那簡約、現代的辦公環境，以及寬鬆、活潑的工作氣氛，使得這位帶著靈氣的女性平生第一次體驗到工作的樂趣。這裡吸引住了她，也開始了她的人生追求。那年她成了營銷部門的職員。營銷部門在微軟是一個非常重要的部門。在營銷部經理露絲的介紹下，美琳達認識了這裡的全部員工。

上班的第一天，每個員工在向這位新來的微軟人簡單地介紹之後，就都回到了自己的座位，沒有過多的語言，默默地投入工作之中。美琳達也平靜地回到了自己的座位上。不同的是，其他人看上去忙得不可開交，她卻不知從什麼地方著手。那時，她非常想知道這個部門有什麼主要的業務與工作，她更想知道自己在這裡可以做什麼。但是大家顯然都有自己的分工，就是沒有給她分配工作。而且沒有一個人與她主動說話，她只好鼓起勇氣站了起來向同事們請教。

她首先向一個年齡與她相仿的女性請教，她的心裡不停地打鼓，她想：或許由於性別與年齡上的原因，我們更容易溝通，應該是這樣的。

「你好，我是新來的，我叫美琳達·夫蘭奇，我想向你請教

一下，我們在做些什麼。」

「哦，」這位女士顯得異常驚訝，然後回答道：「是這樣，美琳達小姐，我不能確切地告訴你，不過時間長了，你自己就會明白的。」

看著對方一臉的不解與不耐煩，美琳達只好作罷。

這是美琳達進入職場以來遭受的第一次尷尬，因為對方的表情使她感到沮喪。這時，美琳達的微笑看來是多餘的了。是的，所有到這裡來的人都是來工作的，美琳達不想自己整天坐在這裡無所事事。她又找到了經理露絲，露絲同樣非常忙碌。

「您好，露絲經理，我想向你請教咱們這個部門的業務。」

露絲抬起頭：

「噢，我這裡正忙著，鮑爾默不是與你說過了嗎？你的職責就是負責這裡工作中的漏洞。」

糟糕，上帝，我連自己做什麼都不知道，怎麼會知道別人工作的漏洞呢？美琳達心中嘀咕著。

美琳達抱怨他們對自己有排擠心態，她認為這或許是出於嫉妒，或是先入為主的心態，因為，他們當中很少有人是商學院畢業出來的。但他們的工作方式讓美琳達感覺到這些人在這裡並不重要。到公司快半個月了，美琳達始終不知工作從何處著手，她感到十分過意不去。這天露絲經理主持召開部門會議，商討年度計畫。也是在這次會議上，美琳達第一次被邀請發言：

「美琳達‧夫蘭奇，你到部門已經半個月了。當然，這段時間我不希望你急於投入到具體的工作當中，因為你第一次踏入社會，踏進微軟，你最需要做的是儘快讓自己適應這裡的一切。很抱歉上次我不能告訴你可以做些什麼。是的，你必須學會首先適

應別人，包括他們的工作失誤，這就是我對你說過的所謂的『漏洞』。」

「非常感謝部門對我的欣賞。不過，我確實想儘快做些什麼，我相信我會喜歡上這裡的一切的。」美琳達回答道。

從那以後，美琳達開始逐漸被委以重任，主要負責新產品營銷方案的策畫。這是一份具有挑戰性的工作，新來的員工都願意嘗試這樣的工作。當時正值微軟的視窗第一版開發成功，並正在計畫升級版視窗系統的開發。

當美琳達踏進微軟的大門之後，一切並不像她想像的那樣簡單，她經常需要加班加點才能完成工作。那段時間，她幾乎跑遍了微軟的所有其他部門。為了獲得第一手市場資料，她也曾到芝加哥、紐約等一些大城市走訪調查，甚至還與露絲經理到過墨西哥、西歐等國；還經常參加美國舉行的一些例行的 IT 營銷行會。那時她全然忘記了自己的休息。

有人曾告訴過她，微軟的老闆更是一個不可想像的工作狂。可是到公司快一年的時間了，美琳達幾乎沒有機會真正感受到老闆是如何工作的，只是露絲指著營銷部辦公室對面不遠處的一棟矮樓中間那個房間對她說：

「那就是總裁比爾·蓋茲的辦公場所。」

其實在先前的一段時間，美琳達時常注意到那個辦公室的燈經常會在她離去的時候依然亮著，只是沒有人告訴她那就是比爾老闆的辦公室。她也曾見到過比爾的一些照片，也正是從那時起，她開始在腦海中描述著這樣的一個人：一個看上去有些清瘦，對員工苛刻而又十分吝嗇的工作狂。她對這種形象說不出有什麼好感，更沒有什麼崇拜。一旦這個形象誕生了，她也就不覺

得比爾是如何的神秘。但是她一直未能與他說過一句話，或是在會議中見過一次面。

比爾自認為自己非常喜歡與員工親近。而在美琳達的印象中，那個時候能夠見到董事長是一件非常奢侈的事情。她也清楚地記得，那時，她的頂頭上司是鮑爾默與謝利，無緣與董事長來往。由於很長一段時間都無法與比爾打上交道，出於好奇，美琳達便有了一個強烈的願望，什麼時候可以親眼目睹這位風雲人物呢？

這個願望没過多久時間便實現了。那是在一次早晨上班前不久的時候，上帝與他們開了個玩笑。在美琳達第一眼看到比爾的時候，她居然没有認出來，還把他錯認為是一個混世的「乞丐」。

真是不可想像，在那樣一個非常普通的早晨，美琳達上班還没來得及坐穩，就見從附近的一個辦公室裡走出一個怪模怪樣的人，竟然穿著一身很不雅觀的衣服——灰白色的套服，頭髮蓬亂，臉色也很難看，像是没有睡醒的樣子，搖搖晃晃地攀著樓梯闖來。這哪裡像一個白領？美琳達讓女上司露絲·華倫去阻止這個不速「乞丐」的闖入。

「你不會是在開玩笑吧，這個人我怎麼惹得起？」露絲·華倫伸了伸脖子，看樣子不像是在說謊。

「難道他是董事長？露絲·華倫，你總不能告訴我他就是吧？」

「不可能的。」美琳達非常自信。他怎麼可能是董事長呢？有誰又會瞞得過自己的眼睛？畢竟在她的眼中，那最多不過是一個衣衫不整的普通員工罷了。由於她還有很多棘手的工作要做，

也用不著與露絲・華倫再談論這件事，她只認為是上司在開玩笑。

在往後的工作中，美琳達不時地會看到這個人。其實她很早的時候就曾無意識地注意過他，自然，現在她更加注意這個人了，但那時只是覺得這個人有點奇怪罷了。

後來，露絲・華倫又告訴她，那人確實是比爾・蓋茲，並且說，所有見過他的人都會感到失望。從此，每每看到董事長時，美琳達都會對他產生一種異樣的感覺。或許這個世界上，天才與乞丐原本就沒有什麼兩樣，上帝不斷造化著這樣的天才——愛迪生、愛因斯坦，現在又多出了一個比爾・蓋茲。

在美琳達進入微軟的第二年，她還是沒有機會與這個看似古怪的董事長說過一句話，儘管有時他們擦肩而過。記得那是一個早晨，離上班還有一段時間，美琳達與比爾又在一條走廊裡相遇了！她一時不知所措，不知該如何向他表達自己的問候，甚至連簡單的「早安」都給忘了。她剛剛露出一絲笑意，比爾便衝她咧了咧嘴巴，然後匆匆離去了，樣子很是狼狽和滑稽。這便算是打了招呼？美琳達有些疑惑地說：

「這個人竟是如此差勁，拜託，但願下次不要再碰到他。」她甚至隱隱感覺到，這樣的董事長可靠嗎？

後來她又想，這樣一個視工作為一切的天才，如此對待一個素不相識的新員工，也沒什麼奇怪的。這就是美琳達非常美好的一點，那就是非常善於理解人。

比爾最看重一個人的才華，他最賞識能為公司做出貢獻的人，而在微軟脫穎而出著實不是件容易的事情。但美琳達很幸運，在一個偶然的機會，她注意到了早期 WINDOWS 系統中一個

致命的錯誤，並及時將它反饋給露絲‧華倫。公司因此避免了巨大的損失。這件事引起了比爾的特別關注，從此，美琳達的名字便出現在了比爾的日記本上。

從那時起，比爾便萌生了一個念頭──微軟出現如此出色的女員工，一定要抽時間拜訪她，這比什麼獎勵都重要。

這裡所有人都在兢兢業業地工作，露絲需要經常出差。有一段時間，露絲將一些重要的工作交給美琳達負責。的確，在微軟做主管很累，要知道，一個微軟主管必須同時協調好幾十個人、甚至上百人的工作，還必須顧及到每一個員工的個性，這實在是件很令人感到頭疼的事情。那時美琳達也是生平第一次接觸領導下屬的工作，她整天忙得不可開交。幸好她感到非常樂意，因為這一步步在實現她的價值和人生的初衷。

比爾在管理公司的一些具體事務中，留給員工印象最深的就是恐怕──抽查。

有一次抽查落到了露絲‧華倫身上。那是一個傍晚，董事長來到營銷部準備檢查一下露絲的工作，而露絲到歐洲出差去了，美琳達接手了她的工作。比爾早想拜訪的美琳達此時就成了他抽查的對象。

「露絲‧華倫經理呢？」他煞有介事地問美琳達的下屬。

沒有人懷疑董事長是有備而來，因為董事長這樣的隨時抽查並不是沒有過。

「她出差了，不過，你有事的話，可以找我們的美琳達經理。」一個員工告訴他說。

當時，美琳達正在辦公室核對一個產品清單，見門突然被推開了。

「噢，怎麼進來之前連門都不敲一下。」美琳達心裡嘀咕著，但馬上發現是董事長，她心裡又驚又喜。這已經不是她第一次見到董事長了，但她從董事長的眼神中彷彿看得出來，他對自己還非常陌生，很久他沒有說一句話，只是環顧四周。董事長先前的那股「霸氣」開始漸漸消退，進而表現出一種非常的深沈，這讓美琳達一時不知所措。

　　為了打破這種局面，美琳達有點靦腆地問他：

　　「董事長先生，您有事要指示嗎？」

　　比爾並沒有正面回答她的問題，只是與她談了些無關緊要的事情。那時，美琳達的心裡亂糟糟的：「是不是出了什麼亂子了？要是那樣，他應該批評我才對。要麼是大禍臨頭了，說不定我會被踢出微軟的，雖然工作很多，可是我的工作沒有出現什麼差錯呀。」

　　恍惚中她還是表現得很鎮靜。比爾又問及美琳達工作的計畫與執行情況，他總是語無倫次。面對這樣一位神經質似的董事長，美琳達不知從哪裡來的勇氣，竟然說起來沒完沒了，而且還一套一套的，很少留給比爾插話的機會。末了，比爾只是鼓了幾下掌，表示非常贊同她的看法：

　　「美琳達小姐，你有這樣的才華，而我卻一直不知道，這是我的失誤。」

　　美琳達非常激動，是啊，還有什麼讚賞的話比這直白的表揚更能讓美琳達的心感到欣慰與顫栗呢？

　　下班的時間到了，可是董事長遲遲沒有要走的意思，他們還一直談論著公司的經營方略問題。的確，那一次談話讓美琳達倍受鼓舞！也正是這次談話，讓美琳達更真切地感受到了真實的比

爾·蓋茲。他的生活、工作原來完全出乎她的意料，從這個意義上說，她覺得董事長絕對是一個值得任何人去崇拜的人。

能得到董事長的賞識，美琳達已經感到相當知足了。作為一個一般職工，這就是最大的滿足了，她還有其他什麼奢望呢？眼前這個比爾·蓋茲不僅是她的董事長，更重要的她覺得還是她的老師，她的大哥，一種女性特有的崇拜感油然而生。

他們兩人談論了很久很久，談得非常投機，不時傳出比爾·蓋茲那天真的笑聲。這是美琳達到微軟工作以來，最傾心的一次談話，也是多少年來最開心的一次談話。她真沒想到，跟微軟這樣世界級企業的老闆能有共同語言，能夠非常默契地溝通與交流。夜已經很深了，但他們依然談興正濃，話題還很多很多。隨著一陣沈默之後，董事長站了起來，非常熱情地邀請美琳達一起共進晚餐。這更讓美琳達感到受寵若驚。不用說因為工作，不用說吃一頓晚餐，就是到世界上任何一個地方她都願意。雖然，美琳達是位非常靦腆的女性，雖然她一般不接受男性的邀請，但覺得還有許多話沒有說完，她因此非常堅決地坐上了他的跑車。美琳達想除了還要接著談話，除了是董事長的禮貌邀請，她當時沒有其他任何想法。一種女性特有的感覺襲來，她畢竟是一個非常成熟的大女孩了，但她認為那是不可能的，不可能發生的，連她這麼自信的人，都感到自卑了。

後來，始終不能讓美琳達相信的是，就是那次談話，使比爾鎖定了她這個「獵物」。真是不可思議！即使這樣的事情再次出現在美琳達的眼前，她還是不敢相信。

後來，比爾又多次邀請美琳達一塊兒去吃晚餐。那時，美琳達根本不敢想像他潛在的動機是想讓她成為他的女友，甚至情人

與夫人。因為那時關於他的一些緋聞早已滿街飛了。美琳達開始深入瞭解比爾的感情問題，從一些人的談話中，她瞭解到比爾在情感上一向是一個花心的男人。特別是他與溫布萊德一直保持著一種特殊的關係，這是人人皆知的事情。美琳達認為自己沒有什麼可以吸引比爾的，他們之間有關工作性的談話怎麼會產生特殊的關係呢？

後來，比爾在筆記中回憶他們初次的談話時寫道：

「正是那次談話，讓妳完完全全地征服了我的眼睛、耳朵、嘴巴、腦袋，甚至心靈。」

這或許是他第一次對雇員表現出來的誠摯嘆服與謙虛。

在比爾的嘖嘖讚嘆聲中，或許美琳達會感嘆：

「噢，我原來也有如此魅力，或許在這之前，我將它埋沒了。感謝上帝，比爾發現並找回了它。」

從那次談話之後，比爾經常煞有介事地到美琳達的辦公室進行例行工作檢查。比爾後來甚至也承認，他們的戀愛是從辦公室開始的，雖然這並不是他的初戀。那時，他總是習慣到美琳達的辦公室瞅瞅她，或者莫名其妙地說上幾句無關緊要的話，有時簡直就是自言自語，很像是個讓人厭惡的傢伙，連美琳達都感到滑稽可笑。也就是從那時起，他們彼此都對對方懷有一種特殊的感情。

但在工作的時候，在那個到處洋溢著緊張與沈悶空氣的辦公樓中，美琳達顯然還並不適應董事長的來訪。在他們還沒有正式見過幾次面，他就開始變著法子與美琳達約會。

真看不出來，一個倍受世人矚目的微軟董事長，竟會找出一些可笑的藉口，說話也總是顛三倒四，沒有誰敢相信他先前不是靠金錢而是靠這些來哄女孩子開心的，所以對他的表現打分，公平地說，還夠上不及格。

每次比爾都會與美琳達談起一些工作上的事情，但看得出來，他的心思根本沒有放在這些議題上。接下來美琳達總會猜到他會說：

「美琳達小姐，我可以請你吃晚餐嗎？」

或是說：

「讓我們去跳舞好嗎？」

對於這個「傻」得近乎可愛的大男孩兒，美琳達無法回絕他一次又一次的邀請，這不僅僅因為他是董事長。於是在那段時間，餐廳、體育館、舞廳便成了他們經常光顧的地方。

或許是美琳達表現得有些內向，多少讓比爾有些生畏。很長時間，他總習慣性地與美琳達保持一定的距離。這真是不可思議！有時比爾的表現讓美琳達有些讀不懂。每當他們在一起的時候，相互之間除了敬重之外，彷彿再也沒有其他的了。美琳達也並沒有想到過一定要成為他的女友，因為在她的潛意識中，她認為比爾或許是一個狡猾得近乎奸詐的傢伙，或許就是一個想占女性下屬便宜的討厭老闆。

比爾有時就是這樣一個讓人捉摸不透的人。或許美琳達一度是他心中的偶像、知心的朋友、初戀情人的影子，但這些都無從可知，只是他每次與美琳達在一起的時候，都會顯得非常興奮，都會話題不斷。那一刻沒有人看得出來他是一個工作狂，也儼然沒有一絲董事長的霸氣，甚至變得有些惟命是從，不再說工作有

多麼緊，這或許就是男人的一種本色——在情感面前變得像一隻溫順的小綿羊。

結婚之後，美琳達才發現，比爾的內心其實非常脆弱，他需要更多的是心靈的溫馨和解脫，他需要自己更多的關愛。一個妻子可以做到的，就是極力輔佐他的事業，即使是綿薄之力。

在他們最初相處的那段日子裡，比爾從來沒有正面向美琳達表白過愛戀之情，但是這件事在微軟的中上層人員中已被炒得沸沸揚揚。美琳達仍然上班下班按部就班地工作，她非常平和。在她看來，她與董事長之間沒有發生什麼事。人們也認為，美琳達在微軟工作的確出色，她不是靠其他什麼吸引董事長的。

比爾先前的女友，並且一直與比爾保持著密切聯繫的情人溫布萊德，可以說是對比爾與美琳達的親密關係最先做出反應的人。比爾是個心直口快的人，有什麼事總不會錯過與溫布萊德交流。他後來甚至向美琳達承認，在他與溫布萊德最火熱的時候，他把自己與美琳達戀愛的經過向她全盤托出。難怪溫布萊德私下偷偷地觀察過美琳達好幾次，她害怕比爾看走了眼！但是她並沒有表現出對美琳達絲毫的忌恨，有時還會非常熱情地與美琳達打招呼，她還告訴比爾，她也非常喜歡美琳達。的確，溫布萊德不僅受過良好教育，也是一個沈穩而大方的職業女性。在自己情感的取捨中，溫布萊德更願意做比爾一生的女友，雖然他們早在一九八七年就在比爾母親瑪麗的極力反對下「分手」了，但那只針對婚姻，在婚姻之外，他們依然是朋友、情人。她曾告訴比爾：

「美琳達這個姑娘不錯，你要好好考慮，可不要錯過機會！」

這真是難為溫布萊德了，這也充分說明了美琳達的征服力。

能夠征服自己情敵的人，那需要何等的魅力。

在一九九〇年盛夏的一天，美琳達照例整理好了辦公桌準備下班。這時，電話鈴突然響了，美琳達的心也隨著突突地跳了起來，連臉都火辣辣的了。這是她第一次感到自己的失態，她潛意識裡能夠感覺到是誰的電話，將要發生什麼事情。她下意識抓起話筒，只是靜靜地聽著，話筒裡只傳來沈重的喘息聲。過了許久，她才聽到比爾的聲音：

「噢，您好，美琳達小姐，我可以約你吃晚餐嗎？」

美琳達真是不明白，他為什麼不能找一個其他的理由。她為比爾總提出這個理由感到好笑，說他是一個情場老手，還不如說他是一個情場毛小夥子。她不想讓比爾認為只有吃晚餐才最能讓她滿心歡喜地接受邀請，至少有其他創新的方式，這會讓她感到有一種驚喜，但他還是那一套。

「是老地方嗎？」

「不，華盛頓大酒店。」

噢，那可是個豪華的地方！美琳達「臨危受命」。那是非常特別的一次，或許那次約會的真實情景連他們自己都不記得了，但是比爾卻在筆記裡比較詳細地記述了他們那次約會的經過：

「我們從飯店沿著賓夕法尼亞大道向前走，這樣我就能指給她看，我在國會當服務員的時候住的那棟宿舍。我們走上國會大廈的臺階，我指給她看那個旗杆……我們來到國家美術館，看到了我們最欣賞的畫家之一──哈柏的一些畫作，我們點了很快就送來的比薩餅當晚餐。」

　　那次約會，也是比爾打扮得比較帥氣的一次。在美琳達看來確實很特別，也很新鮮，甚至讓她認不出來，美琳達簡直感到非常意外。那簡直是接見外賓的裝束，是微軟人很難看到的，微軟人已習慣看董事長那不修邊幅的邋遢樣子。那也是他們相處兩年來，比爾第一次身穿西裝與她約會，儼然一副紳士派頭。這回從外表上看，比爾還像個董事長。

　　「董事長，你不會是去演出吧？」美琳達驚奇地問。

　　「如果是那樣，我寧願去拍廣告。」就連約會的時候比爾也不忘賺錢。但眾所周知，他並不是個財迷。

　　「那你總不會為了一次很平常的約會而讓自己特別起來吧？」

　　「是的，難道這樣子你不喜歡？」

　　「不，不，董事長，我倒是覺得你很適合穿西裝。」美琳達的恭維讓比爾有些飄飄然。

　　隨後，他們來到酒店最上層，在這裡幾乎可以看到全城的所有美景：普吉斯灣、華盛頓湖，以及遠處的雷尼爾峰。華盛頓酒店室內裝飾得十分別緻，那是美琳達有生以來到過的最豪華酒店。她沈浸在一種美妙的氣氛中，比爾卻無動於衷，他微笑著、痴迷地看著她，一句話也不說，像是一個痴呆者。

　　在美琳達完全沒有防備的情況下，他突然發話了：

　　「妳喜歡這裡嗎？」

　　「當然，這裡很富有詩意。」

　　喝咖啡的時候，比爾的眼睛含情脈脈地始終盯著靈秀的美琳達。在平日裡，比爾也有害羞的時候，那就是在遇到美琳達直視的目光時，他會表現得不知所措，表現出一絲狡點。他們倆相對

無言，只有咖啡廳裡的美妙音樂。為了打破沈寂，兩人都偶爾端起咖啡輕輕地喝著。美琳達知道，這種沈默一旦打破，將會發生什麼。她在心裡暗暗地琢磨著，這個比爾今天到底搞什麼呢？一向非常害怕捕捉到美琳達目光的他，這次卻變得異常堅定，不斷直視美琳達的眼睛，有話難於出口的樣子。這反倒讓美琳達不知如何是好，除了回避那火辣熱情的目光，偶爾只是微微一笑。為了打破僵局，她只好尷尬地問他：

「你在想什麼？」

他的回答讓美琳達十分震驚。

「我想說，我愛妳，美琳達，相信妳會感覺到我的愛的。」

啊！美琳達幾乎要暈了……

這是美琳達第一次聽到這樣的話。儘管她已是一位成熟的大女孩，但她還是初戀，初戀應該是朦朧而美麗的，她認為不應該這麼簡單而直接。她雖然多少次在心中暗暗嚮往過婚姻與愛情的事情，也曾勾勒過情人的影子。但她萬萬沒有想到，第一次向自己求愛的人會是世界上巨型企業的董事長，也是自己的老闆。微軟老闆是什麼人物啊！就是在當時也是世界的超級富翁，也是世界上叱咤風雲的人物。她簡直不敢相信自己的耳朵，不敢相信面對而坐的就是微軟的董事長——比爾‧蓋茲先生。她簡直不敢相信那話是真的，該不是在做夢吧！

她不敢相信這是比爾‧蓋茲先生的真心表白。她真希望他能更婉轉一些，因為對這樣的表白她確實找不到什麼話回應他，只好等著比爾下一句能讓她多少感到平和的話。但比爾此刻卻像一個什麼都不懂的小孩子，完全被美琳達的沈默給鎮住了：

「怎麼？她討厭我對她說這些，我是否應該向她道歉？」

　　比爾楞了很久，還是沒有說一句話。他知道有關自己情感問題，總是有許多風言風語，在人們心目中有許多不好的印象，也包括美琳達的看法。

　　比爾覺得非常委曲，他已有點按捺不住了。過了一會兒，他向美琳達解釋，他的想法在心中已經萌生了好久，並期望得到美琳達的「諒解」。他的話語是那樣結巴而低沈，顯得非常真誠。沒有得到意中人的明確答覆，他感到若有所失的樣子，真像一個情感受傷的小弟弟，一點都沒有了大男子的風度，就連美琳達都覺得他真是可憐。

　　那次，在整個談話過程中，美琳達的大腦始終被一種沈悶壓抑著，沒有了一點活力，她告訴比爾：

　　「我們不合適。」

　　因為在那個時候，她真的從沒有想過他們之間的友情會發展成一種戀情。因為她在與董事長交往的過程中，關於董事長的一些緋聞還是不時地傳入她的耳中。她認為，他們之間應該保持一種同事或者說工作夥伴式的關係。的確，美琳達對董事長才華與膽識的敬仰與崇拜絕不會因為董事長與溫布萊德的曖昧而有絲毫減弱，也不會因為他經常光顧一些下等的娛樂場所而變味，因為她並不吃醋，這不關係著自己的事情。

　　美琳達始終像其他的女孩子一樣，希望自己的丈夫是個可靠的男人，但卻並不一定要求他是個大富豪，特別不是傳聞比較花心的董事長先生。誰知道他怎樣對待自己呢？是把她當作玩弄的對象，還是當作精神的寄托，抑或作為情人還是朋友。她不願被人玩弄，更不願做情人，她願過那種夫唱婦隨的平凡家庭生活，她需要丈夫，需要家庭。

在那次約會之後，他們之間的關係發生了一些微妙的變化，比爾不再三番二次邀請美琳達吃晚餐，也從不再提那個「愛」字。美琳達也從沒有因比爾求愛的表現而與他「刻意拉開距離」。他們一個怕強人所難，一個怕受到傷害，但他們始終都保持著某種風度。

不久後的一天，美琳達正在忙碌著處理一些事務，急促的電話鈴又響了起來，她像往常一樣順手抓起電話：

「喂，您好，哪位？」

「美琳達小姐嗎？我想約你共進晚餐。」電話那邊的比爾還是用同一個聲調回答。

「噢，真是抱歉，這次恐怕不行了，因為我手頭的工作很多，改日可以嗎？」美琳達拒絕了他的邀請。

「不行！我要與你談新工作。」說完董事長啪地一聲便掛上了電話，好像不容推辭。

「真是見鬼！」美琳達心裡開始嘀咕，因為比爾竟用董事長的口氣命令她立刻停下手中的工作，然後與他共同從事一件「新工作」。美琳達只好聽命了。

或許比爾這次真的有新工作要與她商談，要不公司銷售有起色，要不召開部門大會，要不就是與其他公司談生意，美琳達一路上都想著比爾即將與她商談新工作的事情。

這次進餐的地方依然是華盛頓大酒店，美琳達希望董事長首先告訴她工作的議題，但比爾只是神秘兮兮地說：

「不用著急。」

美琳達真不明白這個鬼頭鬼腦的傢伙又要耍什麼花招。一間客房的門打開了，映入美琳達眼簾的既不是等待的客戶，也不是

豐盛的晚餐，而是一塊足足有一米見方的大蛋糕！在它的旁邊還插上了各種色彩的玫瑰。美琳達的心狂熱地跳動著！恍惚間她才意識到今天是她二十六歲的生日。

比爾不知在什麼地方按了一下按鈕，房間裡立刻迴盪起美妙的音樂：

「祝你生日快樂，祝你生日快樂⋯⋯」

頓時，美琳達熱淚盈眶，雖不能說是一種愛的力量，但是一種莫名的激情開始迴盪在美琳達的心間。他怎麼知道自己的生日呢？特別是這樣的大忙人，那樣的有身分和地位，他要想的事情不知有多少，卻能記住一位「普通」員工的生日，而且祝賀還如此隆重而特別，這到底意味著什麼呢？真是用心良苦，足見比爾的誠心。她不清楚是哪來的勇氣，情不自禁地竟一下撲到比爾懷裡，流出了幸福的眼淚⋯⋯

樂聲悠揚，燭光閃爍，是那麼的溫馨、和諧。這兩個人的浪漫奇景，也許是世界上最美妙的時刻。

比爾一手輕輕摟著美琳達的秀髮，一手輕輕擁著她的纖腰，親著美琳達臉上的淚水，深情地望著她說：

「小傻瓜，忙碌的工作竟讓你忘記了自己的生日！但我不會忘記，我只想一個人為你祝賀，是不是太自私了？」

那一刻，美琳達的心幾乎可以容納整個世界，更不用說容納這個有些「傻」得可愛的人。

比爾又一次說美琳達是「傻瓜」了，兩個「傻瓜」默默地守候著一個碩大的生日蛋糕，這美妙的情景讓美琳達十分感動。

美琳達嚶嚶的哭聲和滾燙的淚花，融化了眼前這個堅強的男兒。比爾輕輕地擦拭著這個小淚人的淚滴，一邊輕輕地吮吸著。

就是這次別出心裁的生日賀禮，一次精心設計的生日祝福，讓比爾徹底敞開了美琳達愛的心扉。於是他們開始牽手戀愛了。

一個女人希望自己心愛的男人在別人身邊想著自己，但絕不希望他在自己身邊想著別的女人，美琳達也不例外。比爾曾忘卻過他初戀情人蓓蕾特的生日，也曾忘卻過自己「情人姊姊」溫布萊德的生日，而在美琳達險些忘掉自己生日的時候，痴情的比爾卻記得她，特別是他那麼忙，而且又那麼高貴而富有，足以表明美琳達在他心中的神聖。那時，美琳達相信自己這個老姑娘一定得到了上帝的恩賜——給了她一份久違的真愛！

從此，比爾和美琳達正式確立了戀愛關係。直到他們為人父母後，這份愛還一直牽動著他們的心，並改變著他們對人生、社會的態度。美琳達在成為一位賢慧的母親後，她無私地將自己的愛心灑在了自己孩子的身上，並影響、感染著比爾。同樣，比爾也承擔起了一位父親的職責——關愛並教育自己的孩子。直到後來，美琳達成為一位出色的慈善家，她都時刻沒有忘記用愛去感化那些靈魂遭到扭曲的傷者，照亮並溫暖那些寒夜中沒有歸宿的人。所以，這並不是進行著一場普通的戀愛。因為，這樣一位富有愛心的女性，注定了她在成為世界上最富有男人妻子的同時，會毫不吝嗇地向社會付出自己的真愛，這就是偉大的愛，崇高的愛。

第 **3** 章／

夏威夷的婚禮

美琳達非常珍視自己的付出與價值。她是一個比較傳統的女性，在情感道路上，她學會自己撐起一份獨立的人格，她不想因為自己的情感難捨而一味將比爾寵壞，更不願意做曇花一現的情人。

NO3　夏威夷的婚禮

在比爾的要求下，美琳達與他同居了。同居在美國是一件非常平常的事情。在美琳達看來，這份真愛來得並不容易，比爾和美琳達都像經營自己的事業一樣經營著這份愛情，比爾甚至稱這是美琳達分配給他的「新工作」。他們雖然在微軟都是名副其實的工作狂，但是已快三十歲的美琳達，在事業與婚姻的取捨上，她寧願像許多女性一樣選擇後者。她時常幻想過上幸福的婚姻生活，這是任何女性都應該面對的一個非常普通而現實的問題。

但是最初比爾並不熱中於自己的婚姻，他好像還願過那種無拘無束的單身的生活，他沒有對家庭方面表現出過多的關注，雖然他的母親瑪麗總是不停地嘮叨：

「你應該考慮自己的婚事了。」

做為母親，瑪麗十分希望讓美琳達與比爾先把婚事定下來。天下的父母心都是一樣的，畢竟比爾也進入大齡了。

美琳達曾問過比爾：

「你能愛我多久呢？」

美琳達也深知比爾的花心也是有一些的，所以當她理智地思考與比爾的感情問題時，她總還是有一份憂傷和思慮，她總是不放心。儘管如此，她還是對比爾付出了滿腔的愛。

「一生一世，無始無終。」比爾不假思索地回答美琳達。

「那我們就結婚吧！」

「結婚？」比爾有些目瞪口呆了，他不知該如何回答。

「那我們為什麼不結婚呢？難道你不願意娶我做你的妻子嗎？」美琳達不停地追問他，她想聽他説出原因，是否是因為溫布萊德。美琳達認為，雖然婚姻不是捆綁感情的套繩，但同居只是感情的相會，婚姻卻是感情的紐帶，而孩子才是感情的結晶。她有了開始，當然應該追求美好的結果。

那時，連比爾自己都想不明白，自己為什麼不願結婚，他心理上似乎永遠存在著一種生命體驗的錯覺與誤區，他並不認為擁有金錢就擁有一切。他總認為自己還沒有長大成人，未來的路還很長，因此婚姻在他看來還遙不可及。而這樣的心態又豈能當作充分的理由講給美琳達聽。這充分説明了比爾的心理並不成熟，事實上比爾永遠是一個大男孩。

所以，比爾懷著一種非常矛盾的心理敷衍美琳達説：

「美琳達，我現在還不想結婚，但是我對上帝發誓，我對你的愛是發自內心的！親愛的，請相信我，這件事先放一段時間好嗎？」

比爾對於自己的婚姻大事，如果説，當初是因為蓓蕾特對婚姻問題總是糾纏不休，而迫使他放棄了對她的真愛；如果説是因為溫布萊德對婚姻的嚮往淺嘗輒止，她對愛情的無私無畏令他產生了深刻的動搖與危機，以致他們最終不能如願；那麼，在美琳達鄭重的問話後，比爾又面臨著人生路上一個重大的抉擇。他不敢輕易許諾，他需要感情，但對於以事業為重的比爾來説，婚姻畢竟是一種束縛。他怕自己婚後不能給對方帶來感情的幸福，以致損害了感情。

美琳達非常珍視自己的付出與價值。她是一個比較傳統的女性，在情感路上，她學會自己撐起一份獨立的人格，她不想因為

自己的情感難捨而一味將他寵壞，更不願意做曇花一現的情人。當時，比爾拒絕結婚後，她決定與比爾分手，讓時間來考驗感情的真實性。但是她依然夢想著終有一天與比爾會邂逅屬於自己的婚姻歸宿。

這次有關結婚問題的談話之後，他們經歷了一段情感波折，而且曾一度中止了戀愛關係。

此後，美琳達一如既往地投身於微軟產品的營銷工作中，沒有絲毫的懈怠，彷彿什麼都沒有發生過，她依然是那麼平靜。當她的上司露絲·華倫離開微軟，到波音公司任職後，她理所當然地接替了她的職位。那時，她並不能完全感知到比爾的內心世界，只是一心投入工作之中。比爾的母親瑪麗按捺不住了，老太太開始站出來盡自己最大的一份努力，她開導自己的兒子應該考慮自己的婚事了，並多次找美琳達談話。

在那段情感路上，與微軟大好形勢相比，他們走得並不順暢，但他們在婚姻問題上的冷戰始終會給人一種感覺——這兩個人的故事並沒有就此完結，他們在醞釀著更濃烈的感情。

或許是比爾的生活過於潦草、簡單和粗糙，他的生活給人的印象總是非常平淡的。總會與世人的想像相距甚遠。那時，著名的軟體生產商、寶蘭公司的董事長菲利浦·康恩就曾評價比爾說：

「在社交生活方面，我並不覺得強過比爾，但是就我們的家庭生活來說，我顯然要比他更豐富，他看來只有工作與生意。」

到了一九九二年，命運的鞭子彷彿執意要催促比爾快些長大。這一年，他的母親被診斷患有癌症，這無形中給比爾蒙上了一層精神的陰影。他不敢相信自己的母親會患有這種病，他從醫

生那裡得知，母親最多可以再堅持一年。那一刻他的心幾乎停止了跳動，腦子裡一片空白。他不知接下來該怎麼做，只感到心底不時有陣陣的惶恐與不安。他知道自己是個在生活上尚未獨立的人，在婚姻的門檻上，他還在徘徊不前。慈愛的母親最關心他的婚事，而他總是令母親失望。面對這些令他感到畏懼的事情，比爾平生第一次深受情感的折磨。

這一年比爾三十七歲，他不認為自己永遠是個長不大的孩子。歲月過得真快，或許比爾記不起自己平常實實在在的生活，他只記得，自己的生活一刻也離不開母親的照料，他非常苦惱，在沒有了母親的日子裡，誰來陪著他一路前行？

比爾與生俱來習慣於母親的縱容恩寵，當別人家的孩子早已離開父母、獨立生活時，比爾還是有著與母親說不完的知心話。即使在同一個城市分住的時候，即使工作再忙再緊張，比爾也總是不忘與母親以通信的方式來交流。這位總是對兒子放心不下的母親，也會不時地到比爾辦公室噓寒問暖。這樣的母子情結，失去了任何一方，都是對對方精神的極大摧殘。的確，很少有這樣的美國母親，也很少有這樣的美國兒子！

隨著瑪麗的病情加重，比爾本能地預感到不遠的未來自己的生活將會發生怎樣巨大的變化。但此時的瑪麗並沒有像人們想像的那樣表現得非常沮喪。在她看來生老病死是很正常的事情，所以顯得很豁達。但是她始終念念不忘兒子的婚事，她人生道路上的最後一個願望就是能夠親自參加兒子的婚禮。為此，她操了不少的心，並且也沒少透過上流社會的種種活動或是聚會給自己的兒子介紹中意的姑娘。可是，每次都不能如願。無奈之下，她只能先全心輔佐兒子的事業，然後再考慮兒子成家的問題。這樣一

位母親，這樣一位兒子，或許注定了他們在一些事情的看法上沒有了對與錯之分。無論怎樣，瑪麗始終沒有放棄過對兒子的信心，從他出生那天起，比爾的任何表現都不曾動搖過她的這種自信。正是這種母親對兒子的自信，才使比爾更加自信，才使比爾的事業不斷發展。

趁著比爾來探望她的時候，瑪麗拉住比爾的手親切地問道：

「比爾，你與美琳達分手是真的嗎？」

「是的，媽媽。」比爾表現得若無其事。

這嚴重地刺傷了母親的心，瑪麗的神情立刻變得焦慮，她告訴比爾：

「像美琳達這樣的姑娘是不多見的，你應當珍惜這種緣分。你今年都三十七歲了，雖然你有事業，但那終究不能代替你的生活。比爾，媽媽不能再陪你走了，你應該結婚了，你想過沒有？」

比爾聽了母親的這些話感到很傷心，他覺得自己辜負了母親的希望，而結婚，他真的還沒有想過。

「不論你與誰談戀愛，最終都要有一個完整的結局，一個頂天立地的男人，總要把一個好姑娘娶回家，你需要正常的婚姻生活。」瑪麗對兒子的遲疑放心不下，又囑咐了一遍。

「我知道，媽媽，但是婚姻對我來說很遙遠，我的確還沒有心思去考慮這些。」比爾說。

「既然遲早都要結婚，你為什麼不早一天完婚，這樣你才能享受更多的幸福。你的一生，不但需要工作，更需要生活。」

此刻，比爾深深地體會到：只要自己的婚事沒定，母親就不會原諒自己，這也許會成為母親一生的遺憾。於是，他不再盡力

去說服母親，而是表示同意母親的意見。

瑪麗彷彿看出了兒子的心思，她笑了笑，用非常平和的語氣說：

「比爾，你心裡的打算我都清楚，先前只要我一提你結婚的事，你總是與我爭個不休，為自己逃避現實而找出許多理由。現在你並沒有與我爭論，是怕惹我生氣，但是我不會就此原諒你的。」

母親的一番話正中比爾的心事，使比爾內心隱隱作痛，他知道母親從來沒有像現在這樣推心置腹地與自己談論這個話題。從小到大，母親一直輔助著他成長，並時時激勵著他百折不撓地向人間的奇蹟衝刺。他遲遲不願意讓自己陷入一種世俗的家庭生活中，因為他知道母親也不希望他去過那種平庸之輩的所謂幸福生活。

有不少人相信，只有偏執的人才適宜在殘酷的世界中生存，因為他們是敢於並善於創造奇蹟的人，比爾似乎屬於此列。因此，比爾的生活注定了他是一個很難改變自己主意的人。

當比爾與美琳達情感陷入危機的時候，除了母親瑪麗支持比爾的婚事外，微軟老臣鮑爾默也積極地站出來進行「現身說法」，瓦解比爾頑固不化的童稚情結。也正是他的一臂之力，才使這對對工作都盡乎狂熱的人破鏡重圓。

鮑爾默與保羅從小就是比爾的「死黨」、絕對的信賴者。眼看自己的「死黨」面臨著一場婚姻危機，這位昔日恨不得與比爾同穿一條褲子的鮑爾默，開始出謀策畫。

很有意思，他們在一塊兒工作了二十餘年，都是未婚的工作狂。而前一時期，鮑爾默也開始慎重地考慮自己的婚事了，他想

從這種單身貴族的生活軌道上退下來。他的女友是一位微軟的顧問，他們相處得非常融洽。而令人啼笑皆非的是，這對新人已做出決定，他們準備讓比爾做他們的證婚人！這一決定讓比爾摸不著頭腦。

在那一刻，比爾知道，在自己所有同黨中，現在惟有自己還遠離著婚姻，他開始感到一些莫名的不安。他說不清楚自己這樣的生活還要持續多久。

鮑爾默一開口，比爾便有種被發誓不結婚的人背叛了的感覺，他悶聲悶氣地對鮑爾默抱怨個不停，可心裡也在打著鼓：

「是不是我也該結婚了？」

在微軟的所有人員中，也只有鮑爾默是最能包容比爾一切秉性的人。鮑爾默勸比爾說：

「咱們都這麼大年齡了，你也應該考慮自己的婚事了。我看美琳達是個非常不錯的女孩，你就向她求婚吧。」

「我向她求婚？」提起結婚，比爾的心開始恍惚起來。

「是的，比爾，我確實認為美琳達是一個很不錯的姑娘，從見到她的那一刻起，我就這樣認為。所以你要認真考慮，董事長先生。」鮑爾默在盡力勸說這位盡乎頑固不化的董事長兼朋友。

「噢，是的，她是一個非常出色的女孩子，可是那是以前的事情了，我們已經分手了。」比爾若無其事地告訴鮑爾默。

鮑爾默當然不是個糊塗的人，相反，他十分精明，他急忙為比爾打氣：

「是的，我知道這件事，但我看得出來，她是喜歡你的。你們的分手只是暫時的，只要你願意結婚，相信美琳達會原諒你的。」

比爾並沒反對他這麼說。鮑爾默希望自己找到幸福的同時，也希望讓比爾也找到幸福，他們就形同一家人一樣。

「以前，我們總是擔心婚姻會對工作造成很大影響，可是我們從沒有想過理想的婚姻會讓我們的事業更成功。美琳達很有才華，她的人緣也很不錯，相信她對你的家庭、你的事業都會有極大的幫助，所以你娶她才是最明智的選擇。」鮑爾默繼續勸說著比爾。

如果說比爾不聽母親的話，是因為母親對他有一種天性的母愛，是出於對他的關心，他可以表現出一種成熟來顯示母親的關愛是多餘的。而老朋友鮑爾默的一席話卻讓他的信念有些動搖：

「婚姻能影響我的事業嗎？」

接著鮑爾默對他說：

「我們都不是徹底的獨身主義者，既然我們總會有一天步入婚姻的殿堂，那麼不如現在就與愛人牽手吧。」

比爾靜靜地聽著，但他心裡的結還沒有徹底解開。

時間過得很快，轉眼間三個星期過去了。

這天，鮑爾默又關切地問起比爾的婚事時，比爾非常肯定地回答他說：

「好了，鮑爾默，我已決定結婚了。」

看起來，鮑爾默似乎並不相信比爾的決定，他不相信比爾思想上的層層堡壘就這樣在自己的開導下坍塌了，但確實在生活與工作中，他們之間並沒有什麼秘密可言。

「是的，鮑爾默，我已決定向美琳達求婚了，感謝你幫我解開了心中的死結。」

鮑爾默激動地與比爾擁抱在一起：

「我很為你感到高興，祝你們幸福。」

「同樣也祝你幸福。」比爾美滋滋的，「我要趕快把這個決定告訴我的母親！」

這次談話之後，比爾正式向外宣布要娶美琳達為妻了，他幾乎是不宣而張，根本就沒同美琳達商量，他是想用輿論來成就既定的事實。其實他太瞭解美琳達的心了，他想給美琳達一個驚喜。此事很快引起了轟動。在這之前，鮑爾默與比爾的母親瑪麗也曾幾次找過美琳達，所以美琳達深深地知道，解開比爾婚戀心結的人並不是他自己，而是瑪麗與鮑爾默。

在比爾看來，婚姻是他對人生與事業的一種深謀遠慮的理性抉擇。雖然沒有人會認為美琳達那時一定會成為比爾情感生涯中的幸運兒，但他們的事業與生活的坐標卻是出奇地一致，甚至在許多環節上不謀而合，因此，他們是天生的一對。

一向被奉為「單身貴族元老」的比爾在一次接受《花花公子》的採訪時說：

「結婚有一種難以形容的美妙，那是我一直在追求的東西。」

凡是深知他曾有的那段內心痛苦掙扎的人都知道，或許他的這種說法欠缺誠懇，但在比爾諸多訪談錄中或許有一句話符合他們情感變遷的邏輯，也是真實無欺的：

「令我驚訝的是，她使我突然想結婚，那真是不同尋常，因為那違背我過去在這個問題上的思考。」

在正式決定要娶美琳達為妻之後，比爾更是對美琳達百般呵護，就像初戀一般地充滿熱情，他很想以此彌補曾經的感情波折。很快，他們又找回了那段溫馨的情感。或許婚前，美琳達惟

一可以讓比爾感覺出色的，也是回應他付出真愛方式的就是她的努力工作。不論在工作節奏，還是在生活節奏上，美琳達都與比爾非常合拍，在很長一段時間裡，他們曾一塊兒上班，一塊下班，簡直就是形影不離，誰不說他們是一對好夫妻呢！

美琳達是個非常賢慧的成熟女性，她自始至終都不願自己成為他們之間情感的包袱。她與比爾一個比一個更理智、更務實，她没有把婚姻想像得多美好，也没有把愛情想像得多浪漫，她認為婚姻和愛情都要現實一些好，這或許就是所有人都喜歡聽到的「羅曼愛情故事」吧。

不可否認，比爾的情感表白總能觸動美琳達的情感之弦，從這裡可以看出這個能屈能伸，而又有些倔強的比爾為何總會博得許多女子的芳心。比爾曾在自己的日記中偷偷地寫下過這樣一段話，相信那是他真實情感的表白：

「親愛的美琳達，請不要懷疑我對你的愛，雖然我對你的愛並不是狂熱的，但卻是清醒的；不是浪漫的，但卻是穩定的……中年是人的秋天，思想成熟，事業有成，經濟富裕，從此邁向人生的坦途。美琳達，我就是這樣的一個男人，我的胸膛一定可以承受得起你所有的感情與生活。」

這些話讓美琳達十分感動。正因為出自真情實意，比爾在婚姻門檻的內外判若兩人。在他們戀愛的時候，比爾總會煞有介事地在美琳達面前扮出一副紳士的風度；而在與美琳達尚未認識的時候，他有時竟會讓人產生誤解——像一個乞丐。但無論誰都無法從他的言表中，完全讀懂他內心情感的一面，或許這就是在比

爾心路歷程變遷當中，美琳達最欣賞的地方，這說明美琳達確實讓比爾認識到了愛情的美好和幸福。如果說一個人的愛情不能對他有所改變或觸動，那麼這樣的愛情是可有可無的。

在比爾向自己的親朋好友公開表示要娶美琳達為妻時，美琳達覺得這件事情很微妙，她不明白是什麼促使比爾如此急切地改變了自己的主意。除了瑪麗和鮑爾默的勸戒起作用外，她認為：

「比爾或許需要一個事業與家庭兼顧的妻子，可我能勝任這樣的角色嗎？我能合適嗎？不過，我也確實不想就此了卻了我們之間的這段情感。」

隨著娶美琳達為妻的消息不斷傳播，比爾的母親瑪麗再也按捺不住了，她執意讓比爾與美琳達先把婚事定下來，並建議讓比爾給美琳達戴上一枚訂婚戒指，以了卻自己的一椿心願。

比爾也深知母親對美琳達很喜歡，以致於經常當著他的面誇美琳達的修養與才幹。每當這時，比爾總是保持沈默，因為他實在找不到什麼言辭來反駁母親——或許他也是這樣想的。但是在美琳達面前，甚至在所有人面前，瑪麗都很少提及比爾不良的嗜好與習慣，因為，她相信美琳達已經注意到了這些，並且相信她會在將來讓比爾改變的。瑪麗也經常無意中向美琳達表示，只要美琳達永伴在比爾的身邊，她就可以心滿意足地撒手人間了。她對比爾說：

「我最迫切地想看到的一件事就是你們早一天舉行自己生命旅途當中最重要、也是最體面的成人儀典，早一天在聖潔的教堂紅地毯上奏響《婚禮進行曲》。」

比爾的父親亨利更是個急性子，他竟公開在《華爾街日報》上表示了自己對兒子婚事的憂慮：

「比爾正在冒著怠慢人生某個階段的危險。」

或許更令人想不到的是，比爾的前女友溫布萊德也在極力促成比爾與美琳達之間的婚事，她曾多次在給比爾的電話中明確表示支持比爾的決定。美琳達也覺得，比爾與溫布萊德的這段難以割捨的特殊情戀不會對他們的婚姻生活造成威脅。因為美琳達並不覺得溫布萊德非要在這件事上計較，她眼中的溫布萊德是一位非常有修養、也很理性的女性。當然，溫布萊德並不期望比爾與美琳達的婚事會中止她與比爾的曖昧關係。溫布萊德曾瞞著比爾與美琳達交談過，那次美琳達親眼目睹了她的大氣、從容與彬彬有禮。而在溫布萊德的眼中，美琳達與比爾或許是最恰當的一對。事實上溫布萊德曾多次表現出對美琳達才華的讚嘆不已，也許正是基於她對比爾的更深刻瞭解，她相信，比爾的生活中需要這樣的一位女性。她曾很堅決地與比爾說過：

「你應該與美琳達結婚。」

相信，就比爾對溫布萊德百依百順的意義上說，誰也絕不會小瞧這一句平實無欺的密友的「忠告」。

難道這場婚姻注定是大快人心、幸福美滿嗎？

比爾決定要結婚的消息傳出後，就連他的競爭對手也拍手稱快，只是他們的感覺不一樣罷了。他們希望溫暖的家庭能夠腐蝕他堅強的意志，希望微軟巨人因此一蹶不振，不再是一隻「生靈塗炭的惡狼」，由此一來，他們就可以安穩了。幾乎在所有人眼中，婚姻勢必會占去比爾大部分的時間。甲骨文軟體公司的執行長官艾立森曾公開大加「讚賞」：

「這個高科技的瘋子要結婚了，我真是為此感到高興，他必

須拿出一些時間用在家庭生活方面。如果他不這麼做，他就不會結婚了。」

蘋果公司的銷售總裁默爾也坐不住了，他的「賀詞」更是直接提到了美琳達的名字：

「感謝美琳達，她將會使瘋狂奔跑的微軟戰車放慢速度，我甚至相信，她很可能會給我們創造一種趕上微軟的良機。」

難道這場婚姻注定是一種錯誤與悲劇嗎？

一夜之間，幾乎所有IT行業的幹將們都在為比爾這個決定而狂歡。寶蘭軟體的董事長康思在興奮之餘不忘一番闊論：

「我已經很久沒有聽到這麼令人興奮的消息了！即使是上帝也不會想到，比爾會有結婚的想法，真該打開香檳酒慶賀一下。」

在這些人眼中，比爾是一個不食人間煙火，只喜歡吞食軟體市場的駭世惡魔。美琳達，不，更確切地說，是她與比爾的婚姻會兌現他們這些「美麗」的斷言嗎？相信他們也會為自己的預言感到恍惚的。

更不可思議的是，在比爾與美琳達還沒有走進婚姻殿堂的時候，竟有人提到了他們的孩子，許多人竟盼望這對新人會生一大堆孩子。

那時，美琳達並沒有對此作出任何反應，她只將這些荒謬的

言語當作一種無理取鬧。微軟的死對頭IBM在這方面是想得最周到的一個，他們的員工竟然每天都在談論比爾將來的孩子：

「我們祝福美琳達的生育能力是全球第一，給比爾生一大堆孩子……每天早晨，都有一大堆孩子抓住比爾的衣襟不讓他上班。甚至當比爾與客戶交談時，會突然從門外衝進一大堆孩子，抱住比爾的雙腿哭著鬧著喊『爸爸回家』！哈哈……」

真是一石激起千層浪，就連微軟內部的個別員工也都暗自為比爾的婚姻感到興奮，或許他們因此可以減少加班時間，少幾次與比爾見面的尷尬。雖不難理解他們的心理，但是這也代表了一種不好的心理傾向，於是有人站出來說話了。

微軟總裁鮑爾默，以及前任總裁謝利都提醒那些正在做著美夢的死敵：

「美琳達是一個具有很強獨立性，且又是十分溫柔的女強人，她同樣渴望成功與自身價值的實現，絕不會因為嫁給了世界上的首富就放棄了這種渴望，她絕不會成為比爾的累贅。我們相信，她會使比爾跑得更快。否則，比爾是不會向她求婚的。」

世界上最富有男人的婚事就是不一般，地球人都知道，比爾面對的是世界上所有人的評頭論足。

對美琳達與比爾婚事的看法簡直是眾說紛紜、越來越多，不論他們說的對，還是錯，比爾都表現得不屑一顧，他沒有因別人說美琳達是自己的累贅而對美琳達有絲毫的冷落，或是顯得不安，也沒有因為母親與同事的大加讚賞而對美琳達更加寵愛。他只是與她保持著一種恰當的關係。的確，他們的感情從那次和好之後就一直非常穩定，美琳達照樣輕鬆自在地做好自己的工作。

比爾向美琳達求婚後不久就背著美琳達與他的朋友巴菲特私

下策畫了一個「鬧劇」，其實是要給未婚妻一個不小的驚喜。比
爾說要與美琳達搭乘私人包機到棕櫚泉的「父母度假之家」度過
一個愉快的周末。可是當飛機起飛後，美琳達憑著直覺發現方向
不對，原來比爾特別吩咐了包機轉向直飛那不勒斯加州的奧馬哈
市。當他們走出飛機的時候，巴菲特早已在機場恭候他們了！第
二天，巴菲特的伯克希爾·哈撒韋公司的一家珠寶店舉行開業典
禮。在這次開業典禮上，比爾借著朋友的盛典讓自己的未婚妻美
琳達從眾多的寶石戒指中挑選一枚定婚戒指。

在美琳達還沒有拿定主意時候，巴菲特發話了：

「我並不是在勸告你，或是有別的意思，你知道嗎？美琳達
小姐，四十年前我給太太買的戒指，花了我身價淨值的百分之
六！」

近乎是一個天文數字了。看樣子，巴菲特是「真心」為這對
本世紀最富貴的新人竭誠效勞。

琳琅滿目的戒指讓美琳達拿不定注意，最後，展臺最上角的
那個大個兒的戒指引起了美琳達的注意，那枚戒指確實很美，但
是很少有女性會戴如此大的戒指，但她還是被它的獨特所打動。

在這個世界上，比爾的一舉一動總能吸引世人的目光，同
樣，他們買定婚戒指的事像傳遞接力棒一樣又迅速傳遍了整個微
軟、所有媒體，正如同比爾常說的那樣：

「世界太小了，地球是個小村子。」

許多人平日裡都十分關注比爾的生活與工作，更何況像他要
結婚的大事，有誰不願意對他們的婚姻進行憧憬、描摹和謀畫
呢？

美琳達是個不愛出風頭的人，她總是避免在公共場合露出那

枚戒指。她很少將左手完全放鬆下來，如果是坐著的話，她會用右手搭在左手上，這樣自己才會覺得自然些。比爾也不曉得她為什麼如此「折磨」自己，他這樣對自己解釋道：

「或許是她太專注於自己了吧？」

那次買完了婚戒，他們又在奧馬哈市停留了一段時間。之後，他們才來到先前「約定」的地方——棕櫚泉，看望了比爾的父母，他們正在那裡度假養病，然後他們又急匆匆地趕回了西雅圖。

就這樣，比爾與美琳達的婚姻大事在人們的種種猜測與渲染中轟轟烈烈地確定了下來。矽谷的朋友們特意為美琳達與比爾舉行了一次盛大的訂婚舞會。當時，比爾非常出色地扮演了《了不起的蓋茲》中的男主角——蓋茲比，而美琳達卻裝扮成小說中另一個主角黛西·布卡南，他們被朋友們稱為一對最有趣的搭檔。

一九九四年元月，沈睡的大地在寒凍中還尚未甦醒，遠在太平洋的夏威夷群島卻成了一個綠樹蔭蔭的世外桃源。陣陣的海風輕輕地吹拂著波浪，給這裡提前送來了春的消息。

比爾選定了一家私人所屬的拉娜灣酒店的高爾夫球場作為自己舉行神聖婚禮的場所。夏威夷時間一月一日五時二十分，在西雅圖德高望重的神父威廉·蘇利文的宣布下，美琳達與比爾正式結為夫妻。這一年比爾三十九歲，而美琳達剛剛跨入三十歲。

婚禮的場面極其隆重，是世界上最闊綽的。比爾幾乎包下了茂伊島的所有轎車與直升飛機，以及二百五十間頂級豪華酒店的客房。六位身價百億的公司總裁——華倫·巴菲特、微軟創始人之一保羅·艾倫、移動電話總裁柯瑞格·麥克考、男儐相史蒂夫·鮑爾默、《華盛頓郵報》老闆凱薩琳·葛蘭姆，以及美國的媒體

大王庫特・巴爾幹，他們全部乘自己的私人飛機親臨婚禮現場祝賀。同時，還有一百三十多位企業界上層與各界名流親臨見證了他們的世紀婚禮。

保羅・艾倫還特意為比爾的婚禮開來了自己的「雪瑞德」號特製豪華遊艇供賓客們觀賞、遊玩，著實為這場婚禮增添了豪華和浪漫。由於他與比爾的特殊關係，在婚禮席上，他跑前忙後，忙著招呼著那些身價不菲的客人，活像個東道主。

結婚典禮開始，美琳達穿了一襲價值不菲的白絲鑲邊薄紗結婚禮服，這襲禮服出自西雅圖設計師維多利亞・葛倫之手。比爾則穿著一件白色無尾的晚禮服和黑長褲。他們的結婚儀式就在所有人的矚目下開始了。接下來，樂隊奏響了《婚禮進行曲》。

比爾的婚禮時值母親瑪麗正處乳腺癌晚期，但她還是與比爾的父親亨利風塵僕僕趕來參加兒子的婚禮，並安詳地坐在了所有人的最前面。目睹了兒子與美琳達的「成人宣誓」。

當自己多年的願望正在變成現實時，比爾母親瑪麗的眼睛有些濕潤了，望著仍是一副娃娃臉的比爾，她很滿意地微笑著。多年來，她一直鼓勵比爾結婚，不希望他成為功名的犧牲品，尤其是美琳達的優秀品質，更是讓這位天才母親感受到一種前所未有的責任感——她似乎只有將比爾「托負」給美琳達，才會安心。

一九九四年一月一日，這天成了比爾一生中為自己花費最多的一天——大約五百萬美元。而婚禮的一切，都沒有向外界宣揚，一切都在暗中進行，所以也有人說這是一場張揚的「秘密」婚禮。

即使如此，美琳達與比爾的一張婚禮照還是被刊登在了第二天的《西雅圖郵報》上，後來才得知，是一位攝影記者在遠離舉

行婚禮的高爾夫球場的海邊架起攝影機捕捉到的一組鏡頭。隨後，諸如《時代》雜誌等一些新聞媒體開始相繼轉登，一時間，他們又成了人們追逐的焦點。或許那也是美琳達在媒體中露面最多的一次。但就是這樣的一次露面，招來了媒體不斷的「轟炸」。不得已，微軟的公關部門只得出來收拾局面，以稍稍滿足一下世人的關切與好奇：

「比爾・蓋茲與美琳達・夫蘭奇昨晚舉行了一場秘密的婚禮，密友與家人在旁觀禮……」

婚禮之後，比爾與美琳達開始歡度屬於自己的蜜月。就在這個時候，幾乎所有的同行都在拭目以待，他們都十分關注比爾的這場婚禮究竟會給微軟帶來些什麼。的確，結婚意味著比爾開始了一個前所未有的新階段，或許人們更關心的是比爾是否可以抵擋住來自各方面的新的挑戰。後來的事實證明，比爾並沒有因為他的情感生活發生了變化而導致微軟命運的動盪與顛覆。美琳達在婚後也自始至終以一個妻子的身分盡到了每一分責任，她所做的不是終止這個「單身貴族」的神話，而是讓比爾繼續成為上帝的寵兒。

美琳達從不願意聽到人們關於她婚姻的一些言論，不管是正確的，還是錯誤的。當然，還是有一些人從中彷彿看出了些什麼，他們評論比爾與美琳達的那場婚禮：

「比爾與美琳達在夏威夷風情熱島秘密完成的婚禮，有點像美國本土冬天裡的一把火。」

的確，比爾的婚姻不僅讓他找到了生活的方向，而且還使自己在事業上多了一個可靠的夥伴。

《華爾街日報》撰文寫道：

　　「這是微軟撮合的良緣，不但是愛情的最佳組合，還是最佳的商業搭檔。」

　　婚後，美琳達用自己的真誠與務實呵護著他們美滿的婚姻生活，她永遠不會因為比爾太忙碌而厭煩他，她也更懂得如何讓這位工作狂不至於過分勞累，總之，她無時無刻都在造就著一個更加成功的丈夫。

　　這一點也與比爾的願望相符，因為在婚前，比爾曾大膽向她說過：

　　「請你永遠為我點亮這盞燈！」

　　那時美琳達只覺得自己將來不但要做一位出色的妻子，更重要的是要做他的一位事業夥伴。直到自己成了他的太太，一位兩個孩子的母親，她都沒有放棄過任何努力幫助自己的丈夫。應當承認，他們的相親相愛在富人們中間是少有的。更多的時候，美琳達會給比爾一個溫馨的家、心靈的港灣……因為她深深地知道比爾到底需要的是什麼。

第 **4** 章／
身為妻子與母親

美琳達深刻地體會到家庭幸福的兩條關鍵：一是愛自己的丈夫；二是讓他獨自去工作。美琳達與比爾之間盡量劃清情感與財富的界限。他們都深惡痛絕相互之間的施捨，更不期望等價交換原則在他們之間發生。因為，無數的事實證明，那種施捨與等價交換是最殘酷的婚姻悲劇的源泉。

NO4　身為妻子與母親

　　當比爾與美琳達幸福地走進婚姻殿堂之後，美琳達在微軟繼續工作了一段時間，然後才回家做了一位專職太太；後來她又負責起慈善基金會的一些工作。

　　自從有了第一個孩子珍妮佛後，美琳達就更加辛勤了，她除了照顧家庭與孩子，還需要參與管理基金會的一些事務。那時她想到了應該在家裡建立一個圖書館，因為她從小就生長在一個崇尚知識的家庭，知道知識對人的影響與作用。她這樣做不僅可以滿足比爾的閱讀喜好，對他們的女兒珍妮佛也是非常有好處的。在這裡，不僅有各種計算機圖書，還有小兒的畫冊、名人錄，及其他一些他們感興趣的書。

　　平日，除了閱讀，比爾最喜歡玩兒童的智力遊戲，諸如猜謎、拼圖等。有時他玩得很認真，每當美琳達輸給他時，他就會很得意地衝對方笑笑。閒暇時，他會建議妻子一塊兒去與朋友聚會。曾有一年冬天，他們如約去參加一個知名人士的婚禮。當祝賀完這對新人後，有人提議要來賓們參加雪地追狗比賽。誰知比爾與美琳達竟在冰天雪地中忘情跋涉了十多英里。這樣的生活情趣在他們的生活中並不少見，或許這樣做，他們才會覺得婚姻更有味道。直到現在，他們也不會錯過每次下雪的機會。比爾曾教美琳達如何滑雪，他告訴美琳達：

　　「只有親自體會才知道這是一項非常有趣的運動。」

　　充滿樂趣的家庭生活與共同的愛好，讓他們的婚姻生活顯得更加完美與豐富。他們都喜歡工作，只是在特殊情況下才會暫時

放下手裡的事情，例如參加一些必不可免的盛會等。有時他們偶爾也進行一些非常有紀念意義的旅行，每次他們都會在不同的地方結識許多朋友。

如果在家裡，美琳達更多的時間會用在孩子與比爾的衣食住行上，雖然她從不認為處理家務有什麼重大意義。她認為即使一位女性把她原始的才能發揮得淋漓盡致，對社會來說也並不一定就具有多大的價值。所以當美琳達向別人說起自己是一個家庭主婦時，總難免會產生一種畏縮與遺憾。但是美琳達還是像經營自己的事業一樣照管著家庭，照管著丈夫和孩子。

或許你也聽說過女人們用類似這樣的話來描述自己：從某個方面看，世界上沒有任何工作會比創造與維持一個家庭，以及養育這個家庭的小孩子更讓人產生尊敬的了，這對個人與家庭都是十分重要的。

這或許是所有人婚後感悟最深刻的一點，沒有聽說哪一位老闆將自己的生活與工作都料理得井井有條的，但是當你成了一位家庭主婦時，你卻要完成這些奇蹟。顯然，美琳達在比爾的生活中就扮演了這樣一種創造奇蹟的角色。

當她把近乎全部的精力都投入到這個家庭當中時，也許她會感到自豪。可是她扮演的角色，需要各種才華，甚至比一個職業女演員所需要的各種技能還要多。連她自己都認為，在她離開微軟後不過一年的時間，雖然她是比爾的妻子，一個人們想像中很特別的人，但她並沒有因此特殊起來，她習慣做好諸如洗衣服、料理小孩、做一名家庭廚師等普普通通的日常工作，簡直就是一位家庭主婦，有時還要做比爾的兼職司機。雖然這時她還得處理好一些公共關係，例如在前些時候，她還不斷為基金會的事與亨

利大費周折。同時，基金會提供的無條件的福利與慈善行為經常會因為一些政府機構的介入而陷入停滯狀態，包括比爾在內，這些事都讓他們感到不快，好心卻得不到好報，但為了更多人的幸福，美琳達仍然不厭其煩地做好慈善事業。

美琳達曾提議設立一種年度獎，頒發給那些家庭主婦們——尤其是那些用最少時間完成最多工作的主婦們。這充分說明她非常理解普通家庭主婦們的苦衷，她太善解人意了。但這只不過是一種美好的設想，最終卻沒能實施下去，這讓美琳達多少感到有些遺憾。

所有已婚女性都會注意保持自己的吸引力，這對女性而言，如果你想在丈夫心中保持永遠的魅力與有效的地位，你應該學會這麼做。

美琳達也從不想使自己的形象在比爾心中失去光澤，因為這樣會在比爾的心中產生嚴重的影響。因此，美琳達更相信的一點就是，做一個稱職的太太，讓比爾能在繁忙的工作中找到家的輕鬆。的確，自從結婚以後，至少比爾不用操心那些雜亂的家庭事務了，他可以更安心地在辦公室工作到天亮。當然，比爾也曾建議美琳達請一位家庭保姆。在美國，許多普通的中產階層都有家庭保姆，何況是世界上最富的家庭。但美琳達合計了一番後認為，如果這樣做，每年大約要花費一萬美元，如果將這筆錢全部用於慈善事業的話，至少可以解決十名失學兒童的生活與學費問題。她從不願意將自己的錢用在那些無謂的花費上，她寧願自己辛苦一些。

美琳達就是這樣一位平凡而偉大的女性。也許，許多成功男士大都是因為賢內助才獲得巨大的成功，這些賢慧女性對於一個

家庭主婦的生涯，都懷著一種崇高與負責的態度。愛德華・基科是美琳達在微軟工作期間的一位同事，她曾説出了她的信條：

「生命給女人最偉大的生涯就是做妻子。」

顯然，她是針對美琳達説的，因為在微軟中高層中，沒有不知道美琳達的，他們都對這位很出色的女性懷有一種非常的崇敬之情。

雖然美琳達也曾如許多女性一樣抱怨過：

「洗小孩子的尿床，以及全家人的髒衣服，是件非常讓人討厭的事情。一個人在家庭中有做不完的事情，即使有時候看起來是無關緊要的、可有可無的小工作。」

在婚後，曾發生了這樣一件事：一天，比爾氣喘吁吁地從公司回來，很出乎美琳達的意料，他問她的第一句話竟是：

「親愛的，你今天都做了些什麼？」

要是一般的女人肯定會發火的，但美琳達並沒有生氣。

《微軟卷宗》是這樣記載的：

那時，美琳達憑藉比爾提問的語氣認定，他用這樣的語氣提問並不是對她的不敬，而是他的習慣，只是美琳達始終不明白，比爾這樣問的用意是什麼。她這樣回答比爾：

「噢，我送珍妮佛上學，並與我們的小兒子玩電腦遊戲……」

比爾瞪著眼睛聽美琳達把話説完，然後才用一種對待小孩子似的口氣對她説：

「是的，美琳達，我昨天工作到深夜，所以就在公司休息了。但是今天看到你同樣是一種非常困乏的樣子，我真擔心你會

受不了，以後你不要再為這些事操勞了。」

於是，比爾再一次建議美琳達找一個家庭保姆，來照料他們的孩子，這樣可以使美琳達抽出許多時間來從事自己喜歡的事情。但是美琳達還是執意不肯這麼做，後來比爾只好依她了。的確，有時候如果你被這些看似一種享受的誘惑征服了，那麼十年後，你將發現自己除了一個職業外，什麼東西都沒有。所以與先前的工作相比，美琳達雖然感覺到這是一種家庭累贅，但她能從中得到更多的樂趣，儘管她不願做一個陷入家庭瑣事的平庸家庭主婦。可以看得出來，美琳達在盡自己的努力使這個特別而普通的家庭永保平衡與安寧。

或許這就是很多人嚮往中的最奇特、最有價值、最繁忙而快樂的生活。

更重要的是，美琳達不只是在盡力學會做一位好母親好妻子，而且也在極力支持比爾的事業，雖然她未曾向人表白過，但她在默默地奉獻著。

自從踏進婚姻生活後，比爾的生活習慣、工作態度，都比較明顯地發生了變化，這與美琳達有著直接的關係。他們的孩子不可避免地要占用他們許多寶貴的時間。更可怕的是，許多微軟的競爭對手都在拭目以待，他們期望能從這位勁敵的婚姻中撈取些什麼。雖然比爾曾經也認為婚姻會使他的事業受到一些挫傷，但是可以看得出來，他現在完全沒有這種擔憂了，至少他還會像以前一樣努力地工作，這主要是因為他娶的是美琳達。美琳達與家庭在他心中更寶貴了。

平日裡，美琳達喜歡讀一些諸如《今日女性》、《生活》、

《婦女家庭》之類的書刊，以幫助自己把生活過得井井有條，她並不認為自己已經做得很好了。

美琳達結識了花店裡的一個女孩，這位女孩很擅長、也很喜歡用很少的錢來裝飾自己的房子，她並沒有因為自己丈夫的地位卑微而放棄對生活的嚮往，她不覺得有錢人就活得比自己幸福。在與美琳達的談話中，這位女孩提到了比爾，她認為比爾沒有生活情調，但她卻很想探知比爾的生活境況。美琳達沒有告訴她自己就是比爾的妻子。或許這就是那些樸素而平凡人們的共同特點——他們能很輕易得到滿足與幸福。他們也同樣充滿著對未來生活的美好嚮往。

不可否認，比爾是一個不平凡的人。最初，在他的心目中，工作與生活沒有一定界限。當美琳達也模糊了這種生活理念的時候，兩個人的生活開始有了些不和諧，一度使美琳達的內心感到很茫然。也就是從那時起，她在盡著自己的每一分努力使自己過上正常人的生活。在她看來，她一直在盡妻子的責任，看著比爾頭髮蓬亂、衣冠不整地將要趕往公司，她總是不忘提醒他花費一些時間讓自己變得端正些。比爾很少有機會在家中吃飯，但每當他不被緊張的工作驅趕，可以輕鬆地坐下來的時候，美琳達也總不忘做些比爾喜歡吃的飯菜。

美國電影協會會長艾利克·喬斯頓曾說過：

「跟上丈夫事業隨時改變的步伐，是婚姻幸福的真正關鍵。」

可以說，美琳達完美地實踐了這句話，甚至可以說她先人一步就感覺到了這些。艾利克總是在不遺餘力地勸誡那些想要趕上丈夫事業步伐的妻子們，要多參加社交活動以拓寬自己的交際範

圍，而不要局限在一個小圈子裡。美琳達對這種觀點非常贊同。

　　或許誰也不會想到，剛開始的時候，艾利克的境況非常糟糕。在比爾與美琳達訂婚的時候，艾利克還在挨家挨户推銷自己的吸塵器。那時美琳達與比爾誰也不知道這位女性會闖出什麼樣子來，但他們隱約感覺到，無論如何她都會不同凡響的。可以認定，艾利克是在幫助她自己，也是在幫助自己的丈夫，也許她的地位與職業不盡如人意，但這些並不重要。

　　的確，在美琳達看來，當自己變得非常懶散、不能與比爾的事業同步時，那麼最終的結果極有可能是自己被對方遺棄或是冷落。到那一步自己也並不值得同情，所以，她決不允許自己墮落成那樣。

　　婚後，美琳達變得非常健談。她曾經與美國一家大公司的人事主管有過一次愉快的交談。這位主管非常得意地告訴美琳達，自己有時候會因為太專注於自己的工作，而忘記了注意別人的感覺。但是他的妻子，永遠不會因為他太忙而對他發火。在前不久的一段時間，他很不理智地跑進一家洗衣店，對著老闆大吼，希望老闆按自己的要求洗好那些衣服，不許有一點兒偏差。而老闆告訴他，如果是他的太太親自來的話，那麼就會感覺好一些。

　　「沒有人不喜歡我的太太，她既有愛心，又很和善，她真的很會關心別人，並且不會讓他們感到討厭。」他總愛在美琳達面前不停地讚譽自己的妻子。

　　能得到丈夫如此的「厚愛」，相信這樣的妻子是很幸福的。

　　工作繁忙的比爾，很少有時間去建立增進自己生活情趣的、溫馨的人際圈。或許因為他是微軟的董事長，他更需要別人對他特別的關注。嫁給這樣一個偉大的天才，或許注定要缺少一種生

活的情趣，但事實卻不是如此，當美琳達偶爾按照自己的安排來度過一天的生活，比爾會認為那是令他感到十分幸福而滿足的事情。

二〇〇〇年，在西雅圖的一次 IT 例行集會上，比爾做了一次精彩的演講。隨後，他就被聽眾的許多提問包圍著。美琳達非常清楚，如果他的演講不能馬上結束的話，他一定會感到非常困乏。於是她站起來，幽默地說：

「對不起，我有一個問題想問一下，比爾太太想知道比爾先生什麼時候可以回家吃飯。」

那時，聽眾都被她這個莫名的問題震懾住了。比爾卻因此得以回家吃上一頓正點的午餐。

直到現在，比爾在生活中總還是改變不了像個孩子的習慣，但美琳達還是明顯地感覺到他較原來成熟多了。在工作或是生活中，美琳達感覺他更像是自己的導師。幾年前，當美琳達想離開微軟，回到家裡全心照顧家庭時，比爾總是幫助她建立信心；當美琳達進入還感到有些陌生的基金會時，比爾告訴自己的父親亨利，要多給美琳達一些關照與指點，並讓她分擔亨利的一些管理任務。

從那之後，美琳達便開始嘗試著介入公司對外的一些慈善活動。在父親亨利的幫助下，美琳達長進很快。以後，比爾便很少再給她提出一些建議了，他總是非常信任地對她說：

「對了，這樣很不錯。」

美琳達對這項工作越來越得心應手，也更加專注了。不但因為這是比爾全家十分熱愛的事業，同樣，它對於微軟，對於全人類，也是非常有益的。這也讓美琳達與比爾在事業上有了更多共

同的語言。直到比爾將公司先前的兩個基金會合而為一，並起名「比爾—美琳達慈善基金會」時，他們更加感覺到自己是對方事業上的夥伴，誰都離不開誰。美琳達也開始在一些重要的資助活動中扮演起重要的角色。

有一次，美琳達與比爾參加西雅圖新市政大廳的奠基典禮，美琳達在比爾的提議下來到台前，作了一場簡短的講話。那是她有生以來第一次在這樣隆重的場合發表講話，但她並沒有表現得非常緊張，比爾一直用很贊同的目光看著美琳達，直到她將話講完。當美琳達將內心的感受講給比爾聽時，他一個勁兒地誇獎美琳達：

「真是太棒了，親愛的，妳比我想像的要完美多了，但是那些出資蓋大廈的人們怎麼樣呢？我覺得他們更應該值得讚美——妳的演講是在向他們表示敬意。」

比爾的意思是，美琳達忘記了在講話中向這些人表示敬意。最後美琳達自主決定投資五百萬美元給這項工程，比爾讚美她在這方面要比自己做得更出色。但是美琳達從不這樣認為，因為每年，比爾都會用自己的股票向他們的基金會注入大量資金，否則，美琳達也很難順利開展這項工作。

面對生活問題，美琳達會像對待程序一樣一絲不苟，這使她與比爾之間產生了一點小小的差異。美琳達很佩服比爾賺錢的頭腦與方法，但若不是親眼目睹，她永遠都不會相信比爾過的是那種簡單的生活。事實上，連比爾自己也是這樣認為的：

「生活越簡單越好」。

對他來說，生活中最重要的事永遠是微軟：為了能使自己的理想付諸實現，他無暇顧及外面的世界。在美琳達的眼中，比爾

現在的生活與孩提時代沒有什麼根本的不同。但比爾在工作的時候很願意承擔風險，這就如同賽車一般，令人感到刺激的效果是相同的。

比爾的生活大多由美琳達安排，許多朋友都會說：

「美琳達自從嫁給比爾，就過著一種忙碌、幸福、成功的生活，真是讓我們羨慕。」

多數的時候他們說這是因為比爾是位出了名的企業家，或是最富有的人。真實的生活告訴這些人，這並不是一位女性獲得幸福的根本。也許美琳達會認為，自己並不像人們想像的那樣幸運——是世界上最幸福的妻子。但是她確實懂得了享受生活，這使她曾經對生活的迷茫一度消失了。尤其在她還沒有成為一位母親之前，她與比爾都只知道拼命地工作，工作代表了他們所有的樂趣、愛好與理想。那時，她與比爾誰也不知道真正的生活是什麼樣子。但他們都知道，錢並不能代替生活，也不是他們生活在一起的根本原因。

畢竟他們的心靈相通，像比爾對家的理解一樣，美琳達也嚮往平淡而真實的生活。當她終於可以踏踏實實地做一位全職家庭主婦的時候，她開始對自己的生活投以更多的關注。在早些時候，她有些不太適應比爾瘋狂式的工作，但是作為他的妻子，美琳達卻又不希望他在工作中感到自我滿足就停頓下來。如今，他們結婚快十年了，幾乎每年他們都會對自己的生活寄予新的希望。雖然比爾更專注於他的工作，但是現在他卻離不開這個家了，他已經適應並習慣了這個美琳達建造起來的家了。他通常不會太在意其中的不足與缺陷，或許他根本沒有時間去思考這些。他偶爾會淡忘他們的結婚紀念日，但更多的時候，他忘記的是自

己的生日。當然，為了不讓比爾在內心留下遺憾，每逢自己的生日將要到來時，美琳達都會有意識地提醒他。

不論是任何人，當他執迷於自己的工作時，多少都會忽視自己的生活，比爾似乎始終是一個這樣的人。到現在，比爾已經為工作奮鬥了三十多年。對於許多人，這三十年的時間裡，總會有無窮的生活趣事值得回憶，但是比爾實在想不起生活中有哪些事情會比工作中的問題更重要、更有趣。如果離開了工作，可以想像，他的生活也不會有太多的改觀，甚至會倒退。在不工作的時候，比爾也不肯靜下來，即使在看電視或是躺在床上的時候，工作中的事也總不讓他的嘴或是大腦閒著，所以他的母親瑪麗曾一度懷疑他的精神有問題，而帶他去看心理醫生。如果不是比爾向美琳達提起這些，她也不敢相信這是他的生活習慣。幸好，比爾非常喜歡美琳達買給他的任何禮物，也樂意傾聽美琳達對他提出的一些生活建議，每當如此，他總會像個不會思考的孩子一樣拍手稱快。而美琳達更像是一位慈愛的母親，送給比爾這個永遠也長不大的大孩子無邊的愛。

偶爾，比爾也有興致陪美琳達到商店、菜市購物。比爾雖然有一顆睿智的商業頭腦，但對於生活中的一些事情，他卻知之甚少。他從來不會與店員講價，至多會說：

「哦，太貴了。」

接著會把目光投向別處，或是眼睜睜地看著美琳達的反應。對於鑑別一些商品的質地，他也感到很棘手，總是會徵求美琳達的意見：

「美琳達，瞧，這個背包看上去很棒！買給我們的女兒吧。」

如果美琳達執意認為這個背包不太適合小孩子，他就會有些遺憾地說：

「我想，珍妮佛一定會喜歡的，我們可以打賭。」

比爾什麼事情總是喜歡打賭，這樣的事經常會發生在他們之間，而更多的時候，美琳達都是輸給他，當然，美琳達有時本來就不想與他論個輸贏。但看得出來，比爾卻非常認真，於是美琳達只得勸他：

「我們還是再看看，如果她喜歡，我們一定買。」

接下來，比爾就像個小孩子似地跟著她。當然，沒有一位妻子會討厭自己的丈夫陪著自己逛商店。而這對於美琳達來說，這些機會或許就更難得了。每次讓她感到欣慰的是，比爾從沒有對她的討價還價，或是磨磨蹭蹭抱怨過些什麼，甚至連他自己都承認這些事很有趣。有時他會幫美琳達拎著包，或是幫她選擇一些衣服的樣式。只要美琳達把衣服試穿在身上，他總會說很棒，不是他心不在焉，即使選擇自己的著裝時，他也沒有一個讓人感到信服的選擇。

比爾有一次告訴美琳達，鮑爾默的那身西裝看上去很有風度。他那神氣像是期望美琳達這樣對他說：

「如果你穿上自然也不會很差。」

幾天後，美琳達特意給他買了一身西裝，的確，看上去比他穿牛仔服要有風度多了。可是比爾並不喜歡，「除非我參加一些重要的會議，或是到一些特定的場合，我才願意穿它。穿這樣的衣服實在有礙工作」。

所以，從那以後美琳達很少給他買這類衣服。比爾喜歡穿運動鞋，只要合適、舒適，他就會很樂意穿。

有時，同事與比爾開玩笑，說他的衣服如何如何不適合他穿，他就沒有了主意，就會回到家徵求美琳達的意見：

「他們真是無聊，看來沒有適合我穿的了。」

只要美琳達說感覺還不錯，他就會非常得意地再打量自己一番，好像美琳達說的是最權威的。這充分說明了他對美琳達的依賴度。

比爾是個從來不講究外表的人，但任何人對他的印象都不會因為他的穿著而有絲毫改變。有一類事情讓比爾最佩服美琳達，那就是他們在一起的時候，美琳達會厭煩地對他說：

「你似乎應該洗頭了。」

此時他會很知趣地奔向洗澡間。所以在美琳達面前，他有時會在意自己的穿著打扮，但無論如何也說不上漂亮。或許只有參加一些特殊的會議時，他才肯被迫坐下來修飾一番，然後不斷讓美琳達瞅瞅，直到她說：

「棒極了，像變了一個人似的。」

然後，他才很滿足地向她一咧嘴，接著看看表，接著匆匆離去。當然，這種形象一般不能保持到美琳達再看到他的時候。好幾次，當比爾再回家的時候，那簡直像變了一個人似的。如果他有三天外出的時間，一般情況下他不會在其間再打扮自己一下，好讓自己的形象至始至終地保持著，往往是整整潔潔地出去，卻邋邋遢遢地歸來。

比爾與美琳達在一起吃飯的時候，也很有意思。兩人都喜歡吃熱狗，他們吃的熱狗在西雅圖的一些街道邊就可以買得到。有時，美琳達會在自己的工作之餘買回來一些與比爾分享，比爾會覺得這是頓非常豐盛的晚餐。雖然他們經常會買些現成的食物，

但並不是因為美琳達是一個不很精通廚藝的女人，有很多時候是為了節省時間。有時美琳達擔心比爾會很不習慣自己給他準備的晚餐，所以她時常會徵求比爾的意見：

「你能告訴我，今天我們吃些什麼好呢？」

「哦，你說晚餐？我還沒有想過，不過只要我饑餓的時候什麼都想吃。」

比爾吃飯的時候也很忙碌，他會一邊吃，一邊眼睛瞅著兩個孩子，生怕他們會搶過自己似的，並不時地告誡兒子羅瑞：

「噢，你這小傢伙又把叉子拿反了。」

或者告訴他們如何切碎食物。雖然美琳達非常心細，可她很少在意孩子的這些，畢竟兩個孩子已經做得越來越好了。所以吃飯的時候，兩個小傢伙更樂意坐在美琳達的身邊。

比爾吃飯的速度很快，即使有客人光顧的時候也是如此，美琳達很是為此感到著急。一次，她的母親依蓮·夫蘭奇與妹妹卡西杰·夫蘭奇到西雅圖看望他們。比爾礙於顏面，停下手頭的工作。美琳達建議在家裡自助用餐，比爾也很樂意這麼做，於是他們為此忙碌了半天。可是吃飯的時候，比爾短短幾分鐘就離開了餐桌，而煞有介事地看起了依蓮帶給他們的一本相簿。那是美琳達特意向母親要來的，裡面全是美琳達從前的一些照片。比爾不時會搖搖頭，看來他對有些照片不太滿意。美琳達的母親對比爾的吃飯情形感到有些不解，於是她在後來問美琳達：

「比爾經常與你們一起這樣吃飯嗎？」

「是的，母親。」

「哦，看來這樣可不太好。」

「為什麼？」

母親告訴美琳達，她感覺比爾較以前瘦了，要美琳達注意調整他的飲食，否則這樣瘋狂地工作會讓他吃不消的。美琳達笑著告訴母親：

「比爾曾一度害怕自己肥胖，有時會特意吃一些零食代替主食。」

不過，他提前告別餐桌的毛病卻一直改不了。

比爾和美琳達近乎潦草地過著屬於他們的生活，但是在事業的抉擇上，他們卻都非常謹慎和有遠見，都是那麼精益求精、兢兢業業地工作著。

一九九九年的冬天，美琳達被一場突如其來的疾病擊倒了，住進了西雅圖市的一所醫院。雖然只有半個多月的時間，但她彷彿經歷了半年之久。住院期間，她非常擔心自己的孩子，以及比爾的生活，她不希望比爾因為工作繁忙而減少了對孩子們的照顧。那是一個寒冷的夜晚，比爾趕車直奔醫院，並給美琳達帶來了許多「禮品」。當他從醫生那裡得知美琳達的病情很快就會好轉時，他表現得非常興奮。

就是在那次探望時，比爾告訴美琳達，他打算在美琳達病好之後讓她與自己的父親共同管理慈善基金。當時美琳達沒有答應他，因為她一心想著做一位出色的母親與妻子，當然在工作上她很樂意幫助他們。在此之前，美琳達就曾在自己閒暇的時間裡幫助管理過一些慈善事務。

比爾相信美琳達與自己的父親亨利會將慈善工作做得很出色。但是令美琳達沒有想到的是，比爾是因為她的病才想到這份她勝任的工作。比爾告訴美琳達：

「這份工作再合適你不過了，我不希望讓一些不稱職的人來

管理它。我相信你一定會做得很好的。」

　　後來美琳達才知道，是比爾母親的逝世與她的疾病讓比爾感到生命的脆弱與價值。對於慈善事業，比爾並不像許多企業家那樣是為了自己的商業利益。他告訴人們：

　　「用這些錢我們可以救助許多無家可歸，或是被疾病困擾的人，我們不需要任何人對我們的行為做出回報。我也曾說過，我不會將它作為一種發展微軟的商業手段。」

　　為了說服美琳達接任這份工作，比爾倒出了自己最真實的想法：

　　「在我們的有生之年，我會將我們九成的財產捐出去，這並不是一件容易的事情。當然我說的不是現在。」

　　雖然說這是獨立於微軟之外正常營運的一項事業，但它讓美琳達的生活驟然變得更加緊湊了。也只有這樣，比爾那顆不安分的心才會得到寧靜。美琳達不想辜負了比爾對自己的信任。如果單論生活，比爾會聽任於自己的妻子，實際上他也更願意做個配角。從這時起，美琳達在做了不久的全職家庭主婦之後，又開始了新的半職業化的生活。

　　亨利也非常贊同美琳達參與這項工作。在新的工作中，美琳達幾乎發揮了自己的全部才能。值得欣慰的是，美琳達的工作沒有讓比爾失望。

　　比爾很少插手美琳達的決定，只是在重大問題上才會保留意見。當然，在空閒的時間裡，他們又多了慈善這樣一個話題。在慈善基金會工作期間，美琳達又認識了許多慈善界的朋友。

　　美琳達是個十分好客的人。她的好友，也是慈善會的職員——維爾麗與瑪貝爾好長一段時間由於出差而沒有與她見面了，兩人

約定要在一個適當的時候到比爾家做客。一天，當美琳達得知她們剛從法國回來後，就急忙對比爾說：

「我今晚請維爾麗與瑪貝爾過來吧！我們好久沒有見到她們了。」

「好的，就讓她們來吧。不過最好也請海倫與湯姆過來。因為，他們曾兩次請我到他們家做客了。」

「噢，天哪！海倫的妹妹也來，我得為她找個男朋友。你到熟食店多買一些啤酒與乳酪脆餅，我來打電話，然後化化妝，換件衣服，收拾一下東西。」美琳達給兩人都分配了任務。

這時候，美琳達很是後悔自己當初開過的口，她原先只想安靜地與一兩個朋友聚一聚，沒想到卻要來這麼多人。看來，她又會有招待不周的地方了。結果一次盛大聚會，搞得兩人都忙忙碌碌的。

或許比爾就是這樣的一個人，總是會由於一時興起而去做其他事情，這一點即使他自己也不甚瞭解。比爾很不明白美琳達為什麼看一場戲要在幾個星期前就做好準備，或者為什麼當他臨時提議到鄉下去度假時，美琳達會告訴他需要認真考慮一下。

就算比爾一時興起經常會讓美琳達感到有些討厭，但她也只是偶爾說說「好，我們……」而不是「好，但是……」。

在美琳達的回憶中，她認識一個最快樂的妻子，她有一個喜歡度短假的丈夫，他常常會丟下旅遊廣告打電話給妻子：

「收拾一下行李，親愛的，我們明天早上去芝加哥。」

早已習慣的太太將兩人的衣物裝進提箱裡，交待鄰居幫助照顧一下家裡的愛犬，然後取消所有的約會，就準備第二天早上登機了。這位妻子對美琳達說，這沒有什麼，任何女人只要稍加練

習就完全可以辦得到。當然，這要歸功於她有一個喜歡出遊的丈夫，她從她丈夫的喜好中獲得了許多樂趣。

而美琳達就不同了，要從比爾的喜好中獲得的樂趣，那就是將自己投入到工作當中。比爾喜歡在想到一個主意時，馬上將它化為行動。先前美琳達總是為他的這種衝動感到很不理解。一次在看電視的時候，比爾看到電視中正在播放一段新廣告：

一個法國小男孩兒在父母的陪同下正在玩耍一個遙控電動車，他玩得很出色。這時，一位美國中年婦女領著一個小男孩兒路過，這個小男孩兒很是好奇，便掙脫母親的手跑到那個法國小男孩兒面前說：

「可以讓我玩玩嗎？」

可是這個法國小男孩聽不懂對方在說什麼，搖了搖頭沒有再理會他，他顯得很難堪，於是這個小孩子的母親決定也要給自己的孩子買一個遙控電動車。

比爾對此也很感興趣：

「看來這個玩具要比從前的玩具更有趣，我要給兒子買一個，順便我們都可以玩玩。」

美琳達對此看來並沒有這麼濃厚的興致，她怕比爾慣壞了孩子，建議他最好不要買。而比爾卻一向鼓勵孩子們玩高科技，直到現在，他們的孩子對電腦都情有獨鍾。比爾對自己孩子的希望就是，他們將來也會在計算機方面有所造詣。

於是，在接下來的一個星期天，比爾硬是打了遙控電動車的訂購熱線。的確如他想像的那樣，孩子們搶著去操縱，甚至比爾

在指導他們的時候也要過上一把癮。或者乾脆讓兒子羅瑞拉著美琳達的手到他的房間，看他高超的表演，比爾簡直玩得手舞足蹈、哈哈大笑。在兩個孩子中間，他哪裡像一個父親，簡直就像一個大哥哥，還叫嚷著要跟兩個孩子打賭比賽，還要美琳達也參與其中。美琳達看得是哈哈大笑。美琳達對這些玩藝兒從來不感興趣，不過，她還是給他捧了捧場。比爾喜歡玩的天性從來就沒有改變過，他有時開玩笑地對美琳達說：

「我們沒有共同的興趣，建議你要學會享受玩的樂趣。」

公園裡常可以看到人們乘坐過山車，那是夠驚險刺激的。比爾也很喜歡坐，美琳達從來不敢坐，也不容許孩子們去接近，她怕出現安全事故。這一點，她的觀念與興趣確實與比爾有些差異。

夫妻經常生活在一起難免會有些磨擦，他們也在所難免，但他們都是受過良好教育的人。在這個文化氛圍很濃的家庭，他們對待一些問題的看法都很理智，即使當衝突不可避免時，他們也會理智地去處理。美琳達可以像一些員工一樣不贊同比爾的觀點，而比爾長時間不與美琳達談論相關的事情，哪怕關於孩子們的一些事情。

從美琳達的角度來看，作為妻子，她也許覺得沒有必要、也沒有理由一定要計較比爾的缺點。這些小小的缺點在整個家庭生活中顯然無足輕重，至少現在在美琳達的提醒下，他會意識到並迅速改掉一些壞習慣，儘管他下次又會忘記，像小孩一樣重犯，但他在不斷地改變。

同樣，比爾的家人都知道他有一些不良的嗜好，比爾也會經常與姊姊和妹妹鬧一些分歧，直到現在，比爾的家人還很關心他

的那些不良習慣。聚在一起的時候，他們也常拿他的缺點開玩笑。比爾說他從小就最疼愛妹妹，而對姊姊的勸導常感到反感，所以姊姊乾脆就不插手他生活中的任何事。在家中，姊姊也是惟一冷落他的人。不過看得出來，現在，他也非常聽從姊姊的話了，並且在他有空的時候，也不忘給姊姊打電話，或是到姊姊家做客。

當然，美琳達也與比爾的姊妹們非常合得來。在美琳達還沒有成為比爾的妻子之前，所有瞭解比爾的家人都會為將來嫁給他的女孩子捏一把汗。因為那時，比爾除了母親，幾乎不聽從任何人對他提出的意見，母親為此事也很感到棘手和焦慮。

但是當比爾有了自己的事業，情況就完全不同了，尤其是婚後，美琳達對比爾最大的發現就是，雖然他的生活很隨便，但他並不像別人所說的那樣不肯聽從他人的建議。只是在一些事情上，他不喜歡別人特別恭敬地對待他。

有一件非常有趣的事情發生在比爾的生日那天。一九九七年十月二十八日，這也是他一生中的第四十二個生日。那天比爾看起來還算瀟灑，許多人都提前打來電話，祝福他生日快樂，也有從網上給他發電子郵件的，最後他只等妻子美琳達的表現了。美琳達的確想不出送他什麼東西才更好些，一句溫馨的祝願，或是請他到最喜歡的餐廳吃飯，顯然這些都沒有什麼樂趣，最後她決定送給比爾一張一百美元的支票，並告訴他：

「你想怎麼花就怎麼花。」

比爾很高興美琳達送給他的禮物。這錢是從他們共同的帳戶中提取出來的，當然，這也是他平生第一次受到別人用支票來對他表示心意。直到現在，這張支票還完整無損地保存在比爾的備

忘錄中。

緊接著是萬聖節，在三十一日那天，人們都開始為萬聖節而狂歡了，微軟特意給員工放了兩天假。其實萬聖節更像是孩子們的節日，比爾打算把他們當時惟一的孩子珍妮佛打扮成萬聖節的小博格，就是「星艦迷航記」裡的那個壞蛋。但美琳達並不同意他這樣做，美琳達認為，為什麼一定要讓孩子扮成這種角色呢？於是她衝著比爾大聲說：

「只要用恐龍巴尼的耳朵來裝扮就好了，像你這樣聰明的人，居然會如此不可思議的愚蠢。」

雖然美琳達的話可能太粗魯了些，但是比爾並沒有表現出任何的不快，然後夫妻倆就與戴著巴尼耳朵的女兒盡情地狂歌了起來。

美琳達深刻地體會到家庭幸福的兩條關鍵：一是愛自己的丈夫；二是讓他獨自去工作。自從美琳達開始主持家庭生活以後，比爾雖然很少誇過她的可愛，但是她卻很樂意帶給比爾輕鬆、愉快、舒適的家庭環境。

有人說，女人天生愛做夢。從這個意義上說，美琳達也絕不例外，但是她做的並不是美夢，而是一種對自己責任與良知的省悟。她也曾試想過，如果自己擔心比爾過度勞累，而一味阻止其參與公司的一些具體事務，那麼她的內心也不會安穩，因為事業近乎是比爾的全部，她沒有這種權利去阻擋他，況且那就是他的樂趣。所以在生活中，她所能做的只有讓比爾輕鬆、愉快地生活。有些人認為，美琳達是比爾經營事業的非正式顧問，如果這樣認為也未嘗不可。

幾乎所有年輕的妻子都會夢想幫助自己的丈夫登上事業的巔

峰，所以她們會謀畫出一些策略，提出許多暗示或是建議，甚至一起探討和嘗試。美琳達卻不是這樣的一個人，因為她看到了這種做法可能產生的危害。

有一次，美琳達工作的慈善基金會聘請了一位新職員，他非常聰明，看來很適合這份工作。但令美琳達感到迷惑的是，他接任新工作以後，他的妻子竟然一直干預他的工作。每天早上，她都與自己的先生一起來到辦公室，記下他先生的話，然後交給打字小姐叫其打印出來，而且還強令她先生改變整個工作計畫。這是一件美琳達記憶中最反感的事情。作為妻子，這樣做未免太過分了吧，其實也沒有必要。

辦公室的情緒被破壞了，有位女孩子提出辭職，其餘的人都觀望著事情的變化。在這位先生任職了三個星期以後，美琳達將他請到自己的辦公室，非常有禮貌而肯定地告訴他，不能再留他在這裡工作了。於是他帶著他的太太一起走了。

還有一位朋友告訴美琳達，他們公司最受器重的一位經理為公司服務多年以後被迫辭職了，因為他的妻子堅持要干預他的事業，甚至設計了許多秘密的計畫來對抗公司裡的其他幾位經理，因為她認為這些經理是她丈夫的對手。同時她也在這些經理們的太太之間挑撥一些麻煩事。這位妻子開始有計畫地散布謠言，攻擊他們。她的丈夫沒有辦法控制她暗中的活動，只好做他所能做的惟一的事情——辭掉自己引以為榮的工作。這不能不說是一個悲劇。

除了全副身心地支持比爾的工作之外，美琳達也有自己的專業興趣，但是她深知自己的個人選擇也許會影響到比爾的事業，因此，她沒有過於去追求，為了比爾的事業，她寧願犧牲自己的

追求。在美國，結婚後妻子要隨著丈夫改變姓氏，但美琳達仍保持著自己的原姓，這樣她感覺會更好些。比爾也並不在意她的選擇。在婚後，無論是工作中還是生活中，她都會用「美琳達·夫蘭奇」這個名字，這給她帶來了極大的方便。雖然曾遭到一些世俗的反對，但她並不在意這些，她有自己的見解，而且她的觀點頗得開明人士的讚許。

作為世界上最富有男人的妻子，美琳達對工作的看法是盡可能在較短的時間內做完必要的工作，這樣就可以擁有更多的時間從事自己喜歡的事情，特別是參與家務事。這與比爾的看法是一樣的。

自從美琳達與比爾有了兩個活潑可愛的小孩後，她的工作更繁忙了，「龐大」的房子與花園需要整理，社團活動需要參加，還要做好比爾的後勤，她還必須負責家裡的文化、宗教與社會職責，她還要記得提醒比爾參加必須的宴會，為他構想生活的方案，她必須經常在洗碟子或是洗孩子奶瓶的時候想出一些改進工作的方法。所以，幾乎在同一時間她必須做好兩倍的工作，可見她的工作是超負荷的。

成了名副其實的「家長」後，美琳達也曾試圖像在微軟工作一樣，讓自己在時間上變得有些彈性。有時，她會將例行的事拋到一邊，專心去做一件特殊的事情。與同事在一起工作的時候，她會與他們共享某一種看法，以及尋找一些擴展視野的機會，連她自己也承認，這樣可以使生活內容豐富許多。這種工作與生活是她很喜歡的。

在生活與工作中，美琳達也學會了獨自面對許多自己必須去面對的事情，她從不會寄希望於比爾或是父母，以及其他任何

人。所以，她逐漸形成了一套自己的做事風格，她不要求自己做到非常完美。或許沒有一個男人能夠想像到一個女性身兼數職的艱辛。

也許有人要說，作為世界上最富有男人的妻子，美琳達是自討苦吃，她完全可以衣來伸手，飯來張口，過著被人侍候的悠閒生活。其實這恰恰就是許多富有男人妻子的悲劇，美琳達深深地意識到了這一點。

男人的錯誤有時會阻礙他的事業，女人的錯誤會影響到她的生活與社交。在這一點上，美琳達更願意冒風險，所以，比爾在情感或是生活中出現猶豫不決、隨時可能影響他的工作時，美琳達便會及時盡到一位妻子的責任，非常樂意地接過他來不及處理的生活問題，減少比爾的損失。

有些人會認為，愛情的本義就是相互給予。一生中沒有任何事情可以像互相深愛的人步入婚姻殿堂那麼迷人，但生活並沒有這樣的浪漫，只有慢慢讓你懂得什麼是真正的生活。

有些妻子會在許多方面願意為自己的丈夫犧牲，同樣她們把丈夫對自己的關愛視為理所當然。當比爾想穿一件休閒服裝而苦於沒有時間選購的時候，美琳達便很自然地幫他這個忙。而當初自己與比爾在夏威夷度蜜月的時候，來了許多商界精英。她那時正在全心全意地幻想他們熱鬧的婚禮：讚美的語句、羅曼蒂克的情調、燭光與小提琴的演奏聲等。然而她發現，她只是一個人坐在旅館的房間裡欣賞著自己美麗的嫁妝，比爾卻與他的朋友們討論著他們感興趣的話題。在那段他們能夠短暫相處的日子裡，美琳達一直對他的表現感到不悅。

現在，美琳達卻感到自己非常幸運，因為她已學會成為一個

成熟的女人，而不再像從前母親眼中嬌氣的小女孩，這種成熟讓
她懂得了奉獻。這並不是說她所做的許多事情是沒有報酬的努
力，她慷慨的愛情並不希望立刻能得到回報，這就是美琳達最真
實的感悟。

　　她也肯定地認為，比爾將來一定會感謝她的！雖然完美的女
人是不存在的，但在丈夫眼中，讓他心滿意足的妻子卻是存在
的。這多少會讓她毫不吝嗇地去付出所有的努力。

　　事實上，美琳達比人們想像的還要幸福。雖然她與比爾的結
合並不是因為錢，但她卻一直像許多人為不菲的薪水工作一樣，
她也有意無意地在為金錢之外的收穫而努力，當她垂手可得常人
嚮往的一切時，她接下來將會怎樣呢？她幾乎從沒有放棄過對這
個問題的思考，也沒有放棄過因此做出的任何努力。

　　由於事業的特殊性，前一段時間美琳達有幸認識了西雅圖一
家馬戲團的團主彼得·保羅。因為他們總是喜歡到一些貧苦與落
後的地區演出。當然，票價也是美國同行中最低的。在西雅圖的
一些地方，他們還舉行過多場義務演出。美琳達也曾親眼見過他
訓練小狗表演的情景。一旦小狗做得正確，他就會頻頻地撫摸他
的脖子，或是給它一塊肉吃，並不斷稱讚它的聰明。美琳達認
為，訓練人也應像訓練小狗一樣，訓練加獎勵，那才會成功。

　　正當美琳達為慈善事業而奔走忙碌的時候，她收到了彼得的
來信，彼得在信中談到了原來屢次犯錯誤的小狗，後來當它一有
進步時，他就大加獎勵，結果非常好。他說：

　　「當它努力的時候，給予適當的稱讚，會比責備管用得
多。」

　　真是很有趣，當美琳達回憶過去，她發現稱讚別人是件非常

容易的事情，它也許會影響人的一生。也許，每個人都有過這樣的經歷。當兩個人心心相印的時候，就如同這位團長與他的小狗，他們會很默契地感知對方的心理。

在幾年前，當美琳達還是個尚未成熟的女孩時，她在商學院附近的一家工廠實習，她當時非常希望自己能成為一位出色的管理者，但是這裡的總裁對她說：「你不適合做這個職業，你在處理一些棘手問題時缺少我們需要的能力。」這非常令她感到難堪！

那一年離美琳達在富闓商學院畢業還有一年，她是在自己的一位導師推薦下來這裡實習的。當時她認為那是她一生中的恥辱，直到她走近微軟，她才發現自己並沒有像那位總裁所說的那麼差勁。她的信心又一次得到了增強。但是，那是很多年前的事情了，或許那位總裁已不記得他說過這些話了，而那件事卻給美琳達留下了難忘的記憶。

與那位總裁的看法相反，美琳達的父親一直對她充滿希望，他說憑藉他的直覺，美琳達會把一些事情做得很好，這給了她許多信心。那位總裁不給員工留情面的言談也許會給員工的一生都留下陰影，幸好美琳達很早之前就從這種陰影中走了出來。在美琳達看來，任何時候都不應該用言語傷及他人；雖然偶爾在家庭生活中，孩子會說討厭她，比爾也有時出言不遜，但是美琳達會很理智地對待這些。她並不是一個隨意可以屈從的人，只是她會很寬容地對待她周圍的人，有誰會說她又損失了什麼呢？

一位職業女性，同時也是一位母親、妻子，美琳達有足夠的權力去贏得她失去的一切，甚至她會像任何人一樣讓比爾在她需要的時候陪她出遊，她可以讓比爾對她的出言不遜而道歉……而

她没有那樣做。

生活還要繼續，更何況孩子與比爾的一絲衝動過後，都會向她表示後悔，並請求她對他們的理解，這對她來説或許已經足夠了。

美琳達彷彿總是在擔負起這樣的義務——為整個家庭付出自己的關愛與仁慈，這樣有誰會認為比爾的太太就該屈尊呢？有誰會認為比爾孩子的母親放棄了那份尊榮呢？

幾乎所有人都認為，她是世界上最富有男人的妻子，榮華富貴的生活足可以讓她徹底改變——變得貪婪、虛榮、無情。

是的，這彷彿成了世界的通病。一個女人希望嫁給富有的男人，從而過上幸福的生活，幾乎世界上都有一個説法，那就是夫榮妻貴。然而往往事與願違。當她們成為富婆後，要麼是深閨怨婦，獨守空房，要麼是奢侈腐化，精神空虛，失去了她們本身的人生意義。

是的，毫不誇張地説，美琳達也曾用這樣的眼光來看待一些在丈夫光環籠罩下的女人，可是她不願做這樣的人。她願意做一個超越於金錢財富之上的普普通通的女人，追求真實的生活和婚姻，從而通過自身獲得幸福的人生，做個有價值的女性。

女人的本性應該是具有善心和愛意，這更能體現女性的完美，這更應該是每一個女人最本質的追求。完善人性，升華女性。美琳達是一個充滿愛心的人，她曾提出一項強烈的建議——反對所有那些虐待動物，以及將動物賦予人性化而從中獲得感官刺激的做法。這項建議曾遭到很多人的反對，或許也沒有多少動物情願放棄主人對自己的施捨。美琳達認為，既然人類可以講慈善，那麼為什麼對人類世界之外的一切生靈卻失去仁慈了呢？

許多人世俗的認為，美琳達嫁給比爾・蓋茲，或多或少夾雜了金錢的感情。

有人也曾試想，假如微軟有一天破產了，假如比爾突然有一天變得分文不值了，他們之間會發生些什麼呢？當然，這只是一種假設，比爾在商界絕對是個精英。

比爾創造了世界上最大的財富，他是一個有價值的人。作為一個女人，特別是像美琳達這樣的女人，追求有價值的男人，這本身是上天的一種獎賞，有什麼可以非議的呢？

在美國，每年有許多公司都會負債累累，甚至關門破產，但是因此而發生感情糾紛的家庭卻為數不多，反而由於生活的不和諧而離婚的竟占了絕大部分。更何況，美琳達並不是一個懶散的人。直到現在，她也仍用自己的錢來生活，來給孩子們付教育費。就像許多人一樣，她也會將多餘的錢存起來。她和比爾都非常討厭談起錢的問題，他們之間也從沒有因為錢而發生過爭執。這就可以想像美琳達的精神準備了。

美琳達與比爾之間儘量劃清情感與財富的界限。他們都深惡痛絕相互之間的施捨，更不期望等價交換原則在他們之間發生。因為，無數的事實證明，那種施捨與等價交換是最殘酷的婚姻悲劇的源泉。

如果能讓自己生活得更從容和自在，像所有的人一樣幸福地生活在這個世界上，這就是美琳達最大的心願。

第 **5** 章／

堅定的支持者

美琳達自認為她一生的職責就是幫助比爾成為她理想中的那個人。她從來沒有去有意地挑剔他，也不會拿他來與一些人相比較，更沒有設法阻止他過度工作。相反，倒是經常溫柔地鼓勵、讚賞他，為他增添了信心與力量，使他支撐起微軟帝國的龐然大廈。

NO5　堅定的支持者

誰都相信，幸福快樂的婚姻需要共同的志趣！這也許就注定了比爾要娶一個微軟人為妻，而美琳達要嫁一個微軟人為夫。

美琳達嫁給世界上最富有的男人後，一直過著安定、愉快的幸福生活，所以許多人都想探知財富背後種種不為人知的秘密——一個超級富翁的太太究竟靠什麼獲得幸福，儘管人人都相信財富並不是幸福的惟一源泉。

無論是男人還是女人，都會非常羨慕在一些行業圈裡很出風頭的男人的妻子，因為人們都愛把焦點集中在她們身上。

在很早的時候，美琳達同樣夢想著嫁給一個出色的男人，那樣她就可以體驗到那些讓人羨慕的真實感受。天從人願，她成了一個這樣倍受矚目的主角，但她並沒有因此而變得忘乎所以。相反，她始終跟上丈夫在事業上隨時改變的步伐，幫助丈夫找到他生命中最渴求的東西。的確，這是她幸福婚姻的真正關鍵。

但這並不是說，婚姻幸福的關鍵就是附庸與依從。美琳達曾發自內心給比爾寫過一封信，或許那是她最真實的表白。由此不難看出美琳達性格的獨立性。

這封信的全文如下：

比爾：

啊！這一切都是真的嗎？我簡直不敢相信！要我寫有關你的大作，整個地球上最有影響力的人物傳記，揭開我們微軟帝國最偉大的秘密！所以我非常激動，因為我太興奮了！

我曾一邊看著桌上擺放的你上次剛剛拍攝的照片，一邊想著你在書中的行文語氣，惟有如此，才能貼進你的內心世界，達到一種信、雅、達的境界。但是我仍然想對你說，你在書中根本沒有必要達到這種境界，我愈加嘲諷你，反而越好看，是不是呢？

雖然你還是全球首富，但是你的財富卻比去年少了一百億美元，也就是說，你活得越久越不值錢。你對於競爭對手，或者是那些潛在的競爭對手，你實在是冷酷極了。請原諒我用這樣的語言來形容你。你曾經一口氣併購了二十多家公司，即使是網景也只能落得個望洋興嘆的份。

當然，司法部也一直在找你的不是。可是相對而言，在一九九八年或許你表現得更精彩，託電視傳播科技的福，我甚至可以在家中便可以看到你在聽證會上氣呼呼辯白的樣子。如果能連上網路，「比爾第一大審」肯定要比「比爾第二大審」（比爾·克林頓性醜聞），以及辛普生刑事案和你討厭的對手拉理·埃利森的緋聞案還要吸引人們的眼球。或許你一直以為，你高中男孩兒的形象特別迷人，但是我想告訴你，拉理的鬍子更有魅力。

比爾，你知道嗎？任何時候，你都沒有必要邀請記者到我們的住宅，以為就可以贏得前所未有的知名度，達到公開的效果，其實你根本不必花掉一分錢！

作為女性，我還想談談你迷戀的第二性。我從你那裡已經得到了寶貴的啟示，那就是決不要去念什麼冷冰冰、一點都不能增加女性魅力的書，我只要把時間都花在像妖女一樣的打扮就心滿意足了。我一定要甩掉手中的理查德·費曼的書籍，再將網站上關於生物科技的書籤統統刪掉。還有，我要到一家老闆大我幾歲的高科技公司上班。現在大家都知道辦公室戀情是美好的，而且

也是有結果的，你的經驗不就可以證明嗎？

另外，比爾，我必須向你坦白：我高興的並不是因為你是全球的首富，所以當你還有一些凡人的特徵時，那些東西就顯得特別可愛。我高興的是因為你有很多其他偉大的貢獻，比如，你可以向員工提供免費飲料，這已成為所有高科技公司效仿的人性化福利政策。或許你只知道自己最了不起的特徵就是冷酷地看待整個白熱化的市場競爭。

親愛的比爾，你真是位商界英才。瞧，GUI（圖形使用界面）、瀏覽器都不是你發明的，即使當年一鳴驚人的 DOS，聽說也沒有你寫的半行程序。你甚至忽略了互聯網這項影響人類文明的重大科技發展，在你的暢銷書《擁抱未來》中，甚至沒有提到這個詞。可是你偏偏是主宰全球電腦市場的頭號人物。你善於把別人的優點變成自己的優點，把別人的鈔票放進自己的口袋。你高瞻遠矚，你真是電腦界的先知、產業金童與夢想家。

請讓我在此分享你的成功與榮譽，並讓我繼續關注你的秘密。

你的美琳達

很多時候他們都是以信件的方式聯繫、交談，或許比爾太忙了，也有人說比爾的工作就是乘飛機到世界各地開會，這句話說得非常形象。即使是現在，他們也很少有時間能在一起談論一些生活話題，或者他們的嚮往、追求與往事。

當視窗 3.0 版剛剛問世的時候，比爾又在考慮下一步視窗系統的方向與功能了。

那是一個特別炎熱的夏天，比爾又一次拖著疲憊的身體回到

家中，他已經三天沒有洗過澡了，他的身上正散發出一股股難聞的汗味，他的領口也沾滿了污垢。他經常鬧成這個樣子，如果不是美琳達及時讓他脫換，他說不定會變成什麼樣子。比爾曾經這樣參加過公司的幾次座談會，美琳達簡直不敢相信公司的職員是如何忍受他的。或許別人會在背後嘲笑美琳達，說她是個不合格的妻子，其實美琳達每天都告訴他：

「你必須每天都要洗澡。」

在外出時，比爾還稍微注意自己臉部的修整，儘量不引起人們的在意。雖然美琳達在與比爾戀愛的時候就知道他有不良的衛生習慣，但是這是她見到過的最不能讓她容忍的一次。

在結婚前，比爾為了討得美琳達的歡心，不知從哪裡來的精神，會偶爾為自己清理一番，讓人看上去還算舒服。但美琳達知道比爾的衣服通常由他妹妹代洗，他的母親瑪麗經常為他料理一切。

結婚後，比爾把這一切都推給了美琳達。通常，美琳達為他準備好乾淨的衣服，以及鞋與襪子，他才肯走進浴室。否則他會推脫道：

「一定要洗嗎？我剛剛一天前洗過了，就是沖沖的話，也很麻煩。」

有時比爾也很知趣，在自己鍛鍊完身體後，會一頭栽到家裡的游泳池裡，沒有一個小時的時間他是不會盡興的。有些時候美琳達很為他擔心，因為他並不是個游泳好手，雖然是個家庭游泳池，但如果到最深處，也是足以淹沒一個人的，況且他常常累得精疲力盡，說不定倒下就會睡著，這難道還不會淹著。或許只有那時，美琳達最能體驗到瑪麗曾經為他付出的艱辛。

作為比爾的妻子，美琳達真是有操不完的心。

在家庭生活中，比爾很少、或者說幾乎從來都不曾洗過一件衣服，只是有時興趣所致，會幫助妻子洗一些盤子，或是刀、叉之類的餐具，即使如此，他也會自己衝著鏡子對自己問：

「這就是生活？」

直到現在，他彷彿還是不明白生活到底是什麼，因為工作占據了他幾乎所有的時間。

美琳達非常理解，也十分支持比爾的選擇。如果因為生活而導致比爾的事業出現滑轉，她認為那是自己做妻子的失敗。

比爾創造了微軟，就注定了他不能像正常人一樣生活、工作，這與美琳達先前對婚姻生活的嚮往是不同的。美琳達是個非常理智的女性，知道自己沒有理由剝奪比爾工作的權利。但是從她成為一名家庭主婦的時候起，她就曾在潛移默化中讓他們的生活儘量走上正軌。

作為一名不平凡的妻子，美琳達成功了，因為她使丈夫品嘗到了平淡而真實的生活真諦，也許她會覺得活在鮮花與掌聲中太累了！

在這個摒棄了男尊女卑的時代，美琳達完全可以做一名出色的職業女性，但她因此會沒有了生活的方向。她也是「比爾—美琳達基金會」的創立者之一，這樣的事業或許更能讓她貼近生活，品味生活，所以她樂意盡自己的最大努力去做這件事。這也是對比爾事業的極大支持。但是，美琳達並沒有因此而單純從事業的角度去對待她的工作，她將工作儘量融於自己的生活。在那裡，她結交了許多朋友，也學會用一種新的眼光看待這個世界。

美琳達就是這樣一位可親可敬的平凡而特別的女性，無疑在

許多時候她會走在其他女性的前面。

每一個人其實都是兩個人，一個是他自己，一個是理想中的自己。如果美琳達本來就是羞怯的，那麼她就會想變得勇敢些；如果她覺得沒有受到人們的歡迎，那麼她就要學會被大眾喜歡；如果她在一些事情上缺乏信心，那麼她會渴望成為一位無所畏懼的人。

美琳達自認為她一生的職責就是幫助比爾成為他理想中的那個人。她從來沒有去有意地挑剔他，也不會拿他來與一些人相比較，更沒有設法阻止他過度工作。相反，倒是經常溫柔地鼓勵、讚賞他，為他增添了信心與力量，使他支撐起微軟帝國的龐然大廈。

面對比爾的優點，美琳達會毫不吝嗇地讚美，每當比爾聽到美琳達對他說「你真了不起！」時，他會表現得很興奮。的確，沒有人不喜歡得到別人的稱讚。而且，如果讚美的話從最親密的人口中說出，則更能說明這種讚美的真實性與分量。

「我深信，」比爾曾在一封信中寫道：

「一個男人不但可以成為他理想中的人，也可以成為他太太所期望的人。好幾年來，我曾雇過許多人，但是在我與他們的太太談過話以前，我絕不會把一個需要信任或是責任重的職位交給他。美琳達的人生觀，以及她鼓勵我的士氣的程度，可以決定我在事業上的成就。美琳達在嫁給我之前，受過良好的教育，而我卻沒有完成大學學業，現在我總覺得自己除了擁有她對我的信任與信心，以及我們的家庭之外，一無所有。」

　　在比爾與美琳達婚後最初的那段日子，當美琳達歷經了工作中種種失誤與挫折後，她也同樣得到過比爾的理解與幫助，那時她並沒有忘記繼續努力。

　　的確，比爾很支持妻子的工作。在工作中，美琳達也取得過成績，雖然這成績應歸於她自己，但是她會認為那是別人幫助的結果，這裡的別人當然包括比爾。她也更深知，一個成功男人的妻子責無旁貸的、最重要的一件事情，就是讓她的丈夫把在工作中受到的挫折向她發洩出來。所以美琳達也會成為比爾緊張與困乏時的「安定劑」與「加油站」。

　　有一次，比爾回到家中，有些很神經質地對妻子美琳達說：

　　「美琳達，這是一個偉大的日子，公司的一些員工竟嚷著要我將那份區域報告公布於眾，而且……」

　　「真的嗎？」美琳達裝作心不在焉的樣子，「那真好，吃點醬牛肉吧，親愛的，我有沒有告訴過你有些員工是很難纏的？」

　　「當然了，美琳達，像我剛才說的，包括鮑爾默，有時都要踢我的屁股。起初我被他們弄糊塗了，但我最終發覺，他們是想要我為他們加薪。」

　　美琳達告訴他：

　　「我認為他們不是很瞭解你、重視你，這種事在各公司經常會發生，不必太在意。比爾，我想你應該與珍妮佛談談她的成績單，這學期她的成績太讓我感到意外了。她的老師告訴我說，如果她肯用功的話，成績一定會更好的，我已經沒有辦法勸我們的寶貝女兒了。」

　　在這個時候，比爾才發現，美琳達並沒有對他的不安感到焦慮，這說明問題並不嚴重，於是他的心情似乎平靜了許多，接下

來他按著妻子的要求把醬牛肉吞進了肚子裡，就平心靜氣地與女兒交談起學習成績來。

美琳達並不是一個自私的人，也不是在敷衍比爾的問題，她與比爾同樣都有找個傾聽者的需要。根據經驗，美琳達只需全心全意地聽完比爾講的話，比爾就會在自己的情緒發洩完之後，很樂意與她談論孩子的學習。多數時候，美琳達都會很有耐心地傾聽比爾的講述，比爾每次都會從美琳達那裡得到最大的寬慰。或許他說的許多事情美琳達有點聽不懂，或者根本就不懂，但是她還是非常有趣地聽他講完。

幾乎比爾的所有朋友都知道他是一個脾氣近乎暴躁的人。不論是在婚前，還是婚後，所以很多人都關心他們夫妻婚後會產生一些怎樣的磨擦，其中最感興趣的莫過於他的競爭對手了。但上帝並沒有成全那些不懷好心的人，那些人預料中的事情並沒有發生。雖然比爾經常會表現得很激動，但是他會很快控制住自己的情緒。另外美琳達也知道，比爾在被工作困惑、纏繞的時候最需要溫柔與寬恕。

雖然比爾和美琳達的婚後生活看似波瀾不驚，但偶爾也會有一些小小的波折。也有些人由此對比爾的婚姻產生種種猜測。當然包括比爾與溫布萊德之間最為敏感的話題，即使這是很多年以前的事情了。在美琳達看來，她覺得沒有必要理會那些看似不可理喻的事情，畢竟是她與比爾走進了婚姻的殿堂，並且過得很好。

後來也有一些不知趣的女人，不知從什麼地方弄到美琳達的電話，竟將電話打到她的房間，說她們都是比爾的「密友」。美琳達被弄糊塗了，她一度懷疑自己不在比爾身邊的時候，他是不

是真的做過對不起她的事呢？還有一些人的告密更是讓她疑心四起。大部分婚姻的破裂都是因一些無從見證的事，但最終她選擇了信任丈夫。美琳達的寬厚、理智成功地化解了最常見的夫妻風波。

美琳達從不允許記者們接近她的兩個孩子，她希望自己的孩子能在正常的環境下成長。所以說，他們的生活是公開的，也是隱蔽的。美琳達非常希望擁有一份屬於自己的私人空間，過上正常人的生活，即使它非常簡單，但卻是寧靜的。

或許是比爾的財富使他成為人們仰慕的對象，同時也成為人們各種非議的目標。所以，美琳達從不願意在同事與朋友面前談起他們的生活，更不願意讓別人特別關注他們。當關於董事長的一些緋聞開始整天縈繞在她的耳邊時，她不得不採取一些措施，起先她告訴那些人，比爾現在是一個很忠誠的丈夫，希望不要肆意毀壞他的名聲。但這顯然沒有達到某些人的陰謀，他們絲毫沒有就此罷休的意思，於是美琳達選擇了閉口不談。

總是有那麼一些人，在有意無意地製造新聞。無疑，美琳達與比爾是一個非常好的題材。美琳達從不願意在媒體與公眾場合現身，這樣只會招惹許多蒼蠅般的記者在她身邊飛舞。她並不羨慕明星般的日子，而是喜歡追求真實平淡的生活。

如果說，比爾是一個使人們「愛恨交織」的人，那麼美琳達當然希望這種愛的比重要遠大於恨。

美國電腦雜誌對二千九百人進行的調查表明，對比爾愛與恨的人各占到百分之五十。愛他的人說他是美國的大英雄；恨他的人說他是一個十足的瘋子，他們用編織的故事來詛咒他。其中，有這樣一則故事：

比爾撞車死了，聖彼德截住了他，並對他說：

「這次真難為你了，比爾，你使美國千家萬戶都擁有了電腦，但你也創造出了糟糕的 Windows95。到底是應該把你送到天堂，還是把你送到地獄呢？乾脆你自己來選擇吧。」

在地獄裡，比爾看到了陽光下許多穿比基尼的美女；在天堂，他看到了許多天使在彈琴歌唱。於是比爾很快做出了選擇——他要下地獄！兩周後，聖彼德來地獄看望他，看見他在火焰中被魔鬼凌辱，非常痛苦。比爾抗議說：

「為什麼這兒與地獄美女的情景不一樣呢？」

聖彼德回答他說：「那只是一個片段而已。」

不瞭解比爾的人，總會被他的花邊新聞所吸引。的確，作為他的妻子，美琳達相信會有許多女性願意走進比爾的生活——也許是完全出於一種女性的虛榮，也許是對金錢與地位無止境的貪婪，但或許那真是個片段而已。

真正的生活並不是可以用簡單的愛與恨描述的，愛與恨並不能代表實際生活。當一些關於比爾緋聞的陳詞濫調滿天飛時，美琳達始終讓自己承認那是一種造作，甚至是誣陷。美琳達會從另一個新的視角來感受比爾，或許，在她眼中，他依然是那個有許多缺點的可愛的大男孩兒！

或許只有在特殊的場合，才更能激起比爾對往事的回憶。

二○○○年在悉尼奧運會召開期間，美琳達與比爾攜手觀看了這場世紀盛會，休閒下來時美琳達與比爾愉快地分享了比爾從前的趣事，他們暢所欲言。這也是一次最真摯、最親近的對話。

美琳達不知道自己那個時候竟有那麼多的問題問比爾，比爾也很有興致地一一作答。

美琳達又一次問比爾：

「你覺得在婚前的大男孩形象給你帶來了麻煩還是幫助？你為什麼總要保持這種形象呢？」

這一次比爾的回答十分認真：

「很難說，我可沒有故意把自己的頭髮弄得一團糟。它一直就是這樣，其他一些東西，比如說我臉上的雀斑，它們也一直都存在，我沒有特意做什麼美容之類的事。我可能會戴隱形眼鏡，還有我會儘量多梳梳頭。」

「我更願意看到你成熟的面孔，你認為自己年輕就一定具有優勢，是不是這樣？」

比爾微笑著告訴美琳達：

「我倒覺得我的長相是個麻煩，但那些對手必須承認，我們精通手中的東西，他們有一段時間感到很苦惱，因為他們不清楚應該把微軟放在什麼戰略地位。我雖然年輕，但我總能提出好的建議、出色的想法，而且我們擁有創業的熱情。」

「聽說你在學校是個很讓老師頭疼的人，為此媽媽（瑪麗）也費了不少心思，現在看來你老實多了，你能告訴我這是為什麼嗎？」

「如果你非要知道的話，我可以坦白地對你說，我那時覺得自己很遊手好閒，在班裡是個小丑，但這也算不上什麼問題。後來我就到了私立學校，那裡可沒有什麼班級小丑之類的稱呼，我想保持從前的樣子，可沒有人喜歡我的這種幽默，或者那裡根本沒有幽默。在那幾年，我找不到自己的位置，於是我試著去做一

個一點也不努力的人。可我真去這麼做的時候，人們又說：
『哈，瞧，這個笨蛋。』」

「在父母眼裡，你真的很笨嗎？」美琳達笑著問他。

「不是，他們只覺得我沒有發揮好，而到了我真遇到麻煩的
時候，他們就帶我去看心理醫生。一次醫生給我做了一個小小的
測試，還拿出幾本書讓我看。他講給我心理學的許多道理，希望
我以後理智地思考各類事物。他的話有些意味深長，這讓我後來
想問題的方式多多少少有些改變。他這個人很酷，這也是我為什
麼喜歡一部叫《普通人》電影的原因，電影裡的那個心理醫生感
覺上與他真是很像。有一年半的時間我們經常見面，以後就沒有
見面，我也沒有去找別的心理醫生，而我的情況在他的影響下有
了很好的變化。」

「噢，原來是這樣，那我很關心他都對你說了些什麼？或許
這些話對我也很有幫助。」

「我告訴他，我現在與父母之間發生了一場小小的家庭戰
爭。他告訴我，這樣啊，你會贏的，別擔心。我又問，什麼，你
這麼說是什麼意思？他說，你會贏的，你是他們的兒子，而他們
是愛你的，所以，你贏了。」

美琳達還是不明白那個醫生到底對他說過些什麼，於是一再
追問，她非常想知道答案。

「那時我才十一歲，他可以說是我的啟蒙老師，他會問我各
種具有挑戰性的問題，他問我問題，但從不說我的回答是對的或
是錯的，他只是說，嗯，這個答案還可以。過一段時間他又給我
弗洛伊德的書讀，並暗示我，別認為你要費很大的勁才能打贏與
你父母的官司，這場戰爭是假的，你要是真與你的父母較勁，那

就太可笑了。」

比爾很少當眾談到他的這些個人問題，他似乎不太願意向別人談論他的母親，以及其他家庭成員最近的一些情況，甚至他離開學校後的生活。儘管他不是一個沈默寡言的人，但她絕對是一個神秘的人。

一次，有位記者問到比爾這樣一個問題：

「是什麼讓你迷上了美琳達？」

比爾抓了抓頭回答說：

「我不知道。這個問題太私人化了。在我遇到美琳達之前，就有人問過我這樣的問題，比如說我喜歡什麼樣的人等等。我是這樣告訴他們的：我只對既聰明又獨立的人感興趣。現在我仍然確信我喜歡這類人，並且希望不斷地遇到這些聰明獨立的人。」

你能說比爾的婚姻追求有什麼明確的目的嗎？誰不說這是一個「普普通通」的愛情故事呢？

第 **6** 章／
比爾的錯愛

比爾的一些不尋常的戀情多少影響了他的戀愛心理,直到他與美琳達走到一起,才真正體驗到純樸而真摯的愛,他同樣也認識到了那些是自己情感不成熟時走出的危險一步。

NO6　比爾的錯愛

　　比爾是一個感情特別豐富的人。在他的情愛道路上，珍妮·蓓蕾特也許是最讓他心動的一位姑娘，也是他的初戀情人。蓓蕾特外表秀麗，性格開朗。但是那段戀情只會成為比爾人生中的一段插曲、一個片段。比爾曾經深切地愛著珍妮，只要有時間，他就會拿起電話與她聯繫、約會。

　　曾有一次，珍妮因為身體不舒服，住進了醫院。比爾便丟開所有工作，一直守候在珍妮身旁，精心地照料她。

　　比爾的母親瑪麗對珍妮的印象也很不錯，她非常贊同比爾與珍妮來往。所以在他們相處的最初，他們也得到了瑪麗的支持。

　　比爾也曾發誓要與珍妮死守一生，但是這個天真開朗、熱情奔放的女孩子有一個致命的弱點，每當與比爾出現一些小小磨擦時，她總是無法冷靜下來，甚至有些自暴自棄。她的天真與固執讓比爾大傷腦筋，甚至好幾次讓他感到莫名的恐懼。

　　漸漸地，比爾積聚在心頭的壓力開始凝固了。繁忙的工作之餘，比爾開始反省：「事業上的壓力已經快要將我壓跨，我不能再接受生活中哪怕是微不足道的紛擾。」因此，這份沈甸甸的愛成了比爾精神上的一種負擔，最終在經歷了一段心靈的折磨後，比爾提出分手。就這樣，比爾的初戀匆匆地來，又匆匆地走了。

　　這段歷程可以說是比爾人生情感的開始，但是在這以後，比爾愛的旅程走得並不平坦。與黛絲芬尼·瑞秋的一段不平凡經歷，致使他陷入一個很危險的境地。這或許是一個他自己都不能原諒自己的錯誤。

黛絲芬尼‧瑞秋是一位美麗的姑娘,她很善於交際,工作也非常出色。從商學院畢業後,她步入了微軟。黛絲芬尼‧瑞秋的一切都讓比爾對她寵信有加。

一九九二年,當美琳達與比爾還沒正式確立戀愛關係時,黛絲芬尼‧瑞秋也走近了比爾。雖然,他們之間的一段戀情並沒有波及到比爾與美琳達日後的愛情,但是,卻讓微軟因此而損失了近八十億美元!

所以,比爾始終不會忘記給他人生帶來苦澀的黛絲芬尼‧瑞秋。但不可否認的是,她的確是一個非常出色的女性,甚至曾得到過美琳達的欣賞。在比爾眼中,黛絲芬尼也是一個近乎天真卻又非常沈穩的姑娘。

黛絲芬尼是一位德國人,但能講一口流利的英語。她曾在美國的長春藤大學就讀,並在矽谷工作過一段時間。德國相對美國而言,是一個非常嚴謹的國家,或許是從小養成的習慣,在黛絲芬尼與微軟的一些員工相互「認識」之前,她做事非常嚴謹的風格就是出了名的。直到她來到德國微軟分公司以後,她才改變了自己先前的工作作風,與員工變得隨和起來。

雖然黛絲芬尼並沒有與美琳達有過交往,但是美琳達對她的印象卻很深,不只因為她是比爾曾經的所愛,更重要的是,她也是一位非常出色的職業女性。

與美琳達相同,黛絲芬尼剛到微軟的時候也從事營銷工作,她迫切想給自己的上司留下一個好印象,以此為今後的人生之路打開綠燈。比爾是個很注重才華的人,他從黛絲芬尼身上看到了許多與眾不同的素質,於是決定找她好好談談。

在一次聚會上,令黛絲芬尼想不到的是,她會與全球最出色

的企業家比爾──自己最崇拜的偶像結識。

他們選定了一個約會的地點，那是舊金山的一家酒吧。在黛絲芬尼看來，這是一次難得的自我表現機會。她精心打扮了一番，準時趕到了那裡。比爾是個喜歡與時間賽跑的人，當黛絲芬尼急匆匆地趕來時，比爾在那裡已經等候很久了。這讓黛絲芬尼非常「感動」。那次比爾向她表白說，自己很為她著迷。黛絲芬尼只是笑了笑，表示願意與比爾交個朋友。那次她表現得非常拘謹，手裡不停地擺弄著什麼，比爾並沒有注意到這一切。讓比爾想不到的是，這位二十五歲的女孩已經有了自己的男朋友。

黛絲芬尼與比爾經過一段時間的相處之後，他們終於「相愛」了。

比爾又開始沈浸於浪漫的情感生活中，美琳達對此並不知曉。她只知道微軟有許多出色的女性，比爾由於工作上的事情，經常會找她們談話，她並不覺得比爾會與這些女職員發生什麼。後來引起那場官司時，美琳達才得知他們經常到那家酒吧共進晚餐。比爾也曾帶黛絲芬尼到倫敦觀光，還一塊到過阿姆斯特丹的紅燈區。

對於黛絲芬尼而言，是比爾的財富給了她一種說不出的誘惑。與比爾相處一段時間後，她更體會到了有錢人的生活情趣。她對比爾的感情也與日俱增。

比爾在事後向美琳達承認，早在一九九二年，他在蒙特卡羅參加一次電腦製造廠商務會議時，就認識了黛絲芬尼。當時他認為，黛絲芬尼是個非常講究穿著的女孩，她最喜歡穿一身非常醒目的紅色制服。當她在會場上走來走去時，總能吸引比爾的注意。那時，他便想與這位很有才華、很有氣質，並且會三國語言

的麗人暢談一番。

　　一九九二年八月，微軟租下了英國倫敦一家古老的皇室碉堡式的飯店作為年度董事會的會所。可以想像得到，那是一個充滿著浪漫色彩的地方，古老英國皇族的狩獵場，美麗的皇家花園，以及寬敞的大廳與餐廳，再加上一種威嚴的氣勢，這是任何酒店都無法表現出來的尊貴。沒有人不喜歡這個地方，或許只有這裡更能突顯出比爾的富貴。

　　從他們相識的短暫時刻起，人們就開始認為，黛絲芬尼一定會成為比爾的一個得力助手。的確，連比爾的母親瑪麗也稱黛絲芬尼是一位非常美麗的女孩，當她看到自己的兒子將美麗的黛絲芬尼挽在手臂上時，那種微笑就更甜了——或許兒子這回該考慮自己的「將來」了吧？

　　這一年，比爾已經三十六歲了。母親很是擔心他的婚事，她不想因為事業而使比爾錯過了自己人生最寶貴的時刻。瑪麗期望他們能有一個好的結果。在她看來，自己的兒子已經找到了好的歸宿。

　　在那次董事會上，微軟的董事們都聽說比爾看上了一個歐洲女孩，但是他們並不知道這個人就是黛絲芬尼。秘密被揭開後，其中的一個董事很是惱火，這個人便是黛絲芬尼後來的男友——約克姆。

　　幾個月之前，當約克姆在微軟的總部第一次看到黛絲芬尼時，便開始偷偷地喜歡上她了。黛絲芬尼也並不討厭約克姆。

　　這天，比爾與黛絲芬尼一塊兒到歐洲最大的電腦製造企業佛畢斯電腦公司作客，並準備與董事長休歐・利文共同進餐。

　　比爾之所以讓黛絲芬尼參與這次談話，主要是因為，她的職

責便是負責協調微軟如何營運，並且接管全球市場事宜，同時還需要她去深入地收集商業情報。之所以她會被微軟一些上層看中擔此重任，最重要的是她可以散發出一種誘人的魅力，從而可以得到一些男人們無法得到的情報。在佛畢斯案出現後，她便被特別任命為佛畢斯案的跟蹤者。

在比爾的建議下，黛絲芬尼開始到德國的微軟公司辦事處工作。每天她都會收到比爾發給她的電子郵件，但很少是關於工作方面的事。比爾甚至與她在郵件裡回憶她們在舊金山那次約會的美妙時刻：

「海風吹拂，月光明媚，我們依偎在一起，沒有任何距離。」

他們之間的信件交往非常頻繁，比爾非常喜歡這樣的交流與溝通，所以後來他決定將這些都收入《微軟卷宗》當中。

從黛絲芬尼上班的第一天起，她就密切注視佛畢斯的一舉一動。這個歐洲最大的電腦生產廠商於一九九一年生產的全部電腦中都裝上了 DR－DOS 系統。於是比爾給德國的分公司下了一道密令——讓 DR－DOS 在佛畢斯全部消失，並且決定這個密令的執行者由黛絲芬尼來擔任。

黛絲芬尼的上司還確切指出：

「如果你能將 DR－DOS 全部趕出佛畢斯，並且讓他們的電腦一半裝上微軟的視窗操作系統，那麼你就是最大的功臣。」

黛絲芬尼愉快地接受了命令。但是有一次，比爾在一家佛畢斯的連鎖店又撞見了 DR－DOS 的海報，於是他將微軟德國公司

的董事大罵了一頓。這讓黛絲芬尼不敢相信這就是那位含情脈脈、經常發電子郵件、約自己吃晚餐的比爾。

比爾也曾多次勸告那些電腦製造廠商們不要再給佛畢斯配送DR－DOS，很明顯，他的目的之一也是在協助黛絲芬尼的工作。

但是，黛絲芬尼感受此時的比爾更像一個商人。「或許我在他的心目中，還遠沒有他的市場重要。」黛絲芬尼不禁感到幾份悲涼。她不明白，比爾更看重歐洲市場，還是更看重她這個職場麗人。於是她經常偷偷地觀察比爾的表現，她再也不敢有絲毫的大意了。

但她始終相信，比爾一向看重她的才華，她一邊讀著比爾寫給她的纏綿情書，一邊想著該如何接近佛畢斯的總裁利文。

可是，利文彷彿也意識到了什麼，他決定不輕易與任何微軟的人見面。黛絲芬尼不得不變著法子靠近他，她是個非常聰明的女人。比爾也深信這一點。

機會終於來了，在一個偶然的機會，黛絲芬尼得知利文對酒特別有研究，於是她托人從加州買了一些葡萄酒送給利文。這種方法很奏效，沒過多久，她便與利文可以坐在桌前對飲了。更讓比爾感到佩服的是，利文在黛絲芬尼的「攻勢」下，軟了下來。

在一九九二年八月召開的董事會上，黛絲芬尼特意安排利文與比爾會面。終於，比爾、利文、黛絲芬尼，以及微軟的一些總經理們可以坐在一起了。在一塊兒商談的時候，比爾與利文討論了將迪吉多與威網從佛畢斯趕出去的協議。利文最後答應購買微軟二點五萬套軟體，並承諾不購買威網的網路軟體。

九月二十四日，利文親自飛往西雅圖。在西雅圖的喜來登飯店，利文與微軟公司的鮑爾默、黛絲芬尼，以及其他一些微軟代

表見面，繼續討論相互之間的合作。

在會議即將開始時，肯平也到了，他是微軟當中最瞭解有關 DR—DOS 事務的人。早在 1991 年，他在 MS—DOS 剛上市的時候，就與佛畢斯達成了一個協議——佛畢斯必須為每台電腦配備微軟的 MS—DOS 系統。在與大家熱情地打了招呼之後，肯平坐在了利文的對面。因為利文在簽署「每部處理器協議」時已經付了二十五萬份 DR—DOS 的訂金，而且還有五萬美元的產品沒有出售。於是利文提出，如果他們停止銷售該產品，那麼這部分損失由誰來承擔的問題。

而肯平的回答令他感到十分驚訝：

「如果你現在就能停止配送 DR—DOS 的話，那麼這部分錢可以由我們來付。但是不能支付現金，更不能記入帳户。」

這樣，這些錢就成了佛畢斯退給微軟的貨款。利文没有想到肯平會如此行事。無奈，他與微軟秘密達成了口頭協議，佛畢斯開始正式停止銷售微軟死對頭威網與迪吉多的產品。

在利文與微軟簽訂了那份購買協議後，黛絲芬尼與其他董事終於可以安心地坐在微軟公司董事長的辦公桌前了。黛絲芬尼大方地回答著比爾的提問，她同時注意到，坐在她對面的約克姆叼著一隻雪茄正在用複雜的眼光看著她，眼神中不時透露出幾絲對她的迷戀。

黛絲芬尼回報給約克姆一絲溫柔的微笑。這個男人給她留有良好的印象，她甚至為離開他感到過徬徨。在比爾不注意的時候，黛絲芬尼與約克姆開了一個小小的玩笑。約克姆的笑容開始變得更加燦爛起來，心裡開始嘀咕著：

「看來她對我的感覺一定很好。」

就在黛絲芬尼剛剛返回德國的時候，她收到了約克姆的電子郵件：

「我下周要到巴黎，希望與你共進晚餐……」

黛絲芬尼很高興地答應了。

在這其間，黛絲芬尼也不斷收到比爾發來的電子郵件，但卻很少有情書，其中大多是關於佛畢斯違約的問題。顯然，她期望的不是這些。比爾也知道這一點。但是，他需要黛絲芬尼扮演更多的角色，做出更大的成績。

一九九二年十二月，在歐委會與聯邦政府開始對微軟進行全面調查時，黛絲芬尼與她的同事們的電腦都得及時更換。因此，微軟並沒有敗在其他公司的控告中。利文在後來的回憶中說：

「畢竟其他的公司沒有文字處理軟體，更沒有試算表與視窗，也沒有比爾·蓋茲。」

在幾個月的時間裡，黛絲芬尼就出色地完成了公司交給她的多個重任。這使她不但征服了利文，也征服了比爾。

後來，比爾同意將她調到美國，在工作中對她百般信賴，但黛絲芬尼始終捉摸不透比爾的心：

「他對我的感受到底如何？他對我時冷時熱，他的王國太龐大了，他似乎無法照應身邊所有的女人。」說實話，黛絲芬尼真不知道比爾到底需不需要她。

有一次，比爾寫信邀請黛絲芬尼到阿姆斯特丹旅遊。忐忑不安的她一時拿不定主意：

「我沒有充足的費用旅遊，是的，那是一個很遙遠的地方。」

比爾非常爽快地答應她說：

「我可以借給你一筆錢，相信没有問題。」

黛絲芬尼的心亂極了，她不知道自己到底在比爾心中的地位如何，雖然此刻她非常想得到一個準確的答案，但是比爾始終不能讓她如願。

那次，黛絲芬尼最終被比爾說服了。他們踏上了飛往歐洲的旅程。他們一塊兒住進了歐洲最豪華的大飯店，比爾決定訂下這裡頂級的總統套房。但是當比爾正想著黛絲芬尼會如何高興的時候，黛絲芬尼卻拿出了自己的信用卡，為自己訂了一間普通的客房。比爾感到大惑不解。她聲稱自己雖然没錢，但也不願意花他的錢，她不希望自己與金錢糾纏在一塊兒。比爾完全不知道她的心思，更不知道她這次的差旅費是約克姆給她出的。

實際上，約克姆一直在暗中盡力幫助黛絲芬尼擺脱比爾的纏綿。

比爾對這次旅行表示非常失望，他告訴黛絲芬尼：

「我更希望得到你甜甜的微笑，能給我帶來快樂。」

黛絲芬尼向他抱以温柔的微笑，但在心裡默默地說：

「對不起，比爾，我們該是結束的時候了，我不願意常久地守著一個美麗的夢。」

這一次，比爾彷彿意識到了什麼。在那樣一個幽暗的夜晚，他們之間彷彿缺少了些什麼，空氣也顯得異常沈悶。在昏暗的燈光下，他們之間缺少了一些温柔與浪漫。

與比爾在一起的時候，黛絲芬尼收集了許多關於微軟的重要情報。她總是想方設法得到微軟迅速成長的關鍵秘密，甚至不放棄每一次與比爾通話的機會。她在等待機會。

終於，當美國司法部再次對「微軟壟斷案」進行調查後，黛

絲芬尼站在了比爾的對立面——作證微軟的「非法經營」。

　　華爾街的經紀人得知情況後，紛紛拋售手中微軟的股票，一時間讓微軟損失了八十億美元！

　　可以肯定，比爾的這段不尋常的戀情多少影響了他的戀愛心理，直到他與美琳達走到一起，才真正體驗到純樸而真摯的愛，他同樣也認識到了那些是自己情感不成熟時走出的危險一步。

第 **7** 章／

別了，溫布萊德

在美琳達、溫布萊德與比爾之間有著一種很多人無法感知的心靈與智慧的相通，它讓那酸楚的情思變得超脫而偉大，他們都把難以理清的情感糾葛昇華成了陽光雨露，讓每一個人都感到溫暖和滋潤。

NO7 別了，溫布萊德

自古以來，舉世天才總少不了異性們的愛慕，所以作為撐起微軟帝國大廈的比爾，身旁也總少不了一群愛慕他的異性，沒有一個人能完全讓她們走開，即使是美琳達也無能為力。

在情感方面，比爾有時苛待自己，有時放縱自己，他有著工作程序般的嚴格自律，但也有生活小節中的不檢點。

比爾辦公室的牆上掛著一張女人的照片，她美麗大方，很有氣質，只是年齡稍微大了一點，她就是安·溫布萊德，一位出色的數學家、企業家，是一位讓比爾十分崇拜與敬仰的職業女性。

美琳達也不能撼動溫布萊德在比爾心目中的位置，因為比爾曾信誓旦旦地說過：

「上帝給了我三件最好的禮物，我的家族、微軟公司，以及安·溫布萊德。」

雖然比爾從未向美琳達提起這句他曾引以為豪的話，但是美琳達卻能深深地感受到，可見一個出色的女性會對一個成功男人的成長產生多麼深刻的影響。事實上，溫布萊德對比爾的事業成功確實產生過不可估量的作用。

很多年前，IT 界曾在西雅圖舉行過一次產品研討會，在會上，溫布萊德曾就計算機產品的設計與商業開發問題發表了許多精闢的見解，那是她最轟動業界的一次談話。在輪到比爾發言時，他滿懷敬意地高度讚揚了溫布萊德的講話。就是在這次會上，兩人相識了，他們彼此都對對方抱有好感。比爾結識的大多數女性都是在職場，這或許與他是個工作狂分不開。

　　比爾非常相信自己的感覺，他認為溫布萊德一定很有才華，於是他想方設法接近她。就在當天晚上會議結束後，他叩響了溫布萊德房間的門。當時，溫布萊德剛好吃過晚餐，正穿著一件低領口長裙躺在床上休息，渾身充滿了成熟女性特有的魅力，她很熱情地歡迎比爾的到來。令溫布萊德感到非常不解的是，剛進門，比爾就連連向她道歉：

　　「對不起，我事先沒有預約，請原諒。」

　　溫布萊德意識到了什麼，然後急忙披了件外衣坐了下來，溫和地對他說：

　　「不要太介意，科學不分地域，也不分性別。」

　　在接下來他們相處的時間裡，溫布萊德就像一位姊姊一樣關心、體貼、照顧比爾。一貫深得母親寵愛的比爾深深地被這種愛心所征服。溫布萊德非常願意與比爾待在一起，看著大孩子一樣的比爾在身邊無拘無束，自己也彷彿年輕了許多。

　　有一次，比爾問她：

　　「你難道一直沒有遇到過自己最滿意的男人嗎？」

　　溫布萊德很是驚訝比爾會問到自己的隱私，於是告訴他：

　　「你怎麼如此無聊，一個老女人的隱私也能引起你的興趣嗎？」

　　那是一次非常有意思的對話。

　　「溫布萊德，你並不老，我深信這一點，而且你很美，其實你不應該將我當作一個小孩子，你能將我當作一個大男人來對待嗎？」

　　與比爾的這次談話，促使了溫布萊德對往日的追憶：在七年前，她喜歡上了一個非常優秀的體育運動員，他們彼此相愛。後

來，因為一次意外，他喪生了，她因此想過去自殺。後來儘管有許多男人向她表示過愛慕，但她都一一回絕了。

或許是比爾的卓越特殊氣質，或許是比爾的才華，或許比爾有種能撫平她感情創傷的真誠，他們開始走到了一起，並且深深地相愛了。

幾年的相處讓他們感情與日俱增，但是他們始終沒有為將來作過打算，婚姻對他們來說，可能只意味著一種形式，或是一種累贅。

一向十分關心兒子婚姻的瑪麗再也坐不住了，她不能接受比爾如此對待自己的璀璨前程。她認為比爾與一個大自己九歲的女人結婚有礙於顏面，因此她極力阻撓。

在瑪麗的阻撓下，溫布萊德表示願意與比爾分手，在那一刻她的心是酸痛的。比爾雖然口頭也答應了母親，要與溫布萊德分手，但是他心裡始終有一種說不出的感覺，他認為這樣做對溫布萊德是不公平的，他不希望溫布萊德再一次受到情感的傷害，所以他決定有機會一定要補償對溫布萊德的傷害。

又是一個沒有休息的星期天，比爾連續工作了二十四個小時，程序終於可以投入運行了。比爾輕輕鬆鬆地出了一口氣，興奮之餘，他想到的第一件事就是去找溫布萊德。

溫布萊德接到比爾的電話，答應下班後等他。他們又一次見面了。

兩天來，比爾第一次從頭到腳痛痛快快地洗了個熱水澡，接著狼吞虎嚥地吃起了溫布萊德為他準備的晚餐。或許除了工作的緊張與興奮之外，比爾所設想的人生快樂就是這些。

突然間，他的電話響了，比爾去接電話，原來又是一個喜

訊，微軟商業夥伴之一，也是藍色巨人的強敵——康柏計算機公司經理邁克爾·戴維打來電話說：「康柏又研製成功了一種基於386的PC兼容機，價格要比同類產品便宜一半還多。該產品有著廣闊的市場，我們的產品需要微軟的軟體來匹配。」

比爾自然高興得不得了，他要趕快約見這位「功臣」。

於是她靜靜地等待著他的晚歸。

當比爾剛剛結束與戴維的談話，還沒來得及回到溫布萊德那裡，電話又響了：

「英國政府信息研究部門派人來紐約考察，他們希望順便能與你會面，開展合作。」

比爾自然非常樂意與他們交談，因為這次如交談成功將會助他在英國拓展市場一臂之力。

可是，對溫布萊德……比爾並不想欺騙對方，或許他回不去了。電話中，溫布萊德流露出幾絲苦澀。看著自己準備好的一桌子美食，她還是勉強用平和的聲音對比爾說：

「你不要說那麼多了，趕快去紐約與他們談判吧，你回來後再給我打電話。」

比爾幾乎哽咽了，他又一次辜負了溫布萊德。他耳邊想起了溫布萊德安慰他的那句話：

「做一頓晚餐比編制一個程序要容易得多。」

比爾匆匆趕到了紐約，已經兩天沒有睡過一個安穩覺的他，竟一口氣與英方官員談了八個小時！面對這些遠道而來的客人，他幾乎不敢有絲毫的懈怠，他終於又獲得了一筆生意。談判結束後，他便癱在睡椅上睡著了。

他已經整整連續工作了四十八個小時！

　　稍作休息，他又風塵僕僕地趕回西雅圖，這時，他不能再想著生意上的事了，他在想或許溫布萊德正在念叨著自己呢？想到這兒，一身汗污、頭髮蓬亂的比爾又開始狂熱起來，他的內心湧起了溫布萊德對他聖潔的愛與綿長的柔情。見面後，他告訴溫布萊德：

　　「我已經有四十八個小時沒有合眼了。是的，四十八個小時。」

　　溫布萊德只是微微地含著笑說：

　　「真了不起，那你就閉上眼吧，也閉它四十八個小時。」

　　於是比爾像個孩子一樣甜甜地睡著了。溫布萊德此刻的心也開始安寧了。

　　她為熟睡著的比爾蓋上了一條他最喜歡的紅毛毯，然後到廚房為比爾準備那頓沒有吃完的晚餐。

　　甚至與美琳達結婚之後，比爾也曾明確向美琳達提出，每年要抽出一周的時間與溫布萊德待在一起。

　　每當比爾與溫布萊德聚會的時候，美琳達隻身守宅，在漫長的夜裡想像著他們會面的情景，那是一種怎樣的心痛啊？美琳達表面卻顯得那樣平靜與坦然。她深知他們的愛戀是很早以前的事情，至少在她認識比爾之前的幾年時間。從另一個角度講，比爾會如此惦記著一個普通的女人，也確實讓美琳達有過幾分感動。從這個意義上說，比爾與溫布萊德的感情已經超越了一般意義上的情感與友誼，這是一種精神上的契合。

　　這或許就是比爾所謂的補償吧。

　　自從一九九四年比爾與美琳達結婚以來，比爾與溫布萊德一直保持著這種特殊的「友誼」。

溫布萊德是位出色的女性，她很有才華，也很關心比爾，他們在一起的時候總有說不完的話。比爾曾告訴美琳達，他們在一起最常談論的話題就是「數學與計算機」，因為溫布萊德擅長的就是這兩項！因此從這方面考慮，美琳達不能、也沒有理由去打破他們的這種平衡生活。

美琳達也曾警告過比爾：

「我不能與另一個女人共同分享一個男人，不管這個人是個普通人，還是億萬富翁、美國總統。」

為此，他們大吵起來，因此比爾無法控制自己的情緒，他始終不肯放棄與溫布萊德的關係，主要是他太怕傷害她了。他也從未向美琳達保證過什麼，美琳達曾一度為他的行為感到很徬徨。

但衝動是暫時的，她並不覺得自己一定要為之付出代價。每每如此，她都會告訴自己，這只是比爾對溫布萊德的一種補償。或許，事實就是這樣，因為比爾是個非常講義氣的人。想到這一點多少讓美琳達感到安慰。

在比爾母親瑪麗卧病在床的時候，溫布萊德更是對比爾關懷備至。

那時美琳達便認定溫布萊德在比爾的人生中扮演了三種角色：戀人、助手、母親。

或許溫布萊德的心靈並不像人們想像的那樣堅不可摧，或許她具有天生的母性情懷，甘願為比爾遮風擋雨。但是很少有人知道她對微軟的功績與貢獻。在微軟股市取得成功的時候，她並沒有站出來顯耀自己，或是環繞比爾出頭露面，她曾為微軟股票的上市付出了自己的智慧與無私的苦心。

在美琳達與比爾結婚之後，人們開始頻頻宣揚溫布萊德的寬

厚無私與博大胸懷，即使美琳達也不能否認這些，她的理智也不容自己否認這些。

美琳達還漸漸發現，溫布萊德的內心很是脆弱。或許比爾在她心目中要比她自己更重要，她所需要的往往也是比爾所需要的。因此，即使有千般幽怨、百結愁腸，她都會悄然獨品，不會將生活的沈重與心境的煩亂分擔給忙得不可開交的比爾。

在比爾剛剛踏入戀愛的季節時，他經常會放下手頭的工作頻頻與珍妮約會，但是生性頑固的珍妮總是無休止地與比爾翻臉，比爾總是不知所措，直到他丟棄了這份感情。在情感失落中比爾遇到了溫布萊德，那份沈重的「包袱」之愛，悄然換成溫布萊德對他的滿心關懷。無論工作還是因生活上的事，比爾都曾經暴跳如雷過，但是所有的冷落與傷痛都沒有引起溫布萊德的怨怒，她只是默默地接受與體諒這位變幻無常的小弟弟。

比爾每每在工作之餘，最喜歡蜷縮在溫布萊德如知識宮殿一般的別墅書房裡，與她一道研討一些他們共同感興趣的話題。

溫布萊德的深情與厚意，一度消退了比爾的緊張與疲勞，每每讓比爾感動不已。這份情感是真實的，只是有許多人，包括美琳達還沒有讀懂它之前，更多的人會認為這是比爾心靈的一種自我扭曲，是對妻子的一種不公正待遇。

美琳達還曾設想，如果當初沒有比爾母親的極力反對，也許他們已成為一對最幸福的伴侶！

但是比爾與溫布萊德之間的感情也並非一帆風順。在溫布萊德的眼裡，比爾是上帝的寵兒，她不希望比爾放任自流，隨心所欲。有一次，比爾與一位搖滾歌星斯哥特產生了曖昧關係，斯哥特以與比爾有染為榮。溫布萊德很擔心比爾就此被傳出一些緋

聞，影響到比爾的事業，於是她與比爾進行了一次長談：

「比爾，我並沒有要責怪你的意思，我想告訴你這件事可能會引來麻煩，或許你沒有想過它的後果。」溫布萊德很耐心地開導著這個近乎什麼也不懂的「傻瓜」，「你已經是這裡，甚至是全球很出名的人物了，你將來還要拓展自己的事業，所以名聲與榮譽對你非常重要。雖然美國是一個民主、自由的國度，你有權選擇自己的生活方式，但是，輿論的力量也很可怕。」

比爾也覺得莫名其妙，甚至感到有些後悔了，或許在這之前，他從來沒有考慮過自己所做的每一件事情可能帶來的後果。溫布萊德的告誡讓比爾開始意識到：自己的行為是她所不能容忍的。

「比爾，你必須清楚，你已經是一個大人了，你將要對自己的未來承擔責任，你的名字或許會被載入人類的史冊，你要自尊自愛，別再像個孩子了。」

比爾心悅誠服地點了點頭。

一九八七年，比爾為了實現自己的視窗系統，一面與IBM表面上表示合作，一面在加緊開發自己的Windows2.0，那個時候雖然沒有人贊同他這樣做，但是除了他母親，也沒有人阻止他，母親擔心比爾這樣做會有損自己的名聲，她說：「以後別再幹這種事了，市場雖然重要，但是若名譽喪失了，那你也得不到真正意義上的成功。」

這時，比爾惟一的支持者，那就是溫布萊德在悄悄地幫助他，給他出謀畫策。不論比爾的決策正確與否，她都會堅定地為他做些什麼。就這樣，溫布萊德一直是比爾最終的支持者。

但最後，溫布萊德決定不再與比爾在情感世界上進行糾纏，

她產生了一種女人最平常、最正常、最嚮往的憧憬：與比爾結婚。

她鼓足了勇氣對比爾說：

「我們結婚吧！」

他們的確很相愛，這一點誰也不可否認，但在先前那段日子裡，他們倆人誰也沒有產生結婚的想法，當她決定與比爾結婚的念頭突然間蹦出來時，甚至連她自己都感到害怕。她或許能理解比爾此時的心。

「結婚？」

比爾又開始表現得焦慮不安，他非常害怕有人向他提起結婚的事，即使溫布萊德也是如此，他更願意得到她單純的永遠的厚愛。

沒有得到比爾明確的答覆，溫布萊德的心又一次遭到了重創，她實在找不到任何理由來解釋上帝對自己命運的安排，上帝始終讓她跨不進婚姻的門檻。或許是因為比爾的生活教條不允許他有任何改變，或許因為自己是個大他九歲的戀人，或許是因為比爾母親的極力反對，溫布萊德刺骨的傷痛便成了一種命中注定。

傷心總是難免的，溫布萊德開始認命了，她認為自己命中注定，一個女人，特別又是她那樣好強的知識女性，屈服於命運總是一種無奈的選擇。她的內心經歷了多少的痛苦煎熬和激烈的思想鬥爭啊！

比爾知道，無論如何也阻擋不了溫布萊德的失落與傷痛，他的內心也感到非常痛苦，也是經歷了痛苦的煎熬和激烈的思想鬥爭，他在無奈中只能選擇猶豫。

比爾只得對溫布萊德說：

「不是我不愛你，而是我還從沒有想過結婚的事情，也許我是個責任感很強的男人，如果結婚，我必須承擔起一個丈夫的責任，但我因此卻不能很好地照顧微軟，它不允許我這麼做。」

在這之前，溫布萊德有一段時間常常想像她與比爾婚後的美妙生活：她可以照顧好家，可以做一個非常優秀的母親和妻子，也可以為他的事業出謀畫策……

或許比爾從來就討厭結婚。他害怕婚姻給他帶來許多麻煩，他認為自己還很年輕，他怕自己因婚姻的糾纏再也適應不了快節奏的工作，他怕失去一顆無拘無束的心……

比爾的母親瑪麗這時又站了出來。她背著比爾，隻身拜訪溫布萊德。與後來發生在比爾與美琳達之間的那次不同，她這次扮演的是「反對黨」的角色。

從當時溫布萊德慌亂的情形看，她對瑪麗的來訪沒有一點心理準備，但她們很快就進入了正題。瑪麗顯得非常焦灼地說：

「我聽比爾說，他可能要與你結婚？」溫布萊德是個很有涵養的知識女性，她耐心地聽著瑪麗的訴說，「我從來沒有見過他的哪個戀人像你這樣對他充滿愛心，並且我也知道，他對你也很好，甚至要勝過我──他的母親。」

溫布萊德總是感覺到比爾的母親最重要的話沒有說，她也按捺不住了，她問瑪麗：

「既然我們都深深相愛，那還有什麼理由不結婚呢？」

看樣子瑪麗也不想再繞來繞去，她直言相告：

「我已經認真考慮過了，我認為這是一種年齡很不匹配的婚姻。」

　　溫布萊德沒有再說什麼，她的心再一次被刺傷了，她顯得很難堪。

　　同是女人，瑪麗也知道此時溫布萊德的心情，她也為溫布萊德心酸，但她還是狠了狠心說：

　　「溫布萊德，比爾現在只聽你一個人的話，如果他向你求婚，你決不能答應！這樣他是無法娶你的。」說完，瑪麗的眼眶濕潤了。

　　「是的，我會讓您放心的，因為我喜歡比爾，所以我不會做出任何傷害他的事。」最後溫布萊德對瑪麗說。

　　比爾並不知道母親與溫布萊德的會面，此時他正忙得要命。等他閒下來的時候，他突然發現溫布萊德不見了，他心裡開始恍惚起來，他幾乎打遍了所有知道的電話，並開車尋遍了西雅圖每個角落，他甚至想過要尋求警察的幫助，他再也按捺不住了：

　　「溫布萊德會到哪裡去呢？」

　　是的，她會在哪裡呢？

　　原來，自從與瑪麗的那次談話之後，溫布萊德對自己變得有些絕望了。

　　許多年前，一個優秀的運動員施樂·奧威爾走進了她的生活，就在他去世的一剎那，她感到過絕望。如今，她又一次感到了絕望，她頓時覺得自己沒有了歸宿，覺得自己是個被上帝遺棄的孤兒。她跌跌撞撞地坐上了飛往歐洲的飛機。

　　她在埃菲爾鐵塔下閒逛，也在香榭麗舍大街上流浪，但是這些都無法讓她逃避現實的打擊，反而讓她的精神繃得更緊了，於是她又撥通了比爾的電話，當她得知比爾正在電話那頭煞費心機地尋找她時，她的心立刻癱軟了。

那一刻，他們都感覺到自己一刻也不能離開對方。她決定不能再折磨自己了。

於是在一個清晴的早晨，溫布萊德又踏上了歸途。

當溫布萊德還沒有走出機場的通道時，便看到了比爾踮著腳尖眺望的身影，她失聲痛哭起來⋯⋯

一陣風雨過後，他們更加親密了，也更加珍惜了。

瑪麗得知了這一切後，很為比爾感到焦急，她知道沒有誰可以撼動溫布萊德在兒子心中的地位，於是她讓比爾作出選擇：

「比爾，你是想要溫布萊德作你的妻子，還是想要微軟？」在她的眼裡，微軟原本就與溫布萊德格格不入。

「難道溫布萊德是微軟的剋星嗎？⋯⋯」比爾與母親辯論著。

瑪麗終於掩蓋不住內心的真實意圖：「比爾，你與微軟的形象都是充滿生機的，可是你將來若娶一個大你九歲的大齡妻子，那一定會弄出許多笑話來的，你可是有史以來最年輕的億萬富翁，總不能因此不重視自己的形象吧？」

「是的，媽媽，我現在還不想結婚，不過我們很相愛。」

聽比爾說他還不想結婚，瑪麗稍微放鬆了一下，但是她還是始終不放心比爾與溫布萊德的約會，生怕他們會做出什麼決定來。

所以，瑪麗再次偷偷地叩響了溫布萊德的門：

「溫布萊德，我真是讓你受了不少的委屈，我那個不聽話的兒子真是欠了你不少恩德，相信上帝會看到的，只不過，他現在已經三十三歲了，是個大齡青年了，我們都不敢拿他的婚事當兒戲，所以，溫布萊德姑娘⋯⋯」

　　早有心理準備的溫布萊德微微露出一絲笑容：

　　「您儘管放心，只要是對比爾有幫助的事情，我都會做的，我不會要他娶我的，永遠不會……」

　　瑪麗的兩次密訪讓溫布萊德徹底放棄了對婚姻的夢想，蒙在鼓裡的比爾並沒有覺察到溫布萊德這些微妙的心理變化，仍像一個大男孩兒一樣與溫布萊德保持著聯繫。

　　一天，溫布萊德告訴比爾：

　　「比爾，你也不小了，不應該再這樣生活下去了，你應該考慮找一個合適的生活伴侶了。」

　　出乎溫布萊德的意料，比爾並沒有強烈反對，他相信溫布萊德依然愛著他。這讓溫布萊德感覺到了她和比爾愛情的真相。

　　是啊，愛情為什麼一定要有婚姻來見證呢？

　　瑪麗一再給他們的婚姻判死刑，他們兩人婚姻的這條航船沒有到岸便被擱淺了。

　　一九八七年，他們正式「分手」了。

　　但溫布萊德並沒有忘記比爾對她的承諾：他將會為微軟而永遠拼盡全力，但他也永遠不會疏遠她。

　　比爾不能像往常一樣可以隨時見到溫布萊德了，於是他就將溫布萊德的照片放大後掛在了辦公室的牆上。不論是自己抬頭的時候，還是剛走進辦公室的時候，都可以看到溫布萊德那甜甜的微笑。比爾的這一舉動引起了鮑爾默與謝利的好奇：

　　「你是否準備與溫布萊德結婚？」

　　比爾答非所問：

　　「她是我一生中最好的朋友！」

　　「是的，我也是你最好的朋友，不是嗎？」謝利顯然有些嫉

妒了。

比爾沒有回答。

離開比爾後，溫布萊德盡力調整自己的心態，並努力使自己的生活變得有規律起來，她選擇了到外地旅遊，或是到其他城市拓展生意，她想竭力擺脫那些苦痛。她甚至以巨額資金轉售了自己創立的一家公司，並且在舊金山買了一棟維多利亞時代風格的別墅，同時她還投資做一些生意。

日子一天天過去了，溫布萊德與比爾並沒有放棄過聯繫。在比爾與美琳達結婚之前，他們還不時在一起，比爾告訴美琳達：

「溫布萊德是我以前的戀人，但現在不是了，她只是我最好的朋友，我們在一起的時候只談論學術與友誼。」

美琳達一度不明白比爾與溫布萊德的戀情，直到有一次，她看見了比爾曾經寫下的那些心靈的佳話，她才明白兩人之間的感情。

「偉大而又美麗的溫布萊德，我愛你，在我所認識的女性中，只有我母親與你值得我這樣稱呼。在整個世界上，最瞭解我的女人只有兩個：你與我的母親。你對我的厚愛、仁慈、寬容，使我無論做什麼事，甚至傷害了你，你都不恨我。你可以包容我的一切，包括不能與你結婚。溫布萊德，你的擁抱永遠能喚起我一生中最溫馨的回憶。」

但無論如何，美琳達與比爾都不願意守著曾經的問題而不肯罷休，美琳達認為，他們三人都沒有錯，誰都不該受到傷害。

一九九九年八月，在微軟再次被告上法庭時，陷入感情折磨

中的美琳達，依然與比爾並肩走進美國法庭進行聽證。當時，吸引了許多人採訪，不為別的，只是想著法子探尋他們之間婚姻的蛛絲馬跡，想從中找出什麼，以此醜化比爾，以此搞亂微軟。

或許現實就是這樣不盡如人意，但是美琳達那種與眾不同的心態卻可以安然地化解一次次情感糾紛。正像一位哲人所說：

「從小到大一直接受的傳統文化告訴我們，一個人對他的情感是無能為力的，儘管邏輯推理證明人總是在支配著自己的情感。現實的生活往往會讓你承認這一點。」

或許注定了這一生比爾的精神世界都離不開溫布萊德，在比爾心中，溫布萊德是一個不可替代的形象，但直到美琳達與比爾相識、相戀，步入婚姻，她都只能站在婚姻的殿堂之外默默地為比爾祝福。

不過，在美琳達、溫布萊德與比爾之間有著一種很多人無法感知的心靈與智慧的相通，它讓那酸楚的情思變得超脫而偉大，他們都把難以理清的情感糾葛昇華成了陽光雨露，讓我們每一個人都感到溫暖和滋潤。

第 **8** 章／

靜不住的比爾心

比爾並沒有失言，在事業的道路上，他踏踏實實地取得了一個又一個成功的時候。
在任何人眼中，他都是一個敢於直面風險的人。

NO8　靜不住的比爾心

從比爾身上，總能讓人看到他的與眾不同，即使是最體貼他的母親也認為他不同尋常，或許正是這種與眾不同，奠定了他在事業上會成為一個顯赫的人物。

比爾於一九五五年十月二十八日出生在西雅圖，父親威廉·亨利是當地一位很有名望的律師，他是比爾早期打官司的重要幫手。

比爾母親瑪麗是一位慈善基金的籌集人，還是華盛頓大學的董事。她是比爾後來與 IBM 合作中非常關鍵的一個人。

比爾從小就是一個精力非凡的人。在他還是個孩子的時候，就喜歡騎在木馬上搖搖晃晃。長大成人後，每當專心思考或是承受壓力時，他的身子仍會不由自主地搖來搖去。

比爾很容易對循環往復的事情感到厭倦，他曾經這樣描述自己的學習過程：

「在聽課的時候，我可以用任何一隻手記筆記，覺得無聊的時候，就換用另一隻手，這對於我來說是很容易辦到的。」

在比爾還剛剛懂事的時候，他就表現得很獨立，常常自己決定做一些事情，自己選擇所要讀的書，自己隨意寫些什麼東西，自己把衣服放好，自己把小板凳扶起來等。

即使一向對比爾有些擔憂的父親亨利也認為比爾是個非常自信的人。他喜歡做一些讓人意想不到的事情，他很明白事理，對一些問題的觀察力也很強。到他學會非常賣力地工作的時候，他完全有了自己的判斷力，但在一些小事上還是經常與母親商量。

　　比爾天生幽默，他很喜歡笑，有事沒事的時候總是樂呵呵的。他也很會逗別人笑，所以美琳達經常會成為他「嘲笑」的對象。

　　從小亨利和瑪麗就很注重對比爾智力的開發與培養，但他們通常不採取告訴他應該做什麼的方式教育、培養他。在比爾剛剛三歲的時候，瑪麗總會將他帶在身邊見世面。

　　當在學校裡老師要求學生向其他學生講解西雅圖的歷史與博物館的情況時，比爾總是第一個舉手。儘管比爾是個十分好動的孩子，但是在教室裡聽課時，他總會比其他學生表現得更專注、更認真。他從小喜歡閱讀，至今，一本破爛的《世界百科全書》總是放在他書櫃的角落，他告訴美琳達，那是他學生時代最喜歡的一本圖書。

　　年輕時的比爾有許多興趣。他嗜好運動，是技巧嫻熟的滑冰與溜冰者。他也是一位年輕的撲克高手，並且他還喜歡跳舞與音樂。雖然他很喜歡與人交往，也很喜歡與人爭辯，但是從不喜歡站在台前演講。在表達觀點時，如果有人激怒他的話，他會暴跳如雷。

　　同樣，美琳達也是個好與人辯論的人，但是他們卻從來不就電視中的一些話題進行爭論，因為比爾很少看電視，如果他有幸能瀏覽一下電視節目，他多半會更注意那些卡通節目，他覺得那些更有趣。從孩童時起，他就喜歡看動畫，所以與美琳達在一起看電視的時候，他會選擇讀一些報刊或是雜誌。

　　在比爾的全部生活中，健身占據了很大比重。比爾的健身方法很特別，要不是親眼所見，甚至連美琳達也很難相信他竟採用如此冒險的方法健身，她更不敢相信竟是這些運動給了比爾一個

健康的體魄。

　　當比爾還是個學生的時候，就非常喜歡戶外運動。父親亨利為了鍛鍊比爾的意志，專門在比爾十二歲那年為他成立了「老鷹夏令營」，比爾在此度過了難忘的一段時光。不過，他更喜歡稍後參加的「一八六訓練營」，他第一次聽到這個訓練營的名字，是在一家速食店裡。他正在排隊候餐時，無意中聽一些人正在談論訓練營的事情。

　　「你在童子軍生活如何？」一個年紀與他相仿的男孩兒問另一個男孩。

　　「真是糟糕，甭提有多累了。我不打算再繼續下去了。」

　　「說具體點。」

　　「我們不但沒有制服，而且整個隊伍懶散得要命……」

　　比爾聽到這裡，非常熱情地上前問道：

　　「對不起，打擾一下，請問哪裡可以參加這樣的訓練營活動？」

　　比爾一直非常嚮往具有挑戰意義的活動，他當然不願意錯過這次機會。當得知他夠條件參加童子軍時，他非常興奮。後來，他想方設法讓父母同意他參加「一八六訓練營」。

　　這個「訓練營」在離比爾家不遠的一所小學裡，「一八六訓練營」經常在叢林中徒步行走和過野營生活。一次，比爾竟一氣走了五十英里，表現出非常堅強的意志。那次，母親剛為他買的新鞋，一夜之間竟磨出一個洞。

　　童子軍訓練是非常注重紀律的，所以這對於一些懶散的人是不會有好果子吃的。比爾非常喜歡參加這樣的冒險活動，他認為那是一種非常有趣的活動。

比爾的網球也打得不錯。記得那是他們的寶貝女兒珍妮佛兩周歲生日那天,比爾與美琳達在西雅圖的一家體育館比賽網球,這也是美琳達生平第一次接觸這項運動。比爾的姊姊、一位當地著名的網球運動冠軍親自教美琳達如何握緊球拍、怎樣用力,但是美琳達始終完成得不夠出色。但比爾甚至可以與他的姊姊不相上下,看得出來他非常在行。

比爾還十分酷愛一些驚險的刺激性運動,如衝浪、高空彈跳等。另外,他還是超級嗜車一族,或許在所有他喜歡的運動當中,沒有什麼可以與賽車相提並論了。他曾經最喜歡的一部車就是自己的寶時捷九一一。那時,他經常會與艾倫到郊外比賽誰跑得最快。艾倫告訴他的同事:

「與比爾在一起的時候,什麼都變成了競爭,包括駕車。有一次,我們比賽,比爾駕駛著車瘋狂地前進,速度非常驚人,我沒有辦法趕得上他。」

雖然比爾從來沒有做過職業賽車手,但他一直是西雅圖警察們眼中最難對付的一個人。他是一個開起車來像「上了發條的輪子」一般狂奔的駕駛員。他駕車在大道上飛駛,屢屢被警察開罰單,甚至因此還蹲過警局。所有乘坐過他車的人都有這樣一種感覺:魂飛魄散,心驚肉跳。所以每次出行之前,美琳達都首先叮囑他要將車開得慢一些。

早在一九七○年,比爾還在讀高中的時候,就擁有了屬於自己的一輛橘紅色的野馬敞篷車。那時他很得意,經常開著這輛車到外面兜風,有時深更半夜還飛馳在新墨西哥州與華盛頓州的公路上。比爾認為,這樣可以渲洩自己旺盛的精力或消除學習上的疲憊。

在這個懲罰、仲裁有如吃家常便飯的國度，「飛車黨」自然是要受到重罰的。也正因為如此，比爾與這裡的警察早已打得火熱。對於西雅圖的警察，比爾甚至完全可以打著口哨說：

「別怕！這一帶警察我都熟。」

這是比爾對美琳達說過的話。可是每每話音未落，他就會被警察彬彬有禮地攔住，然後很恭敬地遞給他一張罰單。

年輕時的比爾是美琳達現在想像不出來的，那時他幾乎養成了一種怪癖，那就是將收集罰單當成了一種嗜好與炫耀。甚至有一次他還被開過一張駕駛汽艇疾馳的罰單。

比爾就是這麼一個人，他為速度而生，也為速度而活。除了那座新宅可以承載他的夢想之外，他還用車來享受生活。的確，他酷愛汽車，從他買的第一輛汽車開始算，現在他已經可以開一個小小的車展了，奔馳、勞斯萊斯、法拉利、寶馬……凡是時尚名車他都喜歡。在這些車中，比爾對諸如法拉利、保時捷這樣勁速猛車情有獨鍾，而對勞斯萊斯等名車只作為一種飾物來欣賞。實際上，這正好與比爾的個性相吻合。尤其是保時捷，讓比爾多次充當了超速車手，也讓比爾過足了車癮，但也不時讓他惹些是非。在微軟剛剛創立時，比爾就開了一部藍色的保時捷九三〇。在一次行車時因與公路警察發生磨擦，阿布奎基拘留所將它拘留了半天，最後保羅才將他保釋出來。

如今比爾的這些飛車衝動還是沒有消減，或許他從來就不想與普通人站在同一條線上，他只想遙遙領先，把所有人都拋在後面。

為了防止警察圍追堵截，比爾在保時捷上裝上雷達干擾器。二〇〇〇年的時候，他被西雅圖的警察告上了法庭，於是，他被

勒令換車。換車後，比爾決定不再飛車，可是一上路老毛病就又發作了。天性喜歡刺激的他硬是不斷地加速，結果沒過多久，這輛車也「退伍」了。

這樣一個對於運動近乎瘋狂的人，總是不甘心自己只會在地上跑車，不知何時，他又熱愛上了駕駛飛機，他相信這一定是一種非常有趣的運動。他的興趣向來都是這樣濃烈。

有一次，比爾偷偷地報名參加了飛行訓練，與許多新學員一樣，他第一次駕機試飛的時候，就撞到了沙丘的側坡上。在接下來的飛行中，他依據教練員的指導，很快使滑翔機平穩地降落到了陡峭的沙丘底部。在自己第三次飛行的時候，他感覺有足夠的自信會飛得更好，便無視不能翻轉滑翔的規定，結果被掛在距沙丘底部一百多米處的一處荊棘上，這才使他收斂了一些。很快他就學會了飛行。

滑旱冰也是比爾的特長。在他三十歲的生日慶祝會上，微軟的許多員工都穿著旱冰鞋隨心所欲地在地面上穿行。當然比爾也不例外，並伴隨著搖滾樂做出各種動作。除此之外，比爾也很擅長跳舞，只要他的腳一踏進舞池，整個人就陶醉了。

比爾更是一位「撲克狂」，他的這種嗜好可以追溯到一九七四年。在那個時候，他正在讀大學一年級，無意之中迷上了撲克牌。於是玩撲克成了他有生以來第二大感興趣的活動，他甚至利用計算機研究對策，使他一度成為撲克牌高手，無人能勝過他。

說起撲克，這其中還有一段精彩的故事。

在比爾小的時候，母親瑪麗一向熱中於各種社區服務工作，因此，比爾與自己的姊姊克麗絲汀經常會在放學後去找外婆，外婆會很周到地照顧他們。

　　比爾的外婆也是一個精力充沛的人，對許多體育比賽也都很在行，她的外表看上去比實際年齡要年輕許多，或許這與她喜歡運動有關。比爾的外婆是個玩撲克高手，她將其中的一些技巧教給比爾與他的姊姊。顯然，比爾的領悟力要遠遠超過他的姊姊，這也使比爾一度免去了不少洗刷的工作。因為每當吃過飯後，他們常要來一局撲克比賽，只有贏家才可以指使別人去洗刷餐具。

　　在打撲克的時候，外婆經常叮囑比爾：

　　「要打得快，但不要為了求快而亂打，要多思考一些，要讓你的思維動起來。」

　　比爾後來就真的成了急性子外婆的得意弟子。他很快就學會了外婆所有打撲克的本事，有時碰到打輸的情況，比爾就懊悔得不得了，但這更增加了比爾求勝的決心。

　　當比爾在哈佛讀書的時候，他的這些愛好勝過他所學的專業，只要晚上不玩撲克，他一定會出現在哈佛大學的艾肯計算機中心。因為那時的計算機並不多，他便到那裡去發現「新大陸」，有時疲憊不堪的他晚上就趴在電腦旁酣睡過夜。

　　同樣，比爾對電腦的狂熱也充分展示了他張揚的個性，他在任何人的眼中都是一個電腦天才。父親亨利·蓋茲一直希望他將來能從事律師一職，他認為，子承父業可以顯示家族的榮耀。他不願意看到比爾整天待在電腦旁邊，或是從事著讓他擔心受怕的事情，所以他主張讓比爾學習法律。為了不讓父親失望，比爾選擇了法律專業。父親很為此感到高興，他對比爾的要求也很高。

　　在比爾進入哈佛後，父親讓比爾攻讀研究生課程，但是這時的比爾，雖然表面上還在學習法律，但腦子裡卻整天想著電腦，被動的學習很讓他感到沮喪。他是個生性愛動的人，沒有了可創

造性的工作去做，他的心裡總是發癢，於是那時他學會了賭牌。賭牌對比爾來說是一件非常刺激的活動。在比賽中，他彷彿投身於一場巨大的商戰，投入了近乎全部的熱情、機智與膽識，直到他成為賭桌上的一位高手。

每每有人問起比爾的這些感受時，他總是有些自豪地說：

「我玩得還可以。」

通常比爾一玩就是一天一夜，並且喜歡不斷抬高賭局的籌碼。

比爾六年級的老師露茜・凱蒂女士是個十分欣賞比爾的人。雖然她也承認比爾是個非常聰明的學生，但是他在許多方面的表現卻令她感到擔心。有一次，露茜正在與其他的老師聊天，突然，她發現幾個學生騎著腳踏車從她們身邊經過，速度非常快，她擔心地喝問：

「你們在做什麼？」

其中的一位老師認出他們都不是自己班上的學生，便開口罵道：

「臭小子，差點就撞到我了！」

露茜也罵道：

「真是的！見鬼，真該有人來管管他們了。」

突然間露茜發現其中的一個「臭小子」正是自己班上的學生比爾。

在以後的日子裡，比爾同樣被露茜看到過好幾次飛速騎車，每次露茜都為他感到擔心。後來她專門找到了瑪麗，並告訴她：

「比爾是個非常不聽話的孩子，我已經向他說過好多次了，可他一點也聽不進去，他經常瘋狂地在校園內騎腳踏車亂闖。」

瑪麗於是教育比爾說：

「你現在就騎得這麼快，將來可怎麼辦呀？」

「當然了，長大後，我一定會開跑車的。」比爾不以為然地回答。

露茜老師與瑪麗都被他的回答驚呆了。

不久之後，露茜還發現比爾經常與一些同學在一起抽煙。抽煙可是一種惡習，於是她又找來比爾談話：

「噢，你這個搗蛋鬼，你的母親已經發話了，如果你再不聽話，我可以自行處分你，雖然我知道你並不是學校第一個抽煙的學生，但是你抽得有點太過分了，讓校長見到了，我可受不了，希望下次不要再讓我看到你如此放肆。」顯然，露茜被他氣壞了。

比爾聳聳肩說：

「我知道了，但是我並不覺得這有什麼不好，我感覺還很不錯。」

「噢，是嗎？你的父母也這麼認為嗎？」

「他們是不願管我這種小事情的，至多會說那是不應該做的。」比爾顯得非常輕鬆。

比爾的回答讓露茜有點不敢相信，雖然他並不是在肆意毀壞父母的名聲，但是至少可以說明，他們對此並不很敏感。於是對於比爾的一些非常糟糕的表現，露茜也很少再插手了。但她還是想對事情的真偽探個究竟。

在一次學校召開的學生家長會上，瑪麗如期與露茜見面了，她們共同的話題就是比爾這個搗蛋鬼。露茜告訴瑪麗：

「憑我的教學經驗來看，聰明的孩子也未必一定有前途。您

知道，有許多聰明的人到頭來一事無成，那實在是太可惜了。現在，我非常擔心比爾會走上歧途，浪費了他的聰明。」

「比爾究竟都做了些什麼，會讓你如此擔憂？」瑪麗並不十分清楚比爾在學校的表現。

「他太不專注於學習了，或許許多功課對他來說都非常簡單。他不光不專注於學習，他還學著抽煙，甚至在上課的時候心不在焉，我問他在想什麼，他總是說在想問題。」

「噢，他從小就是這個樣子……」

「那麼他為什麼總是一副魂不守舍的樣子？」

「如果他對事情感興趣的話，他會很專心的，例如他很喜歡玩橋牌與拼圖，那他就會……」瑪麗似乎不願意露茜說比爾是個不聽話的孩子，她想為比爾辯護。

比爾對於自己有興趣的事情非常專注，他凡事都講究速度，甚至吃飯、睡覺……

很糟糕，美琳達曾經被比爾的這些行為搞得很糊塗，她不明白他為什麼總是這樣，美琳達沒有辦法讓他改掉這些。但在比爾看來這是需要，不僅是快節奏工作的需要，也是生活的需要。最後，美琳達不得不承認他們在這一點上的看法至少不是完全相同的。

美琳達更願意靜下心來品味生活，她也會為工作而瘋狂，但絕不會達到比爾的那種程度。如果美琳達自認為沒有把握，那麼納爾瓦的看法便是最好的佐證，他是湖濱中學最好的老師，他的學生很多都非常出色。他對比爾的看法與美琳達是一樣的。

「比爾會在一些學生休息的時候努力學習一些自己感興趣的課程，而通常在我講課的時候，他會趴在桌子上睡覺。但是對於

我提出的問題，他大多能很容易就回答上。」

「電腦或許是他最大的興趣所在，如果每周能有一次機會接觸電腦，他總是全班第一個溜進去，而最晚出來。即使你不認識他，但只要看表現，你就會很容易認出他——他通常不會在玩電腦的時候與任何人說話，也不會像一些學生趴在桌子上睡覺。」

比爾的父親亨利對比爾的喜好並沒有太多地加以干預，只是不時建議他應該學好法律，所以比爾從小受父親的影響較小。

從小時起，比爾就對經濟學方面的知識很感興趣，上中學時，他曾經為一個經濟學的問題徵求父親的意見。亨利認為，他還是一個中學生，這個問題對他來說有些不合時宜，於是當時沒有理會，但是在過後的一天晚餐後，亨利來到了比爾的房間：

「比爾，上次你有一個問題想徵求我的意見，很抱歉我當時手頭沒有一本經濟學方面的書。現在我們可以談一談。」

「噢！那太好了。是這樣，我們的校長喬治·艾德華先生在上周給我們上了一節非常有趣的經濟學課程，課後，他要求我們一周後每人交一篇投資學方面的報告，我不知該怎樣去寫。」

這個問題把亨利給難住了，他想了想然後說：

「你最好獨立完成，噢，這是一份草稿，是嗎？」

「是這樣，這篇報告最好是一些經驗之談，我願意把它寫得更好。」

看著比爾桌子上零亂的稿紙，亨利知道比爾對自己的「傑作」不滿意。要知道亨利是西雅圖一家律師事務所非常有名望的律師，他對經濟學也非常通曉，但他並不想幫助比爾完成報告，所以告訴比爾自己對此幫不上一點忙。不過，他決定給比爾講一些關於投資方面的知識。

他問比爾：

「你知道什麼叫投資嗎？」

「艾德華校長試圖從很深刻的理論上向我們闡述，但我更願意這樣理解，簡單地說，投資就是一種用錢的方式，用錢的方式很多，但是投資是要把錢用在你認為最有機會變出更多錢的地方。」

「噢，你小子還懂得不少呀，看來你可以輕鬆地完成報告了！」

「但是我想親身實踐一下，我敢打賭，克麗絲汀一定不敢投資。她一定寧願把錢存在銀行裡，她可是個膽小鬼。」

亨利並不十分贊同他的看法：

「克麗絲汀也是個很有心機的人。有機會，她也會、也敢於投資的。」

後來，比爾就真的獨立完成了這篇報告，他在結尾處這樣寫道：

「只要能籌措到足夠的資金，並且請到最優秀的人來幫我做事，我一定會成功。」

比爾並沒有失言，在事業的道路上，當他踏踏實實地取得了一個又一個成功的時候，他也確實是這麼做的。在任何人眼中，他都是一個敢於直接面對風險的人。

如果所有這些都算不上是不良嗜好的話，那麼比爾的個人衛生習慣絕對算得上。

有一段時間，比爾的這些壞習慣甚至成了電腦界的「美

談」，先前美琳達總認為這是除了她與比爾的父母才知道的家庭秘密，其實這早已成了人所皆知的事了。

在平日裡，比爾確實很少注意個人的衛生，他大約四、五天才洗一次澡。要是到外面出差，時間又安排得特別緊的話，回到家裡，他總會像變了一個人似的，渾身總散發出難聞的氣味。

比爾通常三十六個小時不睡覺，然後狼吞虎嚥地隨便吃點東西，倒頭睡上十來個小時。比爾睡覺的習慣也很特別，他從不在乾淨的床上睡覺，累了的時候，他不是躺在髒亂的床上，就是躺在地板上，或是趴在電腦桌上，然後拉過一條毛毯蓋在頭上。不管是白天，還是夜裡，也不管環境如何嘈雜，他總能很快就進入夢鄉。

坐飛機對許多人來說是一件非常疲勞的事情，而對於比爾來說則形同「空中吊床」，完全是一種享受，他在往返世界各地的時候，常用一條毯子蓋在頭上，然後在整個過程中都酣睡不止。以至於在每次乘飛機時，航空公司的空中小姐都要給他準備一條「紅蓋頭」般的毯子。

還有更可笑的事，在比爾與美琳達戀愛的時候，一次他們到西雅圖的一個度假村度假，天氣很冷，美琳達決定帶著他去買一件外衣。來到商廈試衣服的時候，美琳達驚訝地發現，他在自己衣服的色彩搭配上，沒有一點審美觀，竟如同幼稚的兒童，他所選擇的全部都是許多年前母親瑪麗為他選擇的色調！那時美琳達便有一種感覺，這個傢伙日後一定是個懶散的丈夫。幸好美琳達的母親不知道自己的女婿竟是這樣一個沒有「品味」的男人。

在後來的日子裡，比爾告訴美琳達：

「曾經有一段時間，我母親試圖告訴我什麼樣的襯衫應該與

什麼樣的領帶搭配，但這已經是過去的事了。在這方面，我母親比我知道的多。對我來說一件襯衫與另一件襯衫沒有什麼區別。我並不關心自己平時穿什麼顏色的襯衫，所以如果你在襯衫與領帶的搭配方面略知一二的話，這樣很好。原來我對這些懂得很少，現在懂得了一些，但始終還是連平均水平都不夠。」

比爾還有一個小學生常有的習慣，就是思考問題時喜歡用右手抓自己的前額，這實在是一個壞毛病，美琳達有時會在無意識中提醒他改掉這些：

「比爾，你在想什麼，是不是可以把那本書幫我遞過來？」

比爾會用左手把書遞給她，右手仍然還是抓前額，因此美琳達經常會見到比爾的前額出現紅色抓痕。

雖然很少人稱讚比爾的相貌很迷人，但是正是這張長不大的娃娃臉讓許多人對他「俯首稱臣」。微軟的許多競爭對手就是被這個不修邊幅、外貌有些清瘦、頭髮蓬亂、還帶著滿頭頭屑的大男孩兒所迷惑。他們錯認為對付這樣的「娃娃」易如反掌。但結果並不是他們想像的那樣，在大呼上當的同時，他們更佩服比爾過人的智慧與領導藝術。

或許這多少得益於比爾是一個典型的樂觀主義者，連他自己也稱：

「我是一個樂觀主義者，對於新科技可能產生的衝擊常常保持著樂觀的看法。我認為新科技將增加我們休息的時間，而且會使我們的文化內涵變得更加豐富。但這並不表示我對即將發生的一切都完全沒有疑慮，正如同所有的重大變革一樣，資訊社會的好處必然伴隨著缺點而來，這是很正常的，因此要端正態度。」甚至在他創業，對生活的享受幾乎為零的時候，他也沒有放棄過

什麼，或是抱怨過什麼。

一九七九年，當微軟公司遷到貝爾維尤時，比爾除了一台電腦與一身牛仔服之外，幾乎什麼都沒有。

一九八三年，微軟公司宣布要開發 Windows 操作系統之際，一位曾經到過比爾房間的人驚奇地發現，比爾的房間不僅沒有一台電視機，甚至連必要的生活家具也沒有。

雖然比爾現在不像從前一樣過著無序的生活，但是他「開夜車」的習慣絲毫沒有改變。他經常在夜晚或是凌晨給他的下屬發送電子郵件，所以那些程序員總是可以在第二天上班的時候收到比爾的電子郵件，主要內容都是些關於他們所編寫的計算機程序的問題。因為比爾喜歡在夜裡檢查他們編好的程序，然後及時給出自己的評價。

深諳美國民風的人或許會認為，在美國傑出人物身上，你很難窺探到他們在暴發前後有多少生存境遇上的天壤變遷：洛克菲勒如此，福特如此，里根如此，比爾也不例外。比爾沒有一點因其富有而變得目空一切、不可一世。他一貫保持著年輕時的無拘無束，他經常是被看走了眼的億萬富翁，他經常逃離上流社會的做秀與敷衍，而滿心喜悅地從事自己極度放縱的、酷似下里巴人的遊蕩生活。

比爾曾與他的一些朋友偷偷地到西雅圖的沙拉拉夜總會為自己少年時最崇拜的比吉斯搖滾樂隊的火爆演出捧場助威。他甚至熟悉這個樂隊的每一位竄紅、繼而隱退的歌手，也曾很不體面地、像個白痴一樣拜倒在紅歌手的大腿下。他發自內心地喜歡聽司各特那樣歌唱：

「兩顆空虛絕望的靈魂，一段驚世駭俗的愛情，深刻不容緩的情歌，萬能的金錢，饑餓的道德，日益分裂的人性，在空虛冷酷華美的城市裡，我們奮鬥，我們墮落……」

或許這些都是比爾的個性所致，是的，他確實很喜歡聽這樣的歌曲，不，應該是這樣的瘋話！他會覺得這些瘋話同樣有如潛藏在他心裡的 BASIC 程序一樣妙不可言。或許這些歌聲會讓他疲憊的身心得到舒展。

有時美琳達對比爾某些行為很費解，他會積極地向一切社會承認的古板東西挑戰。

每當提起比爾沒有規律、得過且過的生活情形，人們或許會在恍然中重見克魯亞克筆下的「一個衣衫破舊的純潔的人所有的快樂」。甚至還會回味起那個《在路上》自由自在放聲歌唱，既沒有什麼惻隱之心，又絲毫談不上罪惡的迪恩小子，他們之間有著共同的東西。克魯亞克曾經把他筆下的故事人物迪恩描述成一種「速度的功能」，迪恩生活輪廓最清晰的線條與強烈的信號就是速度，包括他的談吐、開車，以及他的生活、心理。

在迪恩的奔波與放縱中，隨處可以看到比爾的影子。雖然比爾是一個很偉大的科技巨人，但他的骨子裡還是有一種涉世未深的青年人的靈性與躁動不安，這些仍然在支配著他的生活節奏：在快速的生活與拼命式地工作中，一面勇猛地挑起生命不堪的重負，一面沈醉於生活的樂趣中。

一些人會動輒將比爾作為笑柄，有時，比爾也會成為漫畫消遣的人物，比如繁盛之都把詼諧的比爾與他喜歡的貓咪硬是湊到了一塊兒；漫畫家柏克萊·布瑞斯提德更是殘忍地對待比爾，把

他描繪成一個皮包骨頭的「骷髏」形象。那是一次與比爾的結識激起了這位漫畫家創作的靈感：

「那次我排隊買電影票時，撞見了比爾，看起來，他非得獲得別人的幫助才能買到那張票，或許他是那種在學校裡經常被取笑的小孩，所以與周圍的人不能融洽地相處。」

比爾不會輕易屈服於人們對他的批評，他更希望保持自己的本色。

美琳達親眼目睹了比爾在創造偉大微軟的同時，也為自己樹立了不少敵人，有人說他有遠見，也有人說他很霸道……他因此也惹上了不少麻煩。美國司法部、地方法院與他的官司多如牛毛，總是糾纏不清，沒完沒了。更讓美琳達感到吃驚的是，只要比爾在公眾場合一出現，常常無端地會突然被人丟蛋糕。

一次，比爾與一幫政府首腦一同抵達布魯塞爾的一個會議場的時候，有個惡作劇的人朝他的臉上丟來好大一塊粘糊糊的奶油派。頓時，世界各地的媒體馬上開出天價，有的甚至願意支付四百萬美元購買拍下整個突襲過程的膠片。對於這個突發事件，比爾表現得很有風度，他沒有說太多的話，只是抱怨那個奶油派的味道不夠好。

擲奶油派的是自稱為「惡棍一族」的組織，他們對世上所有「不討他們喜歡」的名人宣戰。這夥人的領袖是比利時作家、電影史學家、演員諾爾·葛丁，他甚至自稱是擲派者。

那麼為什麼要往比爾的臉上擲奶油呢？

他的解釋是：

「因為從某些方面來說，比爾是世界的主宰，因為他把他的智慧、強化的想像力與他的勢力提供給政府與今天這樣的世界，

他的這種作法既陰暗，又不公平，很令人作嘔。他原本是位社會改革的理想主義者，可是現在卻甘願做現有體制的走狗。」

他們這夥人彷彿是一群逗趣的恐怖主義者，連他們自己都承認，他們的舉動不具有象徵意義。

在網路上反對比爾的形式更是千奇百怪，有些甚至令人匪夷所思。一時間，比爾似乎成了眾矢之的。即使每天他有四十八小時，相信他也看不完如雪片飛來的電子郵件。還有人以他的名字（BillG）在網路上設立了「比爾的秘密日記」網頁，當然都是些網民自己編造的花邊新聞。他們這夥人可算把網路世紀的虛擬現實文化發揮得淋漓盡致，幾乎將所有的高科技手段都應用到了這裡。一時間讓人感到比爾是一個如此不受歡迎的人。

網路上曾載有這樣一篇文章，一個不知趣的人在「趣味牆紙」網頁裡設置趣味專區，裡面全是些嘲弄比爾的內容，甚至「毒辣」到讓微軟與蘋果打架！諸如視窗飄揚的旗幟被飛來的一個蘋果打倒；「視窗 2000」成了「泰坦尼克號 2000」，在冰海裡緩緩下沈；啟動視窗的 START 開始圖像，竟成了「開始花錢」字幕……

更不可思議的是，比爾還被「推薦」為美國著名的《花花公子》（Playboy）月刊封面的玉兔女郎，同時還被推薦為電影《MIB 星際戰警》（Meninblack）海報中的持槍充當反面人物的角色。最有趣的是錄像 DoomIII，它是以設計遊戲 Doom 為基本構架，在持槍戰士進入機關後，就可以看到比爾在高談闊論，只要他一說出「視窗」一詞，戰士就會開槍將他打得七孔流血。在他倒地後，「GameOver」也就隨之出現了。

一次，比爾在網上瀏覽這些消息，以及人們對他的其他報道

時，他開始搖著頭向美琳達抱怨說：

「我認為那些報道太離譜了，我很難對此做出評論，是的，美琳達，在我們訂婚的時候，你還記得嗎？《星報》報道說我為你曾舉行過一個小小的比賽，比賽一結束，我立刻向你求婚，或許我忘記了，真的有這回事嗎？」

「絕對沒有這回事。」美琳達非常肯定地回答。

「他們這是從哪裡來的消息，還說我向你求婚後，你很快就答應了。」看著比爾焦急的樣子，美琳達不禁笑了起來：「太荒謬了，太不真實了！」

還有，一些人捏造關於美琳達與比爾的連鎖信、推銷信，以及其他一些東西更是十分泛濫，儘管那些信息沒有一點真實性，但總是還會引起一些人的興趣。

一九九八年二月份，不知哪個「好心人」將署名為比爾的一封信傳給了幾百名大學生，信中以比爾的口氣說，他要獎勵一千美金，或是送一套免費的 Windows98 給將這則信息傳給一千個人的那些人。糟糕的事情終於發生了，微軟一天下來接了數百個電話，他們都想確認這是否是真實的。其中還有些學生開口要比爾付給他們一千美元。但是沒有人願意要那套免費的 W indows98。哪有這樣賺錢的？至少比爾自己從沒有得過這種意外的收穫。

如果登錄到微軟公司的正式網站，便會發現，那裡關於比爾的材料多得可怕。所有這些材料都非常可怕與狂熱。

有些文章的標題居然是這樣的：

「比爾曾在一次飛車中死了」。
「比爾是魔鬼的化身」。

「請絕不要相信比爾所説的話。」

也有的文章這樣説：

「比爾個人的財富時鐘——計算你可以分得多少錢。假如比爾的財產平均分配給每個美國公民的話。」

還有《比爾的秘密日記》與比爾正式在《石板線上》上公開的日記相互混淆，甚至他的作者在網站的首頁發布了這樣的公告：

「比爾的律師認為，您可能弄不清楚是誰寫的這本日記，是比爾本人嗎？哼……我覺得您非常聰明，不會被搞糊塗了，無論如何，嘿，請看我的不負責任的聲明。」

那段時間，比爾的鼻子快氣歪了，他非常厭惡這些人，但是他從來沒有公開辱罵過這些人。他更看重的是，如何來保證網路不受人為的破壞：

「信息高速公路出現癱瘓，是值得擔憂的事情，雖然任何單一的信息中斷事件不可能產生廣泛的影響，但終究會產生一些效應。如果某個服務器可以被取代，那麼信息就可以被挽救回來。可是，系統可能容易受到攻擊，隨著系統變得越來越重要，我們在設計上必須加入更多的冗餘信息以保證所傳輸信息的準備性。」

第**9**章／
工作狂人比爾

在比爾眼裡，工作日與休息日沒有界限，原因很簡單，只因他是一個工作狂。美琳達曾多次表示，她不希望比爾因此而丟棄自己與整個家庭。但同時，她也不願因自己或家庭的關係而影響他工作。

NO9　工作狂人比爾

天下最有趣的事莫過於與一群聰明人在一起打拼了，這才是人生真正的挑戰與磨練，整個打拼過程中的刺激，與成功後的喜悅都是無可替代的。彙集了世界上許多頭腦睿智的人，置身於他們當中，任何人都會覺得自己一切應該從頭開始。

不論是美琳達，還是比爾的工作搭檔艾倫、鮑爾默，以及其他瞭解比爾的員工，都非常認同一個事實，那就是：比爾絕對是一個從瘋狂式的工作中來獲得樂趣的人。這給微軟的員工留下了深刻的印象。

自從微軟創立以來，比爾一直在趕時間。

如果他的班機早上十點起飛，他會提前十分鐘離開辦公室，迅速趕到機場，然後在機門正要關閉時衝進機艙。

當他終於可以平靜地與妻子坐在一起吃晚餐的時候，比爾總是顯得很憂慮，有時美琳達會告訴他：

「今天沒事了，你可以安心地吃飯，然後睡個充足的覺。」

「因為一天裡沒有足夠的時間，所以刺激著人們想試著同時去做兩件事。現在，我很精通一面騎健身車一面讀報，這是一種很實際的一心兩用。」很多時候比爾會向妻子談起題外話，「我也真羨慕每晚只睡三、四個小時就神采奕奕的人，他們多出這麼多的工作與學習的時間。」

話雖這麼說，但是比爾從來沒有因工作忙碌而雇用一個秘書。雖然他有一位助理，但主要幫他安排約會，以及必要的聯絡等日常工作，或者在比爾不在的時候，處理一些事情。幾乎所有

的電子郵件還都是由他自己來回覆，他甚至稱：

「我的備忘錄與信件都由我親自打字。事實上，我打字的速度比我的那位行政助理還要快。」

他的助手抱怨工作忙不過來，要求比爾增加人手時，比爾回答他：

「你以為我是誰？我是女王？」

時常，比爾不會安安穩穩地在微軟停一個月，他經常需要到各地出席各種各樣的會議。一年下來，比爾參加的會議不計其數。

在公司內部，微軟定期要舉辦員工靜思聚會。比爾堅持，這些聚會的性質應是工作會議，而不是「聯誼會」，或是「組成團隊的練習」。這些聚會通常在距離華盛頓州雷德蒙總部車程數小時的地方舉行。首要的條件是，選中的飯店必須有足夠的對外通訊電話線路，可以讓每個員工每晚都能打開微型電腦收發電子郵件。員工也必須把自己擺在接受責難的第一線。用比爾的話說就是：

「如果有人不曾嘲笑過自己的想法，那麼也許他們不夠有創意。」

同時，比爾還要定期參加一年一度的世界經濟論壇。他要同與會的二千多名學術界人士、商業界以及政界人士交談。資本家喬治・索羅斯、美國前第一夫人希拉蕊・克林頓等都在其中。每次開會回來，比爾都會有種憤憤不平的感覺：

「對於在充滿異國情調的環境中舉行會議，我有偏見，我認為，會議地點越是引人入勝，正事就辦得越少。」

雖然比爾在工作上的成績有目共睹，但是他在家庭生活中卻

沒有任何建樹。在家裡，美琳達照料孩子，打理一些瑣碎的家務，而比爾就是下班後急匆匆地趕回來，第二天再急匆匆地小跑去上班。

在比爾眼裡，工作日與休息日沒有界限，原因很簡單，只因他是一個工作狂。美琳達曾多次表示，她不希望比爾因此而丟棄自己與整個家庭，但同時，她也不願因自己或家庭的關係而影響他工作。

如果是夏天，比爾或許會早起一會兒，時間充裕的話到戶外做一些運動，或靜靜地看著睡夢中的孩子。然後，他會草草把自己裝扮一番。到時，美琳達會給他準備好一份早餐。但是在冬季的時候他起得遲一些，他往往要跑到公司的餐廳去吃飯，他就是這樣一個怪脾氣，接下來他就開始了一天的工作。在這之前，美琳達總會提醒他：

「比爾，有沒有什麼事情要我在今天辦好的？」

當比爾回家的時候，他總把他一天的情形講給美琳達聽。他們都很少在家，晚上比爾總要比妻子遲一會兒回來。在多數時候，他會加班到午夜，不過現在的情況好些了。對於比爾來說，這兩個地方都是他的家，惟一不同的是這個家有自己的妻子與孩子。

每次從公司回來，美琳達都已給他準備好了可口的飯菜。他吃飯從不講究，甚至他十分厭惡那些一頓飯花幾百美元的闊人們，他說那簡直是在糟蹋糧食！在他吃飯時，有時孩子們趁著熱鬧，會湊上去與他搶著吃，比爾總會在不等孩子搶到手前，就將飯吃個精光。在美琳達所認識的比爾的朋友當中，謝利在餐桌上是一個神速的傢伙，但是，比爾並不比他落後多少。比爾會在美

琳達為他做第二道菜的時候，把桌上的食物吃去一大半。所以，看著他吃飯確實是件很有意思的事情，或許那也是與時間賽跑。

晚餐後，他們通常會在臥室內小聚一會兒。一天中，這個家也只有這時最熱鬧。比爾會與美琳達談論一些一天來發生的事情，孩子們會圍著他們吵吵鬧鬧。如果他們是在談論一些比較重要的事情，比爾就會衝著孩子們大聲說：

「不要鬧了，噢，羅瑞，如果你再不聽話，我就把你送到瘋人院！」

這時，羅瑞會乖乖地坐在那裡，拉著母親的胳膊，很是委屈。這是比爾常用來嚇唬調皮孩子的話。雖很直接，卻很湊效，的確，在西雅圖離市區不遠處有一個瘋人院。而美琳達不希望比爾再用這種方法來恐嚇孩子，但比爾依然我行我素。

如果一天當中，還有其他一些棘手的工作沒有完成，比爾會在吃過飯後到自己的房間思考，並擬定方案，直到他滿意為止，他才會放心地躺下睡覺。有時，他會亮著燈工作到午夜。而第二天，他多數會睡個懶覺，這時，孩子們多半會跑到他的房間捏他的鼻子，這也是比爾對付孩子賴床的辦法。

他每天的生活軌跡就是這樣單調，但是在他的帶領下，微軟每天都發生著變化。在所有員工，以及外界的眼中，比爾是一個精神與情感都很豐富的人，要是那樣的話，至少，他應該是一個輕鬆自在的人，而事實上，他一刻也不能停下來，他也不容許自己停下來。

美琳達能深深地體會到比爾內在的危機感。雖然微軟是世界上知名的企業，是軟體行業的巨無霸，但如果這裡沒有一個出色的領導，或許它會在未來的幾年內消失，這種情形絕對是有可能

出現的。比爾想著美國歷史上一些大企業的倒閉或是被超越，他經常深感憂慮，在這一點上，甚至一些資深的經濟學家也未必看得比他遠。

美琳達並不認為比爾是在為掙更多的錢而忙碌。像他自己所說的那樣，再多的錢也只是一種符號而已。他之所以沒有停下來休息，那是為了讓自己承擔起一種神聖的使命，這個使命並不是為了家庭，而是為了讓世界軟體發展有一個光輝燦爛的明天。他的願望總是得不到滿足，並不是說他是一個貪婪的人，而是他對未來始終充滿著一種好奇：

「二十年後的人工智能會是什麼樣子？」

「微軟在這些方面都可以做些什麼？」

在這些問題的誘導下，比爾思考了許久。微軟正是在他的思考當中誕生的，並隨著他的思考逐漸發展壯大。

比爾瘋狂地工作，一度成了許多人眼中的榜樣，有許多公司的總裁把比爾的故事講給他們的員工。所以，比爾成了一個眾說紛紜的人物，有讚美他的，也有取笑他的。但是，眼看著他的事業蒸蒸日上，一些同行對手再也按捺不住內心的焦慮，他們用一種嫉妒的眼光評論他的功過是非。每每如此，美琳達總是阻止比爾公開表示對指責過他的人表示不滿，因為這些並不能給自己帶來什麼好處，相反，有時會越辯論越說不清。比爾雖然沒有在任何媒體上做出過回應，但是他私下也說過：

「工作是我的愛好，一個人如果可以隨意對他人說三道四，那麼這樣的人也是有缺陷的。」

比爾從不理會別人對他的指責，而是在競爭中回擊對手。

現在的情況要好些了，關於他的一些緋聞，或是無端的指責

要平和多了，比爾也名副其實成為了業界最傑出的企業家，是人們推崇的對象，所有微軟人都為他感到自豪。

在微軟表現出壟斷傾向而受到指責時，許多同行會抱著極大的熱情參與進來，這時微軟陷入了空前的孤立中。那時面對大大小小企業的圍攻，以及司法部與聯邦貿易委員會等的指控，比爾總會據理力爭，孤軍奮戰，他在這樣的場合總能控制自己的情緒，否則極易喪失勝訴的機會。

美琳達非常注意她和比爾私生活的保密工作，但是一些生活情況還是被外界炒得沸沸揚揚。《財富》雜誌曾專門設立了一個專欄，那裡主要介紹一些企業界的知名人物的私生活，一篇文章這樣描述比爾的生活：

「微軟能保持優勢的重要原因之一就是比爾·蓋茲從來不睡覺，他專注於自己的事業，不斷尋覓新的經營來源，即使他成為世界首富，公司為他大把大把賺錢的時候也是如此。」

當然上面還有對比爾及其他生活方面的看法。

沒有什麼事情可以讓比爾比對待工作更賣力了。在《微軟卷宗》中曾有過他的許多工作記載。從一九八四年到一九八七年的四年間，他只休過十五天假！這簡直不可思議，包括美琳達在內的許多人都表示難以理解，但是從比爾創業的記載中不難看出，這是他長期以來形成的一種習慣。如果他不這樣瘋狂工作，他或許會弄出一些麻煩來。

在創業初期，比爾與艾倫經常會一天工作十幾個小時，甚至二十個小時，即使在用餐的時候，他們也會討論一些軟體中涉及

到的數學與其他方面的問題。一次，他們商定要艾倫在第二天與微型儀器遙測系統公司的羅伯茲會面，比爾讓艾倫回家睡個好覺，這樣第二天才有精力與對方談判，而他仍然留在電腦房，對程序做最後的測試。因為艾倫起床後便來取程序，然後乘出租車到機場，這樣可以趕上最早飛往波士頓勞崗國際機場的飛機。

在微軟的應用軟體成為統一標準之後，比爾開始在業界名噪一時，可以想像得到，一些陌生的公司經理會如何想像這位精英人物的容貌與言行。

在紐約的科技展示會上，微軟的軟體讓人們耳目一新，同時，比爾也確實給人們帶來了一種與眾不同的感覺，任何人都會對他衣衫襤褸地出現在 EXCEL 演示會上吃驚不已！雖然不久之後，他便慶祝了自己二十九歲的生日，但他仍沒有讓自己的外表有一點改變。自從他在湖濱中學的電腦房開始他的電腦生涯以來，他似乎總是忘記修剪他的手指甲，也經常忘記梳洗自己的頭髮。

但這並不是說比爾沒有美的意識，相反，他經常會告訴美琳達，女性穿什麼樣的衣服美麗，房間如何擺設才顯得典雅……但比爾美的意識是獨特的。

創業的時候，任何人都會努力地工作，但是在他們事業出現轉機，或是取得成功的時候，卻很少還有像比爾這樣瘋狂工作的。

在工作中，比爾總是先做所有人都感到最難的部分，所以，在公司，當一些部門出現一些困難時，比爾便會出現在那裡，與這裡的員工共同努力。他非常貼近員工，他與員工一起加班加點工作是經常的事情，他有時甚至每周工作九十多個小時。在他的

帶動下，微軟許多員工都成了他所說的「工作狂」，他也曾告訴所有員工，要一邊工作，一邊想著「我要贏」。

通常在妻子美琳達與家庭沒有什麼特別的情況下，比爾會選擇工作。

所以當美琳達在踏進微軟大門之前曾被告知：

「如果你不喜歡專心致志、努力地工作，並且全力以赴的話，那麼微軟公司不是適合你待的地方。」

就是這樣一個視工作為生命的人，卻從來不會輕易責罵犯了錯誤的員工，他總是在別人犯了錯誤時說：

「我也會犯錯誤。」

比爾甚至認為，微軟公司所面臨的挑戰之一，就是許多員工尚未有豐富的失敗經驗。因此，他還特別招聘了幾位曾經在工作中失敗過的經理。但是他會告訴這些人，不要將失敗當作理所當然，否則那是很危險的。

比爾在《未來之路》中寫道：

「我們應該接受迅速失敗，而不是緩慢失敗，最不該接受的就是沒有失敗。如果有人從不犯錯誤，那只能說明他的努力還不夠，他們沒有用自己的全力去工作。」

在微軟的發展歷程中，比爾是伴隨著失敗走過來的，這些失敗有些是屬於技術上的，有些屬於決策上的，還有些屬於管理上的，其中有些失敗直接關係著公司的命運，所以比爾才會將失敗與成功看得同樣重要。在微軟，一些真正做出成績的人，大多是努力工作，並且犯錯誤較多的人。同時，他們得到加薪與晉升的機會也更多。也許正如同比爾所說的那樣，沒有努力地工作，便不會發現錯誤，當然，也不會做出成績。對於這些，美琳達深有

感悟，當她為一個問題而傾盡全力時，首先想到的就是比爾的這些話。

比爾更是一個經得起失敗的人：

「如果微軟激勵機制不把失敗當作應有之事，那麼成功的幾率將會大大降低。」

在一九八六年，蓮花穩坐美國軟體市場霸主地位的時候，比爾經歷過許多次的嘗試，企圖讓蓮花敗下陣來，但是他一次次失敗。最後比爾成立了以哈伯斯為中心的十人開發小組，以及四十多人的輔助工作組，日夜不停地運轉，並且親自參與了這項工作——開發「超凡」電子表格系統。但同時，蓮花也投入了巨大的財力確保它的霸主地位。那時，比爾的壓力特別大，因為他隨時可能面臨又一次的失敗，並且損失要遠遠超過從前。

終於在一九八七年七月份的時候，由於「超凡」的推出，而使微軟取代了蓮花，成為了全球最大的軟體公司。比爾向媒體表示：

「不管我們現在能否經得起犯一些錯，但我們不能不去試。因為機會在擴大，股東又期待我們保持銷售額與盈餘增長，現在微軟做的一切都是有關大展望的事情。大家期待著我們擁有大展望，我們熱愛大展望。」

工作狂總是與珍惜時間聯繫在一起的。在比爾看來，超過兩天的假期就算是非常奢侈的了。比爾絕不會在自己的私人事情上隨意延長假期，如果有例外，他會三天不睡一個安穩的覺，將失去的時間補回來，甚至他要求美琳達也這麼做。

電腦為無數的人展示了迷人的新世界，但它卻在比爾產生興趣的那一刻縮小了他生活的範圍。他除了工作，還是工作，即使

往來的朋友也多數是那些經常在一起工作的同事。

比爾不喜歡接觸陌生的人，對政治人物，他更是從來都不感興趣。也許有人會說他是一個非常孤僻的人，其實並不是這樣，是他自己有意讓自己封閉起來。

美琳達曾經與他閒聊時說：

「看你像個書呆子，相信除了電腦，你什麼都不懂。」

的確，先前比爾並不知道女孩子喜歡購物是怎麼回事，他對此也非常厭煩，說那是在浪費時間，花了錢買回來不就行了，為什麼總是轉來轉去的。不過，他現在如果有時間，還是很樂意陪妻子上街購物的。

比爾是一個靜不下來的人，一天中除了睡覺之外，他沒有辦法讓自己安靜一會兒。他的言行舉止總讓人產生一種焦急感，所以與他在一起，很少有人能將自己的心思放在別的事情上。一天當中，即使在他工作的時候，美琳達也總是在想，今天他會不會在工作中遇到麻煩，或是會不會再加班到夜晚，會不會與自己共進晚餐，聽說近期還有一些會議要參加，會不會是很快……所以她很注意幫比爾做一些服務性的工作。鮑爾默總是非常羨慕地說：

「比爾有非常充足的後勤保障。」

在比爾很小的時候，父親亨利總是勸他說：

「你的年齡還小，以後有的是時間擺弄電腦，不要這麼拼命。」

這是父親怕比爾整日整夜盯在電腦旁累壞了身體。那時，他或許只記住了父親的這一句話：「你還是個孩子，以後有的是時間。」所以他更賣力地工作，從來不考慮個人的事情。甚至經常

會從熱被窩裡鑽出來跳到電腦旁玩起電腦，直到很晚，他才肯休息一會兒。他一會兒不見電腦就像丟了魂似的，對母親的問話，也會心不在焉。瑪麗一度懷疑他真的有神經方面的缺陷，並帶他找過心理醫生。

夜裡，比爾也不肯安靜地待在家裡，幸好那時，他的姊姊克麗絲汀從來不向父母告密。要是那樣，瑪麗一定會擔心出毛病的，因為她視比爾為掌上明珠，容不得他有半點的閃失。雖然克麗絲汀不告密，但是她無論如何也不理解比爾當時的行為：

「真是不敢想像，為了能夠玩上電腦，他居然天天能從溫暖的被窩裡爬出來，專程去公司，有時候半夜才會回來，如無車可搭，還必須要走上兩三英里的路，但他從來沒有因此叫過苦，如果他不是瘋子，那麼一定是中了電腦的邪，他抗拒不了，既然如此，就隨他去吧。」

就因為如此，那時，克麗絲汀也贊成父母帶比爾去看心理醫生。聽了克麗絲汀的講述，美琳達甚至開始懷疑是不是所有的工作狂從小都有這樣的特質。

比爾的一段往事更是讓所有的人哭笑不得。那是一天早晨，瑪麗在比爾的房間沒有看到兒子。這是一個星期天，比爾不應該外出。他身上的衣服幾乎兩周沒有洗過了，瑪麗可不想讓自己的寶貝兒子就這樣邋遢。她大驚失色地對克麗絲汀說：

「你見到比爾了嗎？這個小混蛋，說好了今天我要給他洗衣服的。」

克麗絲汀回答說：

「我想——我知道比爾在哪裡。」

與此同時，早晨上班的員工卻發現比爾正趴在桌子上大睡。

看得出來，他沒有洗過臉，也沒有梳過頭，衣服也髒兮兮、皺巴巴的。沒有一個員工願意接近他。

母親知道後，決定要對他進行善意的懲罰，即禁閉他一個月。後來比爾不斷地與母親討價還價，最後瑪麗給他減少了半個月的時間。

可是剛過一個星期，比爾再也坐不住了，頭腦裡一直想著電腦，母親希望他將精力用在功課上，可是比爾為了能玩上電腦，寧可逃學到公司做兼職。

一天深夜，亨利和瑪麗都入睡了，突然電話鈴響了，有誰會在這個時候來電話呢？

「喂，你好，你找誰？」亨利拿起了電話。

「噢，是我，比爾，爸爸。」電話那頭傳來了急促的聲音。

「啊，比爾？你在哪裡？」

睡夢中的瑪麗也被驚醒了，聽說是比爾，她驚呆了，但是比爾的回答更讓他們不知所措。

「在警察局，您快來接我！」比爾顯然非常害怕了。

「你怎麼跑到那個鬼地方，我們還以為你是從你的房間打來的。」

瑪麗擔心得要命：

「他不會出事吧，噢，願上帝保佑他平安無事。」

「我什麼也沒做，您趕快來吧。」

事情是這樣的：那天比爾又照常在半夜悄悄地從家裡溜了出來，到「西依庫比」公司玩電腦。在他回家的公交車上，兩夥青年因為互相不服而廝打起來，司機於是把車開到了警察局。警察開始認定比爾是其中的一派，比爾堅決否認，後來這兩派青年都

表示不認識他，但是警察還是認為他十分可疑。

「你說你是『西依庫比』公司的程序設計師，只是碰巧坐在了這趟公交車上？」警察不相信他說的話。

「是的，我是被冤枉的。」比爾急得臉都紅了。

警察要他出示一些證件來證明他所說的話是真實的。可此時的比爾哪裡來的證件？兜裡除了幾個美元，一無所有。

所以他被留在了警察局，直到父親亨利急匆匆地趕來，澄清事實，警察才將他放了出來。那時，瑪麗甚至認為兒子無可救藥了。

這段傳奇式的經歷一直是比爾引以為豪的創業資本。是的，不可否認，比爾的工作確是從喜好與玩耍中獲得的。因為即使再平凡的工作，他都會覺得有十分誘人的東西可挖，直到把它做得最好，這或許就是一個工作狂的特質吧？

這樣一個為追求、為微軟而瘋狂的人，沒有人能想像得出，某一天他為人丈夫和父親時的情形。

第 10 章／
兒女情長

比爾夫婦都希望孩子在一種正常的、健康的環境下生活、成長。並不希望他們因是
世界首富的孩子而享受任何其他同齡孩子享受不到的特殊待遇。

NO10　兒女情長

珍妮佛・凱薩琳・蓋茲，是比爾與美琳達的第一個孩子，她於一九九六年四月二十六日出生在華盛頓州的貝爾維尤城，她出生時的體重竟達八磅六盎斯！

比爾與妻子美琳達都非常喜歡這個女兒，他們在一起的時候經常要唱搖籃曲《小星星》給女兒聽。

比爾在一九九八年初接受芭芭拉・沃特絲主持的電視訪談節目採訪時，芭芭拉要求他唱一首女兒最喜歡的歌曲，他竟不假思索地唱起了這首歌。此外，他曾為女兒珍妮佛寫過這樣一首非常有趣的搖籃曲：

「噓，小寶貝，別說話，爸爸會買只反舌鳥給你。如果那只反舌鳥不會唱歌，爸爸給你買……噢，你不知道要買什麼……歐洲好嗎？」

確實，比爾特別喜歡小孩子。有一次，他對美琳達說：

「我非常樂於做爸爸，這並不意外，令我感到新奇的是，做孩子的父親竟然這麼有趣。珍妮佛喜歡電腦，她叫它『腦』。她喜歡讀書，這是件好事。她長得像我，也像妳，她有著鮮明的個性，我認為那是她的特質。」

即使工作再忙，比爾也從未忘記作為父親的職責。在大多數的夜晚，他一回到家，第一件事情就是好好看看她的小女兒，直到她上床睡覺時，他才肯回到自己的房間，然後再查看電子郵件，回覆一天來他還沒來得及回覆的問題。

　　他們兩人都很喜歡與女兒玩，尤其是美琳達最喜歡跟珍妮佛一起使用邦尼軟體，那時珍妮佛只有十八個月。呵護在女兒的身邊，美琳達時常會情不自禁地哼起那首邦尼歌曲。有趣的是，家裡的人不能說「電腦」這個詞，因為如果被珍妮佛聽到了，她會一個勁兒地說「腦、腦、腦」，不肯讓他們做其他的事情，一定要讓大人們帶她去玩電腦，那真是有趣極了。

　　珍妮佛六歲時，就會以一個孩子的目光觀察周圍的一切，她經常向母親談起她的學習、小夥伴，以及她的惡作劇。

　　在一次大學生座談會上，有些學生對比爾的家庭非常感興趣：

　　「比爾先生，你可以談談你未來十年的打算嗎？我更樂意聽到你在家庭方面的一些考慮。」

　　當時在場的人，包括美琳達對比爾的表現都很疑惑，只見他在電腦裡東找西找的樣子，主持人便問他：

　　「那個答案在你的個人電腦裡嗎？」

　　「我可以肯定它存在這裡某處，我必須下載它，問我太太她會怎麼說。」他順便把這個燙手的「山芋」扔給了妻子。

　　美琳達笑了笑然後說道：

　　「我們會為我們的珍妮佛作打算，因為她才是我們的全部，其他的嘛……」

　　比爾接著她的話說：

　　「就我個人生活而言，我不預設大的目標，我確信從現在算起的十年，我或許會再要兩個孩子，因為我很高興有一個可愛的女兒，那是我做過的最有趣的事，而我期待更多的孩子。」

　　比爾把大家都逗樂了，不過，也許比爾確實希望自己的家庭

成員再增加些，因為他們都很喜歡小孩子，那樣整個家庭或許更熱鬧些。

美琳達不是一個對激動人心的盛大宴會著迷的人，甚至她和比爾都沒有參加一九九九年西雅圖市的狂歡節，雖然狂歡節是美國的一項傳統盛事。幾乎對世界上所有國家的人們來說，這一刻或許是最難忘的。但這一年更令兩人難忘的卻是他們的兒子羅瑞的誕生。

羅瑞比預產期提前一周來到這個世上，比爾的家人都為他的誕生欣喜若狂。在美琳達產後復原的那段時間，比爾經常將羅瑞抱在懷中，以父子相依的姿態在院內閒逛。他經常給兒子唱自己教給女兒的歌曲，稍大一點後，比爾經常抱著羅瑞四處炫耀，在他的眼中，彷彿全世界只有他一個人是父親。可以說，羅瑞的出生讓比爾的家庭氛圍更濃了。

比爾十分喜歡小男孩兒的調皮。不論走到哪裡，見到了活潑可愛的小男孩兒，他總忘不了走上前摸一摸他們的頭，以此表達自己對他們的喜愛，也許比爾會由此想起自己的童年。

隨著家庭成員的增加，比爾越來越戀家了。起初，比爾更多的時候會將工作當作生活，將公司當作家庭，但現在這個重心有所偏移，至少有了一些變化。

比爾之所以給兒子起名為羅瑞·蓋茲，是因為比爾曾被一本書《奇才羅瑞》中主人翁羅瑞的幽默與好動，以及他的才華所吸引，所以他希望自己的兒子可以變得與書中的羅瑞一樣討人喜歡。在他與美琳達一起逛街的時候就說過：

「如果我們能生個兒子的話，就叫他羅瑞。」

當然，美琳達隨他叫什麼都可以，只要他喜歡。

在美琳達眼中，羅瑞一出生就是個非常調皮的傢伙，他總是在美琳達注意不到的時候放聲大哭，無論她用盡什麼方法，都無濟於事，那時她便認定羅瑞就是比爾小時的翻版——一個十足的搗蛋鬼！

那時，珍妮佛已經懂一些事了，她知道一直在那裡調皮搗蛋的傢伙就是她的弟弟，她經常伏在他的面前與他說一些什麼，或是敲打他的腦門。美琳達禁止過她這樣做。後來她學乖了，總會守在一旁看著他的一舉一動，並分享母親為羅瑞準備的美食。

羅瑞也對眼前的這位陌生小女孩很感興致，他甚至努力地接近她。好奇的目光總希望從她那裡得到些什麼，可惜沒有人能告訴他——這就是他的姊姊珍妮佛。

看著姊弟在一起嬉戲，美琳達感覺到自己身為母親的幸福。當然她會祈禱他們將來要友好地相處一生，就像她與自己的兄弟姊妹一樣，因為美琳達從小就被告知，這在一個家庭中是非常重要的，她的母親也一向要求她與兄妹們互相幫助，為這個家庭做些什麼。

在羅瑞三歲的時候，美琳達便告訴他：

「你不要再給我添一些小麻煩。」

可是羅瑞無論如何也聽不進去，那時，美琳達便責怪是比爾把他寵壞了。的確，比爾非常寵愛羅瑞，幸好，比爾從來沒有帶他去過辦公室，否則，這個調皮的小傢伙說不定真的會像人們先前所說的那樣，時常會拉著比爾的衣服讓他回家。在平日裡，如果他想要什麼東西，總是首先會想到比爾，在他偶爾要媽媽買一些玩具時，美琳達會告訴他：

「媽媽沒有一分錢，你去找爸爸吧！」

　　這句話，羅瑞記得最清楚，所以在見到比爾後總會拉著他的手要玩具，雖然他很少能如願。

　　羅瑞總喜歡問一些稀奇古怪的問題，如為什麼不可以用一台電腦換一隻蒼鼠？為什麼爺爺睡覺前總要將牙齒取下來？甚至他非常好奇自己是從哪裡來的？等等。有時候，比爾會覺得他非常煩人，但美琳達會耐心地告訴兒子：

　　「等你長大了，你就會明白的。」

　　在美琳達休產假的那段時間裡，比爾似乎也開始放鬆了自己的工作，他將一些緊急的事務委託給其他人。那或許是美琳達有生以來最幸福的時候，相信除此之外，再沒有什麼事可以讓比爾安心地拋下工作，全身心地依偎在妻子與孩子的身旁了。那時，他們可以自由自在地暢想生活，討論孩子的將來。比爾希望自己的孩子很出色，至少不要像他那樣中途輟學，或是為了玩電腦而隨意逃學。而美琳達對待孩子的態度，更多的表現為盡撫養、教育他們的責任，這至少需要她花費十八年的時間。對一個職業女性來說，十八年可不是個短時間。

　　那一年，對於這個特殊的家庭來說，也是不同尋常的一年。他們已經是兩個孩子的父母了，比爾那時忙於工作，恰恰還有一些案件壓在微軟身上。

　　面對這個新的家庭，或許比爾感到的幸福並不完全與妻子相同，他希望孩子們能給自己與家庭帶來歡樂。美琳達更願意把自己的那份母愛傾注給他們，或許人類就是這樣繁衍生息的，他們總是從前一代中繼承一些寶貴的東西，然後毫無保留地傳給自己的孩子，並希望他們今後也會更好。

　　如果說，在珍妮佛出生時，美琳達還沒有深刻地體會到作為

一位母親的偉大出自哪裡，那麼現在作為第二個孩子的母親，她清楚地認識到，不但需要撫養他們成長，更重要的是需要教會他們正確做人。

比爾對孩子的態度是，對孩子來不得半點施捨，所以他從沒有打算為他們將來留下多少財產，甚至他沒有告訴過孩子現在、或是將來他們的財產有多少。比爾也不想讓孩子們過早地接觸其他同齡孩子還沒有接觸的東西，例如媒體記者的追訪，或是帶他們到一些特殊的公眾場合現身，甚至在學校上學，他對孩子的要求也是很嚴格的。

總之，比爾夫婦都希望孩子在一種正常的、健康的環境下生活、成長，並不希望他們因是世界首富的孩子而享受任何其他美國同齡孩子享受不到的特殊待遇。

美琳達經常教育孩子們幫她做一些他們力所能及的事情。這兩個小傢伙很樂意幫她遞過一份報紙，或是幫她把鞋放在陽臺上。有時，美琳達也會耐心地教孩子們如何洗菜，如何使用吸塵器，他們會很認真地按照母親的要求去做。這些也都是美琳達從小就經常做的一些事情。

有時，照顧兩個孩子讓美琳達覺得很累，所以，那段時間，比爾就主動承擔起了半夜起來照看珍妮佛的任務。很多時候，美琳達會發現，比爾經常趴在女兒的身邊睡到天亮。

到底是誰改變了比爾的生活？當有人問起比爾時，他總是笑而不答。相信，是家庭使比爾有所改變。在他還很年輕的時候，他只知道拼命工作，但在他與美琳達建立了一個溫馨的家庭之後，他的這種勁頭開始有所收斂。

曾一度，美琳達非常擔心羅瑞因極端偏食而弄壞身體，於是

她與比爾開始「教育」羅瑞。

「媽媽要你吃這東西……」

「爸爸希望你成為身體強健的人。」

但看起來羅瑞似乎很不聽話，實際上這也很正常，要知道，要讓四歲的孩子瞭解父母親的想法是不可能的，比爾也似乎瞭解這個道理，開始琢磨：

「孩子到底渴望什麼呢？如何才能使我們父子的想法一致呢？」

比爾曾經為羅瑞買了一輛小三輪車，這樣一來，小傢伙每天都會騎它到庭院外去玩。但是，鄰家有位調皮的小孩總愛搶走他的車。被搶之後，羅瑞總是哭著回到母親的身邊，美琳達只好帶他要回車子，這樣的事經常發生。

這孩子到底需要什麼？不必問一些心理學家便可以知道，他的自尊、憤怒以及被重視交織成的強烈決心：遲早要教訓那個專門欺負人的傢伙。

「如果你很聽話，媽媽要你吃的東西都吃，不久，你的身體一定會比那個男孩子更棒！」

羅瑞喜歡與比爾睡在一起，隔一天羅瑞總會挨罵：

「羅瑞，你這混小子，你又尿床了！」

而羅瑞堅持說尿床的是比爾。他這麼小就謊話連篇，美琳達並不覺得他很可愛，反而成了她在教育兒子問題上最頭疼的事情。

每次尿床後，罵他、哄他、責備他，或是重申父母對他的希望，都無濟於事。於是，美琳達便與比爾共同研究解決的辦法。

他們二人誰也不知這個小傢伙到底要父母怎麼樣？他甚至想

穿與比爾一樣的睡衣,那時,美琳達便想給他買一張自用的睡床,比爾也同意這麼做。

於是,第二天美琳達就帶著羅瑞來到一家百貨公司,一位店員非常熱情地招呼母子倆:

「這位女士想要買些什麼?」

然後店員轉向羅瑞,很誠懇地說:

「歡迎光臨,你想要買些什麼呢,小寶寶?」

羅瑞並不對眼前這位陌生人感到畏懼,他表現得很興奮,很得意地回答:

「我要買自己的睡床。」

女店員配合美琳達的暗示,讓羅瑞買了他所中意的床。當床被送到家中後,羅瑞得知比爾下班回來,就非常興奮地跑到門口大叫:

「爸爸,趕快進屋,看看我自己買的床吧!」

比爾並不曉得是怎麼回事,經美琳達說明後,他毫不吝嗇地讚美兒子說:

「真是太棒了!可是,你不會在這麼美麗的床上尿尿吧?」

羅瑞充滿自信地保證——絕對不會。加上他有了與爸爸一樣的睡衣,顯然他感到很滿意了。從此,他真的不再尿床了。

還有,他們的女兒珍妮佛也是個厭食的孩子,這很讓美琳達著急,哄騙、責罵都不管用。一次,她終於想出了一個妙計。一天,她讓女兒準備早餐,女兒在家一向很聽母親的話,也經常幫助母親做一些事情。那天美琳達讓她嘗試獨立做早餐,結果她做得不錯。她非常興奮地對母親說:

「媽媽,你看嘛,我現在會做早餐了!」

　　當天早上，她喝了兩碗自己做的湯，也由此戒掉了厭食的壞毛病。

　　所以說，做母親很難，並不是像先前想像的那樣有趣，你得教會孩子做事、生活，有時還遠不止這些。

　　身為世界首富的太太，美琳達也不可能避免這樣的瑣碎和辛苦，更確切地說，是她不願意，也不想放棄這種職責。與她見到過的許多孩子相比，自己的孩子當然要幸福得多，或者說是生活在天堂裡。

　　一次，美琳達在趕赴一次全美慈善會議途中，目睹了一幕感人肺腑的情形。當時，美琳達在紐約的長島車站拾階而上，就在她前面幾米遠處，三、四十個腿部殘疾的孩子，正倚著拐杖爬上石階，他們需要在別人的幫助下才能行動，但是他們每一個都帶著微笑，與一般的孩子並沒有什麼兩樣。或許出於自己從事的職業緣故，美琳達熱情地向其中的一個陪伴者打聽孩子們的情況，他回答美琳達說：

　　「原先，孩子們知道自己將會終身殘疾時，都難過極了，甚至有些自暴自棄，對一切事物都失去了信心。還好，這意外的打擊所帶給他們的傷痛越來越淡，現在他們能坦然接受這個既成的事實，也重新燃起了生命的希望。你看，他們不是比有的健全的孩子還要快樂嗎？」

　　美琳達由衷地佩服這些孩子，這也是給她上過的終生難忘的一課。對於自己的孩子，他們如此健全而幸福地生活在自己身邊，除了深感幸福之外，她著實為他們有過一絲憂慮。沒有一對父母不希望自己的孩子比自己過得更好，但是過得好的關鍵是要靠他們自己。後來，美琳達在教育他們的時候總會更加嚴格，特

別注意培養他們吃苦和獨立的品質。

這兩個孩子始終是家庭生活中的一個亮點，雖然他們並不是蓋茲家族的長孫，但是比爾的父親亨利依然十分疼愛他們，他有時間會幫著比爾與美琳達照看孩子。令比爾感到惟一遺憾的是，他的母親瑪麗過早地離開了人世而沒能親眼目睹這兩個活潑可愛的孩子。

美琳達的父親只要來她家，就會把孩子抱在懷中，捨不得放下。當珍妮佛滿一歲的時候，比爾與美琳達決定抽出時間來為她過生日，那時珍妮佛正是伊呀學語、蹣跚學步的時候，這段時間很讓比爾嘗到了拉扯孩子的苦頭。

有一次，比爾一面打電話，一面抱著她，這個小傢伙見比爾長時間說話，而不理會她，就湊上前咬爸爸的鼻子。

對於孩子，美琳達有一種特殊的情感，這不僅是因為她喜歡羅瑞與珍妮佛的原因，更多的是因為在工作中她會接觸到許多關於孩子方面的問題。對於孩子，不論他們生在哪裡，他們都需要教育、生活，這是最重要的，這也是美琳達在慈善基金運作時主要考慮的問題。

當美琳達看到科技開始為孩子們帶來新的東西時，她感到很高興。如果一個孩子迷上了電腦，她認為那遠比看電視要好，當然，她不是在否認電視對孩子的教育作用，只是電視對啟發思考的助益不大。與電視的群體行為相比較，電腦屬於一種個人活動，能讓孩子產生探索的興趣。

美琳達曾參觀過一所很窮的小學，這裡五年級的學生告訴她，他們是如何建設網站的，而且為籌措學校使用這種技術的財源，他們為當地企業設立網站。美琳達發現這些學生還擁有自己

的印刷機，辦事也非常有創意。

所以，美琳達認為電腦已經成為人們教育孩子和學校教育學生必不可少的一種工具。

但是，美琳達卻不主張讓孩子去瀏覽因特網。在自己家中，這項「制度」是非常嚴格的。網路世界雖然包含許多引人入勝的東西，但是也包含一些隱藏著的謊言，甚至是色情，這些對孩子來說都是很不適宜的。美琳達深知這一點，因此她非常反對孩子瀏覽因特網。

珍妮佛與羅瑞的體重一度增加得很快，這令美琳達非常擔心，每每她給羅瑞按照《兒童生活》上的配方搭配食物時，比爾總是要湊到她的耳邊說：

「別虐待我的小寶貝，讓他吃得胖胖的。」

比爾總是縱容孩子大吃大喝，也許他認為自己的身體太單薄，而希望孩子身體壯一些。他甚至告訴美琳達，小的時候胖一些沒有關係，長大自然就會好的。

雖然這兩個孩子並不像人們想像的那樣拉著比爾的衣服不讓他去上班，或是衝進他的辦公室大喊「爸爸」，但他們確實給比爾帶來了不少的煩惱，有時他會因此而睡不上安穩的覺，甚至要為兩個孩子之間的爭執當裁判。

當比爾與自己的孩子在一起的時候，總是有講不完的話，甚至又是拍打，又是低聲細語，那樣子很是親熱。孩子的生日，他總不忘從公司跑回來為他們祝福。

有一次在聖誕節的時候，羅瑞硬是拉著母親的手要去看聖誕老人，並讓母親給他講聖誕老人的故事，看來他是非要見到這位老人才肯罷休。比爾這天很忙，還是抽時間回來看看兒子羅瑞，

他告訴羅瑞聖誕老人正在等他，於是他們就牽著手出去了。過一會兒，他們又牽著手回來了，沒見手裡有任何禮物，而羅瑞卻是滿臉的得意。他一本正經地告訴母親：

「我不喜歡你，媽媽。」

美琳達猜一定是比爾教羅瑞這麼說的，要知道羅瑞每天的衣食住行幾乎都是由美琳達來料理的，而比爾只憑幾句話就可以輕易讓羅瑞不領自己的這份情。美琳達感覺自己的教育方式應該有所革新。

的確，羅瑞讓他們費了不少心思，但也給他們的生活帶來了不少的樂趣。他總是不喜歡聽從別人的看管，動起來沒完沒了。讓美琳達感到不可思議的是，比爾竟會想著法子讓他搗亂，他說是在培養孩子的一種靈感。在比爾的引導下，羅瑞同姊姊珍妮佛一樣喜歡起電腦來。

像每一位父母一樣，比爾與美琳達經常在一起探討孩子的未來，比爾總是喜歡拍著羅瑞的頭說：

「這個傢伙一定是個機靈鬼，但願他將來能超過我。」

每每如此，總會引來他們的女兒珍妮佛的嫉妒：

「他連兒歌都看不懂，為什麼爸爸總是喜歡他呢？」

比爾不知如何來回答女兒。最後，他讓女兒懂得，大家都是家庭中的一員，相互是平等的，他會一視同仁地對待。

比爾建議美琳達再要一個孩子，但美琳達表示這兩個孩子已夠她受的了，絕不能再要，比爾看美琳達態度堅決，無奈只得應允了。

天倫之樂豐富了家的氛圍、家的感覺、家的美妙，這種樂趣是幸福家庭的重要組成部分，比爾與美琳達組成的家庭也不例外。

第 11 章／

「以我的母親為榮」

比爾與美琳達深深地懷念著他們的媽媽,她不但培養出了一個天才,也讓美琳達的命運有了奇蹟般的變化。在比爾的眼中,母親是最神聖、最偉大的,他非常摯愛自己的母親,這份愛要遠遠超於他對事業的摯愛。

NO11　「以我的母親為榮」

比 爾的母親瑪麗是一位非常出色的女性，是美琳達一生中所見
到過的最有涵養、最能激起她心靈火花的母親，她為這位不
平凡的母親感到驕傲。

瑪麗生前曾擔任過十八年的華盛頓大學董事，做出過非凡的
業績。除此之外，她還擔任過金恩郡聯合會的第一位女性會長，
還在其他許多董事會擔任董事，最讓人感動的是，她還是一名兢
兢業業的「義工」，她曾無酬勞地服務於西雅圖交響樂團，以及
其他一些民間組織，更讓美琳達感到可敬的是，瑪麗始終沒有放
棄自己畢生追求的慈善事業。

對這位母親的崇拜，使美琳達更堅信，在所有人中，沒有誰
比瑪麗對比爾的影響更大了。

瑪麗曾是位教師，但是她非常熱中於慈善事業。她熱愛慈善
事業的熱情足以感染他人，比爾就曾在母親的感召下，在一家慈
善機構擔任理事，在以後的日子裡，瑪麗更是不忘時時開導比爾
要多拿出一些錢從事慈善事業。

瑪麗不但是兒子慈善事業的引導者、支持者，更是兒子情感
生涯中的一位出色「參謀」。在比爾與美琳達結婚之前，比爾每
每看上了一個女孩兒，總要讓母親瑪麗看看，請她幫助拿主意。
即使在平時他們共同生活在一起的時候，比爾每天都要打好幾次
電話給瑪麗。在母親的身上，比爾看到了博大與關愛，而瑪麗也
不停地提醒、引導他，也許正是因為這份偉大而又細微的母性之
愛，讓比爾對婚姻總是產生不了興趣。

一九九四年一月一日，比爾與美琳達正式結為夫婦，雖然比爾從此有了完全屬於自己的家，但是瑪麗對他的影響還是時時存在。也許正是比爾從這位偉大母親身上吸取了許多可貴的品質，才使他離成功、幸福越來越近。

一九九二年二月二十五日，瑪麗在華盛頓第一州立醫院湯普森醫生的全面檢查下，被確診患了乳腺癌，這對所有人都是一個不幸的消息。在那個時候，瑪麗強烈意識到自己的生命不像先前想像的那樣漫長，在接下來的時間，她最想看到的就是兒子比爾結束單身生活，於是她極力促成比爾與美琳達的婚事。

在比爾與美琳達剛剛踏進婚姻生活後的半年，瑪麗便安心地撒手人間了，她永遠告別了自己可愛的兒子和溫柔的兒媳，令所有人都傷心不已。瑪麗像所有的人那樣熱愛著生活，深深眷戀著這個美麗的世界，卻被病魔帶離了這個世界，這一年，她才六十四歲。比爾再也觸摸不到她了，這個在母親眼裡永遠長不大的男孩兒開始感到一種從未有過的失落，而這些都不是可以用任何東西來彌補的。

瑪麗一直希望自己調皮的兒子早日過上安穩的生活，她並不贊成比爾拼命地賺錢。或許她生前惟一的使命就是儘快促成美琳達與比爾的婚事。當她面帶欣喜參加完兒子的婚禮後，才心裡踏踏實實地從夏威夷返回西雅圖，然後又匆匆地住進了醫院。經醫生診斷發現，這時她的病情已經到了很危險的地步——癌細胞開始在全身擴散。

瑪麗在與病魔抗爭的過程中，克服了想像不到的困難，聽醫生說，在那一年前，她就被告知只能堅持幾個月了，然而她卻奇蹟般地延長了生命的時間。因為那時，她還有一個未了的願望——

為比爾完婚。她不願在心願未了時就撒手人間，她的虔誠感動了上帝，直到完成遺願她才安詳地離去。

比爾為母親默默地祈禱，他希望母親的靈魂扶搖升天！安樂地生存於另一個世界！

瑪麗去世的前一天夜晚，她的身體明顯不支。比爾與美琳達匆匆趕到醫院，瑪麗拉著比爾的手，萬般難捨、卻又無限欣慰。她的言表中透露出一絲滿足，或許她感覺到自己即使到另一個世界也不會淒涼與悲哀，因為她看到了兒子幸福地生活著。

瑪麗離開了比爾與自己的家庭，那一刻，比爾的心都要碎了——與生俱來伴隨他生命歷程的一種厚實的溫情、一種強大的依賴、一種貼心的呵護，甚至一種嘮嘮叨叨的關愛都化作了永久的記憶。的確，那是一個非常悲痛的時刻，沒有人不對瑪麗的去世感到難過，包括美國一些政府機構的官員對瑪麗也都懷有一種深厚的感情，因此為她進行了追悼。

比爾與美琳達深深地懷念著他們的媽媽，她不但培養出了一個天才，也讓美琳達的命運有了奇蹟般的變化。

在比爾的眼中，母親是最神聖、最偉大的，他非常摯愛自己的母親，這份愛要遠遠超於他對事業的摯愛。母親生前，即使是一些無關緊要的事，他也會先與母親商量。同是一家人，美琳達時常會為他們的這種母子情懷怦然心動。

瑪麗一向非常關心比爾的情感生活，也為之付出了不少苦心。在比爾正式走進婚姻生活之前，她一直希望比爾早日結束長年跋涉、不見目的的情感生活征途，於是她總是在連拉帶推，如同一隻老鷹，張開雙翅時刻呵護自己兒子的前程。她曾經極力阻止過比爾與溫布萊德的婚約，也極力促成比爾與美琳達的婚事，

或許至今美琳達還依稀記得，她對自己的極力讚賞與推崇。是的，瑪麗就是這樣一位母親，她會不惜一切代價袒護、關愛自己的兒子。

其實，在比爾結識珍妮之前，瑪麗曾為年輕的兒子物色到了一位朋友的女兒，名叫喬伊娜，是從英國劍橋大學留學歸來的。這個朋友的女兒長得十分清秀，很討瑪麗的喜歡。於是，她開始向這位朋友大膽推薦比爾，極力撮合喬伊娜與兒子相互認識一下。那次對比爾來說是一次很糟糕的見面。當喬伊娜硬著頭皮偷窺了比爾一眼後，就感到非常掃興，她告訴自己的母親：

「這個傢伙毫無風度可言，還瘋瘋癲癲的，看上去神經也很不健全。」

後來，瑪麗知道了這些之後，她的自尊深深地被這些話語所傷，但她並不認為比爾就一定配不上這位朋友的女兒。或許就是在母親的那次撮合下，比爾遭遇了平生第一次感情「波折」。

但是比爾也曾讓母親留下過很大的遺憾。瑪麗曾多次與比爾單獨攀談「信仰問題」，教育比爾要像父母一樣應成為公理會的正式成員，成為一位上帝虔誠的基督教徒，並要求他也時常到教堂做禮拜，參加各種宗教活動。

「我們對上帝充滿了敬畏之心，要相信天國的榮耀與人世的罪惡可以洗清的信條。」她總是不忘這樣開導自己「不開竅」的兒子，並且很有耐心。

可瑪麗哪裡想到，比爾的精神早就被「尼采大哥」征服了，難怪當瑪麗一提出什麼上帝、什麼信仰時，他的頭像個浪花鼓一樣晃來晃去：

「噢，不，媽媽，難道你們真的相信上帝的存在嗎？我很早

之前就聽有個法國科學家說過：上帝已經死了。」

瑪麗頓時臉色發青，手顫抖不停，一時說不上話來。

這非常出乎瑪麗的意料，她決定不再勉強兒子信教，只是在平時有意無意地在一旁開導他，讓他好好想想，但是她始終在擔心：比爾如此自信，如果有天自己去了，除了上帝還有誰能在他跌倒之後扶他起來呢？

比爾對母親的疑問，是這樣回答的：

「自己，自己！媽媽，我自己會把自己扶起來的。」

這位善良的母親，平時除了注重培養兒子的信仰外，還很注重培養兒子的社會責任感。在很早的時候，她就帶領比爾參加各種慈善活動與募捐，每次她都會說服比爾多拿出一些。如果比爾能聽從她的安排，她會感到格外的興奮。或許在她的潛意識中，一個上流社會的驕子必須具備這種高尚的道義與仁愛之心，所以她極不贊成以財勢的威名與顯赫贏得世人的尊敬與上帝的恩寵，這一點讓世人對她感到無比的敬仰。所以說，瑪麗是比爾一生中最重要的人物，她的寬厚、慈愛之心，比爾永遠都無法忘記。

比爾彷彿總是不能與他周圍的人極好地和諧起來，即使在參與各種慈善活動，甚至為人處世方面，也會招來人們的非議。對此瑪麗很為他擔心，總是苦口婆心地說服他應該怎麼做，不應怎麼做。比爾總會瞞著自己操勞的母親我行我素，不是說比爾不尊重母親的意見，只不過他有自己獨特的行事方式。

所有這一切，都讓美琳達更讀懂了瑪麗的心，瑪麗始終將比爾看作一個永遠也長不大的大男孩兒。每當瑪麗私下與美琳達提起比爾的時候，眼裡總是洋溢著幸福的淚花，比爾的淘氣、另類、倔強、莽撞……說起來總是沒完沒了，末了，她總不忘提醒

美琳達：

「他是個幸運的人，當我不能再守候他的時候，一切都拜託給你了，美琳達，我最虔誠的女兒，上帝會讓你們幸福的。」

每每如此，都會讓美琳達產生一種責任感，那就是守護、關愛比爾的愛心使命。在比爾逐漸適應了沒有母親的生活後，美琳達便成了他惟一訴說心聲的對象。

比爾非常信任自己的妻子，他希望美琳達像母親那樣支持他、寬容他，他更樂意讓美琳達批評他。因為，所有這些都會讓比爾在美琳達身上看到母親的一些影子，如今他們已是兩個孩子的父母了，家庭的溫馨始終還會讓他們眷戀那段瑪麗在世的生活，比爾總是開玩笑地對美琳達說：

「美琳達，你知道影響我一生的三個人物都是誰嗎？」

「天知道是些什麼人。」美琳達回答他說，「我猜是愛因斯坦、羅斯福，剩下的一定是你的母親了！」

比爾顯得非常驚訝，過了一會他才告訴妻子：

「你只說對了一個，那就是我的母親瑪麗。」

接下來，比爾還是讓美琳達猜出其餘的兩個人，美琳達萬萬沒有想到，剩下的那兩個人一個是溫布萊德，另一個便是她自己。有人說，比爾真是太幸運了，他一生中碰到三個最好的女人，這讓他成為了情感生活的超級富翁。

這或許是對比爾情感生活最真實的表述，但是在美琳達看來，她不認為這是對她的讚賞，她認為她還沒有像人們想像的那樣完美，她只不過是比爾工作與生活中的一個伴侶，不過是最好的伴侶，她還不能肯定她會給予比爾，或是滿足比爾包括感情在內的全部需要。不論是母親瑪麗，還是溫布萊德，她們都曾試圖

用愛心融化比爾心隅的堅硬與冰冷，但是她們都忽略了自己的力量是否可以在一個天才的身上得到施展，雖然說成效很大，但終沒能完全化解。

是的，比爾有時的確是一個頑固不化的人，即使是他的母親、一個他最敬愛的人，一個永遠不與他講代價、講條件的人也難以征服他的「抵抗」。

「你可以不愛他，甚至可以恨他，但絕不能忽視他。」

這是外界對比爾個性的精闢評價，無可厚非，他的確就是這樣的一個人。

在瑪麗去世一周後，在美國的西雅圖公理教會舉行了遺體告別儀式。那是一個非常莊重的場面，前來哀悼的竟有一千多人，他們都來向這位出色的民間活動家、在慈善事業中傾盡自己心血的女士惜別。在追悼會上，比爾與自己的姊姊克麗絲汀一同追憶了在母親身邊學習、生活、遊戲的美好往事。

比爾的父親亨利更是評價自己的愛妻是一位傑出的女性，他為此感到非常自豪。西雅圖市政府特意將通往瑪麗生前居住地的那條路命名為「瑪麗路」。

在比爾的一份日記中，他這樣評價自己的母親：

「母親是一位偉大的女性，我深深以我的母親為榮，幾乎超過任何一個成年兒子對他母親的敬重。」

每一個人都會為他對母親的敬仰而感動不已。美琳達雖沒來

得及與瑪麗相處更長一段時間，但也被瑪麗的偉大人格和可貴品質所打動，瑪麗真的無愧於任何對於一位偉大母親的讚譽。

第12章／
一條沒有迂迴的路

在美琳達與比爾的情感與生活旅程中,他們也攜手為自己選擇了一條如同比爾在市場生存中一樣沒有迂迴的路。雖然其間充滿了曲折與苦澀,但是他們始終能心心相印,在最患難的時候都可以奉獻出自己最真摯的那份情感。

NO12　一條沒有迂迴的路

如果說比爾的才華與睿智讓美琳達傾倒的話，那麼比爾的膽略與前瞻性更讓美琳達所折服。在美琳達的眼中，比爾的魅力並不在於他的言表，更不在於他的舉止，而在於他的一種個性——永遠都會對自己不喜歡的人說：不！即使這時比爾只會給自己留下一條沒有迂迴的路。美琳達就是欣賞他堅定地向勁敵舉起拳頭的樣子。

同樣，在美琳達與比爾的情感與生活旅程中，他們也攜手為自己選擇了一條如同比爾在市場生存中一樣沒有迂迴的路。雖然其間充滿了曲折與苦澀，但是他們始終能心心相印，在最患難的時候都可以奉獻出自己最真摯的那份情感。所以有人說，如果讀懂了比爾先前創業與守業的膽識與經歷，那麼你也就讀懂了他全部的內在情感世界。

無疑，美琳達便是讀懂比爾的人，所以直到現在，她依舊在盡著自己的一份努力，幫助比爾延續著微軟神話。

比爾也許永遠都會記得，在自己創業伊始，為了能尋求與IBM的合作，他很下過一番「苦心」。有一次，他與自己的老搭檔艾倫等人乘飛機趕往佛羅里達，向IBM提供有關新操作系統的可行性開發報告時，為了能給這位老大哥留下好的印象，他竟不怕其他員工的嘲笑，抽時間到路邊的一家零售店買了條領帶，然後趕在會晤前把它系在脖子上。

與 IBM 合作五個年頭後，比爾發現，IBM 的企業文化顯得保守、刻板。相比之下，微軟卻充滿了青春活力，有著勃勃生

機。

在一九八五年的時候，微軟與IBM進行了第二次合作，但是這次合作並不像先前想像的那樣順利。與IBM的看法不同，比爾希望開發視窗操作系統，但最後還是依了 IBM，雙方開始開發DOS 系統的擴展本——OS/2。這種系統只能運行於英特爾的80286產品上，但80286產品在那個時候已經瀕臨被淘汰的命運。

比爾不再聽任IBM的使喚了，他一面與IBM合作開發OS/2，一面獨立著手開發視窗操作系統，因為他相信，在不久的將來，英特爾會開發出更高性能的 80386 晶片。直到 1987 年，OS/2 系統還是沒有開發成功，這時的 IBM 已經投入了大量的人力、財力，處於進退兩難的境地，這成了蓮花與甲骨文軟體同行們的笑談。於是比爾開始權衡利弊，決定全力開發視窗操作系統。

後來，比爾乾脆放棄了與IBM的合作。這次，比爾似乎走到了懸崖的邊緣，他向溫布萊德吐出了自己的心聲：

「多少年來，我們總像是傍著大款的小妞，一直在巨人的肩膀下生存，直到我們長大成人，這種受人牽制的局面還是沒有改變。我想，我們不應該再在IBM的羽翼下生存，我們應該有自己的行動，從IBM的掌心中走出來，去呼吸自由市場中的空氣，從今以後，我要讓他們另眼相看。」

溫布萊德非常支持比爾這麼幹，但她還是告誡比爾「這是一場與IBM叫板的生死戰」。為了做到萬無一失，比爾並不想馬上驚動他們，直到 OS/2 系統快要問世的時候，比爾還堅持讓自己的一部分員工為IBM效勞，更多的員工卻在悄悄地開足馬力為視窗系統工作。

一九八六年，微軟 Windows2.0 與一個 386 版正式上市，於

此，決戰正式宣布開始了！

市面上一下子熱鬧起來了，大家又是心驚，又是興奮，甚至IBM 也拍手稱快，加入到微軟的行列中來，從不服軟的 IBM 的死對頭康柏更是不肯就此罷休，也開始拉攏微軟。比爾著實成了一個誘人的餡餅。

一九八八年，IBM 終於推出了他們的經典之作OS/2，但是並沒有給微軟的視窗帶來有力的衝擊，由於其價格昂貴，並且在許多硬體上不兼容，所以市場很不理想。直到一九八九年，OS/2 的市場份額還不足百分之一，而同期微軟的 DOS 卻占據著百分之六十六的市場份額。

在微軟的 Windows2.0 取得成功後，比爾決定繼續推出 Windows3.0，他發誓要在 PC 機上實現像蘋果機那樣容易進行的圖像操作。

一九九○年五月二十二日，是比爾生命中又不平凡的一天，這天，美國紐約市立戲劇中心過起了微軟大節，萬餘人在這裡慶祝 Windows3.0 上市。比爾的母親瑪麗也專程從西雅圖趕到紐約，參加微軟盛大的「慶典」，她激動地告訴人們：

「這是我兒子最偉大的一天，他可以不再依靠 IBM 了。」

的確，比爾不再依靠IBM 了，甚至在日後，他還想騎在IBM 的脖子上。

這也是微軟創立以來規模最大的一次產品發布會，在世界五大洲二十多個城市，微軟同時舉行了這樣的產品發布會。有上百萬美國訂戶的《個人計算機》在一九九○年發表了「電腦社論」般的頌詞：

「在我們要替一九九〇年撰寫年度報告的時候，五月二十二日無疑是一個特別的日子，就在這一天，微軟推出了 Windows3.0，從此個人電腦及其兼容機進入了一個新紀元！」

《今日美國》也稱 Windows3.0 是有史以來最受人歡迎的產品，隨後的《個人計算機報道》甚至將Windows3.0列為一九九〇年最佳軟體的榜首，《字節》雜誌也高度評價說：

「Windows3.0 是第一個受到熱烈歡迎的 IBMPC 圖形用戶界面。」

就連那些不曾將視窗系統看在眼裡的人們也開始變著聲調說話了，國際數據公司的麥克董事甚至表現出一種無奈：

「是的，我從來都對視窗無動於衷，但當我看到它的出色表現之後，我也就成了視窗的支持者。」

自從 Windows3.0 上市後，很長一段時間它都以每月售出十萬套高居所有軟體之首。到一九九二年，兩年間 Windows3.0 銷售了近七百萬套。隨後微軟又推出了 Windows3.1 版本。

正是這些比爾情有獨鍾的視窗操作系統，讓他幾乎在一夜之間就打敗了老巨人 IBM。從與 IBM 多年的合作經營夥伴，到成為這位巨人的勁敵，或許道出了商場的生存規則：合久必分。也有人開玩笑說：

「藍色巨人 IBM 餵養大了一隻狼崽子。」

在比爾輕易打敗巨無霸IBM後，蓮花、蘋果等都立刻做出反應，他們在靜靜等待著巨人的命令，準備隨時回擊微軟。其實在

更早的時候，微軟與他們的這種較量便開始了。

在美琳達擔任營銷部門經理的時候，比爾就時常召集中高層人員商議營銷戰略，其中一項戰略任務就是擊敗「蓮花 1-2-3」。

「蓮花 1-2-3」是蓮花公司剛成立時推出的一種新軟體。這種軟體可以幫助那些不能使用電子表格的客戶使用相關軟體，這個軟體一度使蓮花成了全美最大的軟體公司。

「為了能戰勝蓮花的 1-2-3，我們要推出一種世界最好的電子表格軟體，所以大家要充分發揮自己的特長，提出自己的見解。」在一九八四的一天，比爾在紅獅賓館的會議室裡向所有開發部門的人員交待了下一時期的奮鬥目標。

微軟開始了名為「超凡」軟體的開發，開發速度很快，第二年，該軟體便宣布開發完成。微軟特意舉辦了一次新產品發布會，結果又一次引起了業界的轟動。

一九八五年五月，「超凡」在亞特蘭大康迪斯電腦大展上再次引起了用戶的強烈反響。

比爾於是決定，在十月份的時候，讓「超凡」進入全美各大電腦市場。

在十月一日之前，「超凡」軟體預期運送到各大電腦超市。在這一天的早晨，美國的幾大城市如洛杉磯、芝加哥、紐約等幾乎同時聽到了一個莊嚴的男中音宣布：

「微軟公司的『超凡』軟體從今天起正式上市。」

這時，突然出現了另一個聲音：

「是真的嗎？」

「真的！它是最出色的個人電腦使用的電子表格軟體。」

「它還有出色的圖形界面，一流的數據文字處理速度，簡單易學的使用方法。」

「每個人都可以買得到嗎？」

「當然了。」

……

這段廣告幾乎每天都要在各大城市的電臺播放幾次。

很快，「超凡」得到了人們的歡迎，包括美國航空、波音、可口可樂等一些大公司也都用上了這種軟體，這給了蓮花一記重拳。

微軟終於在一九八七年領先蓮花，成為全球最大的軟體公司。

在激烈的市場競爭中，比爾有一股一往無前、大無畏的精神，他最喜歡的一句話就是：

「最好的選擇就是選擇一條沒有退路的路。」

早在一九八一年的時候，比爾就非常敏感地意識到，加州矽谷施樂公司的 PARC 研究中心的一項新技術——圖形用戶界面，是未來計算機軟體發展的方向。

從一九八二年開始，微軟集中了二十多位優秀的程序設計人員開始「界面管理者」的設計。幾乎與比爾注意到這項新技術的同時，蘋果公司的喬布斯也注意到了 PARC 的這項新技術，他為此不惜重金招集了一批優秀的人才，研製以圖形界面為操作界面的個人計算機。顯然，這是一個蘊藏著巨大市場潛力的產品，但是這在當時卻是一項十分困難的研發項目。

在這其間，比爾遭遇到了有史以來最大的尷尬。那時為了全

力壓倒蘋果等一些公司的競爭氣勢，比爾召開過多次宣傳會，他對新聞媒介稱，微軟可以在一九八四年的年底推出這種新產品，但是由於技術上的原因，比爾没能如願，他只好再一次承諾：

「在一九八五年的第一季微軟將推出並交貨。」

雖然比爾加倍努力，没日没夜地與員工投入到這個項目的開發中，但是他的諾言又一次没有兌現。比爾再次發誓：

「我們五月份一定可以開發出這種產品。」

後來，比爾再一次將期限延長到了八月份，完全想像得出，比爾那時有多狼狽！一提起這件事，比爾還心有餘悸：

「簡直太可怕了，我總是在勸大家要將手中的錢捏得再緊一些，不要急著購買可視的 Vision 軟體。」

後來的情況依然很糟，直到第二年的八月份，微軟才正式向人們推出了演示版的視窗軟體。那時，微軟才只標價九十五美元，一個月之後，微軟正式發布了 Windows1.0 測試版，一經推出立即引起了世界的轟動。

接下來，比爾又經歷了無數的官司，其中最讓他怒不可竭、又深感沮喪的是與勁敵蘋果的較量。

一九八五年的時候，比爾曾給蘋果的總裁考斯寫過一封信：

「蘋果必須使麥金塔成為一種標準，可是沒有任何一家電腦公司，包括 IBM，可以不依靠別人就可以塑造一種標準。」

在信中，比爾建議蘋果向其他廠家授權自己的技術，其中包括麥金塔相容機。比爾還提供給蘋果二十多家公司的名單，希望蘋果能與他們合作。但是考斯並沒有接受比爾的建議。

一九八八年，當比爾已經著手開始開發自己的新視窗系統的時候，這位既是夥伴，又是對手的業界精英——蘋果公司向聯邦政府提起訴訟，稱微軟在其最新的視窗系統中竊取了他們的圖形顯示方法。

比爾的頭都快被氣炸了，令他感到不可思議的是，就在蘋果公司提起訴訟的前一天，他還與蘋果的總裁約翰·斯考共同參加一次商務會談，會上，約翰還頻頻向比爾傳遞微笑。比爾被激怒了，他一刻也安靜不下來：

「這無異是向我宣戰，是在公共關係上的重大突襲！蘋果對我們的控告完全是一場把戲，他們想讓我不得不捲進繁瑣的法律漩渦中，可是我又不能告訴他們，我討厭與法官打交道，但我堅信，我會證明我是清白的。」

比爾非常憤怒地在傳媒上向蘋果的「挑釁」舉起了「拳頭」，他對外界稱，是瘋狂的妒忌心讓蘋果發出了黴爛的味道，有機會一定要讓他們自己品嚐一下爛蘋果的味道。

當時已有好幾家公司採用了蘋果公司的麥金托斯圖形顯示方法，其中，也包括IBM，蘋果在起訴微軟的同時，也在警告自己的合作夥伴，但這場官司最終以蘋果的敗訴而告終。

在一連打敗三個主要競敵後，微軟士氣更盛了。一九九五年八月二十四日，微軟的新一代電腦操作系統 Windows95 正式問世，這次，微軟又進行了聲勢浩大的宣傳活動。

這一天，二千五百多位新聞記者，幾百名工業、商業家們，以及美琳達與比爾的好友齊聚加利福尼亞州蒙德「校園」的帳篷裡，傾聽微軟向人們講述Windows95是如何改變這個世界的。美國四十多個城市，以及其他國家的許多城市同時也在傾聽。當

時，比爾讓營銷部門投入了近二點五億美元的宣傳費用。美琳達還特別受鮑爾默委託取得了滾石合唱團「啟動我」的使用權，用來作為 Windows95 的正式廣告歌曲。

從世界各大城市收集到的資料顯示，在美國最受人們歡迎的「美國早安」等節目內，都有關於 Windows95 的報道與比爾的身影，而在文字媒體上更是連篇累牘。可以肯定，在美國歷史上還未曾有過任何一件事情如此轟動，這也是許多微軟人有生以來經歷的最激動人心的事。

在長島，塗有微軟公司標識的食品車，整齊地停靠在出售 Windows95 的商店外。在那裡，排隊購買 Windows95 的用戶還可以免費獲得美味可口的比薩餅吃。

在英國，整個鄉村田野都被 Windows95 視窗多彩的商標所裝飾，微軟甚至買下了《倫敦時報》的整個廣告版面，並計畫在產品推出當天贈閱一百五十萬份。許多人還記得那句標題語：

「Windows95，好得連《倫敦時報》都免費。」

在新西蘭，數以萬計的 Windows95 購買者在午餐後就沿著惠靈頓的街道排起了長隊，由於時差的原因，一位青年很榮幸地成了全球第一個買主。

……

一時間，全球形成了搶購 Windows95 的熱潮，僅頭一天，全世界就售出一百多萬套。

這是現代的一個神話，創造這個現代神話的人就是這個其貌不揚、外表邋遢的比爾，他創造了一個又一個奇蹟，他使這個精

彩的世界變得更加美麗。他百折不撓的創業精神、獨特而又無與倫比的領導藝術、惜時如金的工作作風令世人為之驚嘆不已。

第13章/

攜手走向聽證席

隨著微軟的日益強大，在軟體市場開始占有絕對的優勢。但競爭對手也越來越強、越來越多，到處布滿了防不勝防的陷阱。尤其是比爾剛剛結婚的那兩年，關於微軟的官司接連不斷。在這期間，美琳達充當了比爾在這些官司中的重要角色。曾多次，他們雙雙坐在聽証席上，成為比爾堅強的精神支柱。

NO13　攜手走向聽證席

或許是比爾挑戰的個性注定了他一生有惹不完的麻煩事。如果沒有賢慧的妻子——美琳達的輔佐，即使他的工作再出色，而他的生活也會亂作一團麻。在與官方的屢次對峙中，美琳達盡到了她作為知心伴侶的職責——同比爾一次次與對手對決公堂。

在打官司方面，比爾的父親亨利也幫了不少大忙，一次次讓他化險為夷。官司一次次糾纏比爾，但每次都會有一個對他忠貞不二的人站出來支持他，而微軟神話一次次向前延續……

比爾儘管沒有完成在哈佛法律專業的學業，也沒有從事像他父親一樣的律師職業，但在事業生涯中，當被一樁樁官司纏身時，他能很快發現自己學習法律的用武之處。例如，當出現一些版權官司，或是其他公司的控告，他總會運用自己的法律知識來為自己辯護。

在創業之初，微軟經歷的第一場官司是與BASIC語言軟體相關的版權問題。一向熟悉法律的比爾並沒有在這場官司中失掉什麼，相反，這場官司卻教會了他在日後繁雜的矛盾與糾紛面前表現得更為成熟。

早在一九七七年，羅伯茲曾把密特斯公司賣給了專門生產磁盤與磁帶機的佩特克公司。當時佩特克公司資產相當雄厚，在他們兼併密特斯公司時，羅伯茲為了抬高身價，竟然聲稱他們已經付給微軟公司二十萬美元的版權費，所以他們完全擁有BASIC語言軟體的版權。當時，佩特克為了兼併名噪一時的「奧泰」電腦與越來越受歡迎的BASIC竟花費了六百多萬美元。為了使羅伯茲

順利答應，佩特克甚至答應羅伯茲可以擁有個人股權，以及保留自己隱私研究與發展實驗室。

一些佩特克公司的經理曾明確表示，他們的收購意圖主要是看好BASIC軟體，而不是「奧泰」這位硬體生產廠。當佩特克兼併了密特斯公司後，他們立即向外公布：

「今後有關BASIC語言軟體版權轉讓必須由佩特克簽署。」

這時，正在與德州儀器商談為該廠家用電腦開發程序的比爾與艾倫對這個公布大為惱火，在佩特克兼併密特斯公司之前，比爾與艾倫已經設計好了BASIC語言的核心部分。因此，比爾決定利用法律來維護自己的權益。

比爾向佩特克提出了這樣的要求：這批軟體的所有權應該屬於微軟公司，密特斯公司受微軟公司的授權代理軟體的銷售，密特斯公司並非獨家擁有BASIC語言軟體的版權。這些有微軟與密斯特公司所簽訂的合同為證。

但是，佩特克公司並沒有將比爾和艾倫放在眼裡，他們很從容地等待著微軟對他們的起訴。法院受理了此案後，宣布微軟暫時不得銷售BASIC語言軟體，這使微軟陷入嚴重的財務危機。那時，比爾連律師的費用都不能按時支付。此時等待法院儘快做出裁決是他最大的心願。慶幸的是，不久法庭就做出微軟勝訴的判決，微軟終於度過了難關。

隨著微軟日益強大，在軟體市場開始占有絕對優勢，但競爭對手也越來越強、越來越多，到處布滿防不勝防的陷阱。尤其是比爾剛剛結婚那兩年，關於微軟的官司接連不斷。在這期間，美琳達充當了比爾在這些官司中的重要角色，曾多次，他們雙雙坐在聽證席上，成為比爾的堅強精神支柱。

在美國矽谷，司法糾紛已成為電腦公司間最普通的事情了。當然，微軟是被控告次數最多的公司，幾乎所有的公司都視微軟為眼中釘。

除了受到對手對他的攻擊，比爾還受到了來自官方的反對。

早在一九九○年的時候，美國聯邦貿易委員會就開始調查微軟的市場行為，他們的主要調查目標是比爾提出的對操作系統與應用軟體捆綁銷售的方式。最後他們拿出聯邦政府在十九世紀制定的「反壟斷法」控告微軟。要知道，十九世紀還沒有出現真正意義的電腦，所以利用「反壟斷法」控告微軟只是一個模糊的概念，許多法官只能從瀏覽器捆綁、限制性定價等細小的局部來尋找藉口。比爾從容地對他們說：

「微軟的整個軟體銷售只占軟體業銷售的百分之四，這怎麼能叫壟斷呢？」

法院最後宣判，微軟的軟體市場占有額遠低於壟斷占有額，在未來的幾年中不可能形成具壟斷形勢的企業。

比爾十分清楚「官司戰」是一場無休止的「戰爭」，並且他也深信，微軟是有史以來最成功的公司，當然隨之而來的也是更多的挑戰，既有立法方面的挑戰，也有產品專利方面的挑戰，還有規模發展到一定程度對自身管理與經營的挑戰，對此他已做好了打硬仗的準備。

值得一提的是，在那些官司纏身的日子裡，比爾更是要投入平時幾倍的精力，研讀相關法律，也會請一些律師，還要翻閱公司的備忘錄，以及搜尋對方的一些材料、信息。而在這時候，美琳達會盡力幫助比爾，她不希望比爾獨自面對挑戰。

一九九七年，比爾常常與安迪兩個人在一起比較備忘錄，他

們想從中發現這些煩人的事到底有沒有值得借鑑與反省的地方，或者說，那些死纏爛打的公司為什麼一定要與微軟對抗，所以在繁雜的官司中，比爾並不顯得被動。

比爾與美琳達也心知肚明——幾乎美國所有的軟體公司都會站在微軟的對立面，即使政府的一些工作人員也對微軟不抱有好感。只不過微軟的強大，讓他們感到束手無策。從微軟大大小小的案件中，比爾認識了不少司法部的官員，還有一些地方法院的人，他們無一例外地都主張微軟掏腰包解決問題。

這裡有很多例子，如上世紀九〇年代，「微軟壟斷案」便是人們聽到的關於微軟最多的案件，聯邦政府甚至有過拆分微軟的企圖，或是期望微軟拱手將大量的市場讓出來，這些無疑會讓微軟損失巨額財產。那時比爾對妻子說：

「美琳達，我們寧願將錢捐給需要它的人，或是一些醫療機構，也決不會用來消災，何況他們沒有理由指責我們。」

的確，微軟與司法部積怨很深。比爾雖然經常會被競爭對手和司法部抨擊與反對，但是微軟還是與瑞士的艾波比公司並列為世界上最受尊敬的企業第二名，通用公司則贏得第一名。面對鐵的事實，比爾驕傲地把腰挺得更直了。

對於比爾與他的微軟來說，一九九七年到一九九八年的冬天，是被圍攻的寒冬。微軟的競爭對手聘請的遊說人士掀起了一場反微軟的狂潮，早在一九九三年針對微軟展開的反托拉斯調查也加快了腳步，微軟的一舉一動都倍受司法部的關注。也正是由於司法部的反對，一九九五年微軟曾放棄過以二百一十萬美元的代價收購軟體製造商直覺公司。後來，司法部又調查了微軟在蘋果電腦公司那筆一點五億美元的投資。

除此之外，司法部於一九九六年再次把微軟拉上了法庭，他
們聲稱微軟有意扭曲、曲解他們曾在一九九五年下達過的指令。
那時，微軟提供電腦製造商獨立的 Windows95 操作系統，在這套
操作系統中附帶微軟的網頁瀏覽軟體——因特網探險家。

　　司法部對此感到非常不滿，他們認為微軟在肆意扭曲他們的
意圖，於是希望在法庭上向比爾討個說法。有來無往並不是比爾
一貫的作風，這一年，比爾與美琳達又一次攜手走進了法庭。

　　司法部的一位律師喬爾‧柯萊恩甚至稱：

　　「微軟有想推翻法院的指令，以及訴訟策略的赤裸企圖，這
公然冒犯了法院的權威。」

　　還有一些法院人士認為：

　　「微軟已經從捆綁產品出售，演變成捆綁經銷商的雙手。微
軟越是繼續這種行為，消費者權益越是受到損害。」

　　比爾氣憤地說，政府對微軟的嚴密調查，簡直是一場「政治
迫害」。政府官僚、新聞媒體、評論家，紛紛表示對比爾的這種
說法難以接受。評論家拉斯‧麥爾茲說：

　　「共和黨員一直宣稱，珍妮特‧理諾（美國司法部長）不敢
挑戰一位世界上最有權勢的人，現在很清楚，這一位好像指的是
比爾‧蓋茲，而不是比爾‧克林頓。」

　　不論是媒體報導，還是人們街頭巷尾傳出來的故事，只要提
及一些公司如何在微軟手中吃虧，便會認定是微軟做了見不得人
的事情。這是一個商業社會，比爾他們做的只是讓自己在競爭中
生存下來，所採取的方法、手段都是合乎法律的，根本不存在欺
詐與豪奪的成分。可是許多人還是對微軟持不公正態度，不光是
國內，甚至在海外微軟也會連遭炮轟。日本主管當局尾隨美國司

法部之後，於一九九七年對微軟展開調查，歐盟的反托拉斯當局也及時跟進。

比爾的一些朋友有時勸比爾：

「即使遵從法院的旨意，微軟也不會失去什麼。」

《商業周刊》軟體編輯埃米・科爾特斯寫道：

「擁有微軟那種技術的公司，應該能製作出堪稱世界上最一流的 Windows 版本——一種附帶因特網探險家，一種不附帶。」

如果這樣的話，相信大多數廠家會選用附帶因特網探險家的那種。但這不應該是微軟的罪過，而應是微軟的功績。但考慮到利害關係，他建議比爾說：

「政府目前要求的，只是讓個人電腦製造商與消費者都有所選擇，所以，還是讓市場來做決定，為你自己免去一大堆麻煩吧！」

比爾並不是人們想像中的那種不可一世的人，他非常理智地看待所有與政府間發生的事情：

「當自己的政府控告你的時候，那不是一種愉快的體驗，我不會坐在那兒說：『哈，哈，我會為我的為所欲為而高興。』我心裡想的是，這是我碰到過的最糟糕的事情！當然，對這些事，我很失望，也很氣憤，但我忘不了謙虛、忘不了禮貌。」

後來，微軟遵從了法官的命令，在銷售 Windows95 操作系統時，不要求經銷商搭售微軟的網路瀏覽軟體。曾參與過微軟與聯邦政府一件訴訟案的舊金山律師山姆・米勒認為：比爾終於明白，在微軟設法回覆法院命令的方式上犯了一個很大的策略性與

公共關係上的錯誤。在那不久，微軟公關部經理狄恩·卡茲也認為，並不是微軟「終於服從」法官的命令，只不過，微軟與司法部在這一點上有不同的看法，但是雙方都希望統一觀點，於是與司法部達成了臨時協議。

比爾真實的立場當然並不是同政府作對，他希望大眾能理解他的真實想法。於是，他給《商業周刊》寫了封信，希望借該周刊緩解微軟與美國司法部的矛盾：

　　我們當然希望增進與政治領導人的對話，好讓他們瞭解，我們所代表的卓越意義。

在美琳達與比爾參加過的一些司法部聽證會上，比爾並沒像人們所說那樣好爭辯、脾氣暴躁。雖然他認可法院對微軟做出的裁決，但是在一些原則問題上卻不輕易妥協。

在一次聽證會後，比爾對妻子說：

「美琳達，現在的情況基本上就這樣了，美國政府說我們的產品太能幹了。他們說他們會設法使微軟的視窗系統不能支持因特網。所以，我會告訴我的律師團，為我們設計 Windows95 的能力、設計 WindowsNT 的能力以及各種設計語言的能力辯護。訴訟過程的觀察者也許會，也許不會搞懂法庭上發生什麼事，可是我已要求他們為那些能力辯護，因為我認為，那不只是對微軟很重要，對個人電腦使用者也相當重要。」

事情總是出現變數，在接下來的訴訟中，司法部在他們的訴訟中要求執行一項審查過程，那就是說，他們必須要檢查微軟設計的任何新產品，可這與管制產品沒什麼區別。

那時，美琳達發話了：

「微軟不是壟斷者，你們沒有理由這樣做。壟斷者，按照定義來說，是一家有能力限制新公司進入市場，而且片面控制價格的公司。顯然，微軟沒有能力做到這點。」

沒想到美琳達的一番話，竟讓那些伶牙俐嘴的法官司們很是為難了一陣子。雖然，美琳達並不是一個善辯的人，但她總會據理力爭的。

也有人向微軟的外交部門打聽這件官司，可是微軟只向外聲明三件事情：上訴權是美國法律體系的基本原則，在上訴結束之前，任何事都沒有定數；對於這個出色的企業，對於微軟這樣出色的員工，對於微軟的產品，他們會感到無比自豪；微軟的所有人比以往任何時候都更自信。

在微軟與司法部打官司時，一些個人或企業也站出來為微軟說話，例如，太陽電腦公司的律師麥可‧拉基斯表示了自己的看法：

「並不是所有企業都懼怕微軟，受制於微軟的勢力。」

史丹佛大學經濟學家羅伯特‧霍爾說：

「我們不應該試著阻止微軟在 Windows 中納入更多功能──誰都沒有權力懲罰成功者。」

沃倫‧巴菲特多年的合夥人伯克希爾‧哈撒韋爾公司的副總裁查理斯‧芒格也同樣認為，美國司法部以反托拉斯法糾纏微軟是錯誤之舉。他說：

「如果我掌管司法部的話，我就不會對微軟提起訴訟，我已目睹了美國頂尖的產業一個接一個地把自己的一切輸給了精明的外國人，如今，我們總算有了一家公司可以算是真正的大贏家，

只因為它對競爭對手苛刻，我們就應該削弱這個世界上最成功的公司，這種想法似乎是錯誤的。軟體應該充分整合，我實在想不出還有什麼道理比這個更明顯。我不是說，不會有其他的軟體被用來當作一種附加系統，可是我不希望民航班機是被幾百家不同的供應商湊出來的。我喜歡讓波音把它們整合起來。我強烈反對司法部現行的做法。」

比爾與美琳達認為，這是一場沒有贏家的無休止的「戰爭」，直到現在，司法部還是煞有介事地「參與」到微軟的一些企業經營中來。甚至在一九九五年五月份，司法部自感控訴微軟沒有收穫，便連同二十個州聯名提出反托拉斯訴訟。司法部長珍妮特·理諾再次指控微軟公司「窒息」因特網軟體市場，並且稱微軟非法運用營銷策略限制消費者的選擇。同年六月份，聯邦貿易委員會也出面了，連同司法部對微軟的長期合作夥伴、英特爾晶片製造商展開調查，設法排除電腦軟體與硬體在電腦界的競爭障礙。

這又在美國社會引起了強烈的反響，時值司法部正在調查美國總統比爾·克林頓的一樁官司，比爾·克林頓因此很快擺脫了司法部的糾纏。所以有人在《石板線上》刊載了一則幽默故事：

「我是個名叫比爾的傢伙，被一個叫做珍妮特的女孩窮追不捨。同時，珍妮特也在追另一個名叫比爾的傢伙，可是不知為什麼，那小子總能擺脫她的追隨。她現在已經停止追他，可是她仍然在追我！我們兩個人都不接受她的錯愛，我想弄清楚的是，她為什麼那麼仇視叫做比爾的傢伙？另外那個比爾又是怎麼甩掉她的？到底他有什麼法寶是我所沒有的？」

美琳達也曾一度擔心，比爾被官司沒完沒了地糾纏，會不會影響到微軟的生存與發展。但是每每如此，比爾都會非常幽默地告訴她說：

「要我聽到槍聲就害怕，可能得動手術才行。」

顯然，比爾對官司已習以為常了，他已做好了笑對各種波折的心理準備。

微軟以驚人速度發展著，而微軟官司也許永遠是個變數。但一點不變的是，無論任何時候，只要官司需要，微軟需要，美琳達都會挺身而出，與比爾並肩走上法庭。

第 **14** 章/

錢只是一種符號

比爾總是告訴妻子，自己努力工作並不只是為了錢。對待這筆巨大的財富，他從沒有想過要如何享用它們，相反在使用這些錢時卻很慎重。他不喜歡因錢改變自己的本色，過著前呼後擁的生活，他更喜歡自由自在地獨立與人交往。

NO14　錢只是一種符號

比爾在事業上的巨大成功，與他的個性有著很大的關係。在美琳達剛踏入微軟的時候，她就被告知，比爾是個非常特別的人。

確實比爾是一個與眾不同的人，單從他對待金錢的態度上就可以看得出來。對他而言，創業是他人生的旅途，財富是他價值量化的標尺，他曾經說過：

「我不是在為錢而工作，錢讓我感到很累。」

「我只是這筆財富的看管人，我需要找到最合適的方式來使用它。」這就是比爾對金錢最真實的看法。

比爾很少關心錢的問題，也不在意自己股票的漲跌。錢既不會改變他的生活，也不會使他從工作上分心。他經常會告訴那些向他求經的朋友：

「當你有了一億美元的時候，你就會明白錢只不過是一種符號而已，簡直毫無意義。」

比爾非常討厭那些喜歡用錢擺闊氣的人。他公開在《花花公子》雜誌上發表言論：

「如果你已經習慣了享受，你將不能再像普通人那樣生活，而我希望過普通人的生活，我害怕享受。」

作為微軟的董事長，不關心自己的錢財，也不在乎自己股票在市場上的漲落，這確實讓人覺得不可思議。幾乎所有人都知

道，比爾更關心他偉大的微軟王國，錢只是他這些事業的產物。

同所有企業家一樣，比爾也在進行分散風險的投資，他除了擁有股票與債券外，還進行房地產投資，以及其他行業投資。雖然比爾是個經營天才，但是他從不認為自己的理財更勝一籌，所以他聘請了一位「金管家」──小他十多歲的勞森，比爾除了讓他管理自己五十億美元的私人投資外，還讓他管理比爾─美琳達慈善基金會的資金。

比爾總是告訴妻子，自己努力工作並不只是為了錢。對待這筆巨大的財富，他從沒有想過要如何享用它們，相反在使用這些錢時卻很慎重。他不喜歡因錢改變自己的本色，過著前呼後擁的生活，他更喜歡自由自在地獨立與人交往。甚至見到熟人時，還像從前一樣熱情地與他們打招呼：

「哦，你好，讓我們去吃個熱狗如何？」

在生活中，比爾也從不用錢來擺闊。一次，他與一位朋友前往希爾頓飯店開會，那次他們遲到了幾分鐘，所以沒有停車位可以容納他們的汽車。於是他的朋友建議將車停放在飯店的貴客車位。比爾不同意，他的朋友說：

「錢可以由我來付。」

比爾還是不同意，原因非常簡單，貴客車位需要多付十二美元，比爾認為那是超值收費。比爾在生活中遵循他的那句話用錢：

「花錢如炒菜一樣，要恰到好處。鹽少了，菜就會淡而無味；鹽多了，苦鹹難嚥。」

所以即使是花幾美元錢，比爾也要讓它們發揮出最大的效益。

婚後，比爾與美琳達很少去一些豪華的餐館就餐，有時候是由於工作而不得不光顧一些高級餐廳。一般情況下，他們會選擇肯德基，或是到一些咖啡館。有時還會一塊光顧一些很有特色的小商店，在西雅圖有法國、俄羅斯、日本，以及南美一些國家的人開設的商店。在那裡可以找到這些國家的一些特色商品。

　　一次，比爾與美琳達慕名來到一家墨西哥人開設的食品店，這裡被公認是西雅圖最實惠的商店，剛一進店門，比爾竟被「百分之五十的優惠」的廣告詞吸引了，在不遠處的葡萄乾麥片的大盒包裝上的確寫著這樣幾個字。比爾似乎不敢相信這個標價。的確，同樣的商品在本地的一些商店要比這裡的原價高出一倍，比爾有意想得知它的真偽，便上前仔細端詳。當他確認貨真價實時，便爽快地付了錢，並告訴美琳達：

　　「看來這裡的確如同人們所說的那樣，我今天很高興自己沒有被多掏腰包。」

　　對於自己的衣著，比爾從不看重它們的牌子或是價錢，只要穿起來感覺很舒適，他就會很喜歡。一次比爾應邀參加由世界三十二位頂級企業家舉辦的「夏日派對」，那次他穿了一身套裝，這還是美琳達先前在泰國菩提島給他買來拍照時穿的衣服，樣子還不錯，只是價格還不到歌星、影星一次洗衣服的錢。但比爾不在乎這些，很高興地穿著這套衣服參加了這次會議，他生活的教條就是：

　　「一個人只要用好了他的每一分錢，他才能做到事業有成、生活幸福。」

　　平日裡，如果沒有什麼特別重要的會議，比爾會選擇便褲、開領衫，以及他喜歡的運動鞋，但是這其中沒有一件是名牌。

比爾認為，自己的成功只與人有關，而與金錢多少沒多大關係。確實，比爾幾乎所有創業的錢都是他自己在上學之餘打工掙來的，而從來沒有向父母伸過手。幾乎所有人都欽佩他這點。現在，微軟公司的員工所得的各項收入，即使在美國也是最高的，當然，也是其他公司所不能比擬的。比爾也從不吝嗇對員工發放一些獎金。早在創業之初，公司總經理的年薪就達到了二十二萬美元，而那時，比爾每年只可以領取十三萬美元。他認為，自己對公司做出的貢獻並不是最大的。

在微軟還有一些讓人不敢相信的數字，每年都會在幾千名員工中產生幾十個百萬富翁。比爾認為，這些錢只是他們成功的象徵而已，除此之外，他不覺得還有什麼意義。

不論在生活中，還是在工作中，有問題出現時，比爾都不會首先想到用錢來化解一切。他甚至沒有自己的私人司機，也從沒有包機旅行過。對他來說，錢失去了它對常人那樣的誘惑力，他始終保持一顆清醒的頭腦：

「我需要像普通人一樣生活，我害怕因為過分享受而失去這種生活，這在許多人看來也並不是一個榜樣。」

美琳達曾經抱怨比爾說：

「我們的家庭顯得如此特別，總會招來別人的非議，他們會說你是個喜歡出風頭的人。」

比爾笑著告訴美琳達：

「這是不可避免的，當初在我求學的時候，也會有人說我是個不知天高地厚的傢伙，可我並不這樣認為。我很珍惜每一分錢，我從來都是這樣的，這是人類社會的一種趨勢，這在我的《未來之路》中已向人們闡明了。」

　　比爾父母本身的經濟收入很豐厚，對於兒子的富有，他們持有什麼看法呢？每每有人拿這個問題問比爾，比爾總是不正面回答：

　　「我不炫耀給他們看就是了，我會把錢藏起來，埋在草坪下面，現在草皮都鼓了起來，我希望天不要下雨。」

　　誰都知道，西雅圖的夏天是不可能不下雨的。後來，比爾談了自己的觀點：

　　「我賺的錢對我的父母來說一點意義也沒有，真的，我的錢對我與他們之間的關係一點影響也沒有。如果我們中誰生病了，我們可以請最好的醫生，錢在這一點上會有點用。但是一般情況下，我們不會談論錢的問題。」

　　的確，即使現在，他也很少談家庭用錢的話題，但他已經向美琳達保證過，在有生之年把百分之九十五的財產捐出去。

　　眾所周知，比爾與妻子都十分疼愛自己的孩子，但是在滿足孩子們的一些要求上，他們絕對是一對吝嗇鬼。比爾從不會給孩子們一筆很可觀的錢，當羅瑞還不會花錢，但珍妮佛已經可以拿著一些零用錢買自己喜歡的東西時，羅瑞總是抱怨父母不給自己買他最想要的玩具車。比爾有自己的說法，他認為：再富也不能富孩子。

　　的確，在鈔票中長大的孩子，他們的無憂無慮終將會讓他們一事無成。所以比爾夫妻二人寧願將這些錢捐給最需要它們的人，也不隨意交給孩子揮霍。比爾甚至公開表示過：

　　「我不會將自己的所有財產留給自己的繼承人，因為這樣對他們沒有一點好處。」

　　美琳達十分贊同比爾的看法。

　　就美琳達來說，她對錢的看法很堅定，這或許是受到了她的父母、比爾，或是工作與信仰的影響。有些人問她：

　　「你為什麼不期望一種奢侈的生活追求，而總是保持自己平凡的本色呢？」

　　她會說：

　　「不為什麼。一個人很容易形成奢侈習慣的，這可不是什麼好事。從某個角度來說，它們使你脫離正常的經歷，讓你變得虛弱，所以我有意控制自己對這些東西的追求。這也許屬於自律範疇的事。如果我失去了自律的能力，那我在面對這麼多的錢時也會感到困惑，所以我不願意發生這樣的事情。」

　　在金錢運用上，比爾非常冷靜，但是在事業上，有時他會不惜重金讓自己的產品打入市場，有時卻會避免哪怕一點點無為的投入。

　　起初，微軟公司的DOS、Windows軟體便是搭配在個人電腦上的，這樣可以讓電腦的購買者產生一種想法：這些軟體是完全免費的，最終使Windows系統軟體在市場上的占有率高達百分之九十。在微軟推出 DOS 的時候，IBM 雖然與其選擇的幾家軟體公司進行了合作，但是操作系統都是作為配件選購的，消費者可以自行決定購買哪種產品。

　　尤其是在競爭激烈的時候，比爾會不惜一切代價取得市場，那時，他並不在乎錢的問題。在占領DOS市場的時候，其他軟體價格都在五十到一百美元，而比爾會接近免費的低廉價格，即一點五美元推出自己的產品。所以，因為微軟公司操作系統的普及，客戶會認為這些系統整合得很好，便會一同購買微軟公司的其他軟體。

當互聯網開始逐漸發展起來的時候，比爾在競爭中同樣沒有像其他商家一樣把錢看得很重要。那時，微軟為了與網景搶占網路瀏覽器軟體市場，他會免費贈送客戶大量的軟體，以及使用手冊與免費的服務電話。相比之下，網景的行銷則顯得很保守。雖然，這些讓他虧損許多，但是他由此獲得了大份額的市場。

　　在電腦軟體行業中，許多公司都會出現同樣的錯誤——為短期的利潤而放棄了建立整個行業架構的機會。通常他們也會非常積極地促銷自以為很出色的產品，但卻不具有相當的發展潛力。而比爾向來是個具有戰略眼光的人，在這一點上，他應該得到人們的欽佩。

　　美琳達認為，凡是做過營銷的人，都會明白這些，產品銷路不暢的問題對一些小公司來說特別重要，如果以很低的價格出售自己的產品，對他們來說也是非常危險的。但是比爾更清楚，一旦自己的產品成為行業標準，將會產生不可估量的價值，所以他一直告誡美琳達，不要為了在營銷上少花一分錢而絞盡腦汁。

　　曾經讓美琳達感受最深刻的一點是，微軟的員工都非常懂得節儉。因此一些人稱這是微軟的「饑餓哲學」。比爾告訴他的員工：

　　「我們賺的每一分錢都來之不易，是我們的血汗錢，所以不應該亂花，應花在刀刃上。」

　　從微軟創業時起，比爾就非常注重節儉。一次，兼任微軟總裁的魏蘭德將自己的辦公室裝飾得非常氣派，比爾看到後非常生氣，認為魏蘭德把錢花在了這上面是完全沒有必要的。他對魏蘭德說微軟還處在創業時期，如果形成這種浪費的作風，不利於微軟的進一步發展。

即使在微軟開始成為業界營業額最高的公司時，比爾的這種作風也沒有改變過。一九八七年，還是在比爾與溫布萊德相好的時候，一次，他們在一家飯店約會，助理為他在該飯店訂了間非常豪華的房間。比爾一進門便發呆了，一間大臥室、兩間休息室、一間廚房，還有一間特大的、用於接見客人的會賓廳。比爾簡直氣翻了，對著服務員大罵道：

「是哪個混賬東西幹的好事？」

比爾一年四季都很忙，有時一個星期要到四、五個國家召開十幾次會議。每次坐飛機，他通常坐經濟艙，沒有特殊情況，他是絕不會坐頭等艙的。

早在一九八四年，微軟開始逐漸走向成熟，這年，在美國鳳凰城舉辦了一屆電腦展示會，比爾應邀出席。主辦方事先給比爾訂了張頭等機艙的票，比爾知道後，沒有同意他們的做法，然後硬是換成了經濟艙。還有一次，比爾要到歐洲召開展示會，他又一次讓主辦方將頭等艙機票換成經濟艙機票。主辦方認為，比爾坐頭等艙便於與其他業界人士進行溝通，但是比爾知道後，大發脾氣，他隔一會兒就走到展示會主持人面前，向他索要二百美元。因為頭等艙與經濟艙的差價正好是二百美元，並且還氣生生地說：

「這二百美元我不向他要，向誰要？」

比爾幾乎很少回家吃午餐，通常他會在公司以漢堡當午餐，這已經成為他的習慣了。有一次，辦公室來了一位新秘書，名叫理卡，為了慶祝她的生日，比爾特意帶著她，以及米麗亞娜・露寶與其他幾個職員來到一家高級飯店，每個人都點了酒與風味菜肴，只有比爾點了酒與漢堡。美琳達認為他很不給理卡面子，對

他説：

「 你為什麼不點些菜，你那樣會讓理卡感到難堪的。 」

比爾笑笑説：

「 我就喜歡吃漢堡，没想那些。 」

在與員工的相處中，比爾也從不像是個有錢人，他常對人説，與其説他有錢，還不如説他是「 軟體產業的卓越開拓者與領導者 」更讓他感到興奮。他不喜歡什麼事都與錢掛在一起，把金錢看成萬能。一次，他在出席會議的時候，主持人給他租了一輛高級轎車，他硬是拒絶了，然後租了一輛很普通的汽車前往會場。

在微軟，比爾已經成為員工，尤其是一些新員工的榜樣，他的作風感染了許多員工，所以微軟員工的樸素也是很出名的。這並不是説比爾吝嗇，或是小氣，他是在鍛鍊自己的意志力，也是在培養員工的艱苦創業精神，無疑這是一種非常可貴的精神。美琳達也常為他這種精神而感動。

可是，在一些時候，比爾花錢要勝過任何人，或許到現在美琳達也不知道比爾花近七千萬美元建設自己豪宅的真正目的，但是她可以肯定比爾並没有以此來炫耀自己的目的，他更願意將大把的鈔票捐給那些推動社會進步的公益事業。

第**15**章／
對微軟的獨特感受

作為微軟成長的見証者、比爾生活的打理人——美琳達對微軟有著獨特的感受。因為微軟不僅是比爾事業的全部，而且它也蘊含了她嫁給這個世界上最富有男人後的全部人生意義，當然還有比爾的個人魅力。

NO15　對微軟的獨特感受

微軟是一個充滿神奇色彩的企業，關於它的故事很多，在這裡工作、生活過的人也不計其數。但是，許多時候，當人們緊緊地將微軟與比爾這個響當當的名字聯繫在一起的時候，往往會忽略了從另一個角度去審視它。如果你不瞭解比爾的婚姻、比爾的管理、比爾的生活，那麼可以肯定，你對微軟知之甚少，至少只是淺層的、局部的瞭解。

但是從一個女性的視覺，更確切地說，從美琳達的視覺展現出的微軟卻是另一番情形。顯而易見，微軟與比爾的婚姻、生存狀態，甚至人際等有著十分密切的關聯。

是的，微軟是不同於其他的公司，只有當你深入微軟，你才會對它有真正的認識。

微軟總部在設計上別具一格，輕鬆自然是這裡最顯著的特點。因為，比爾希望員工能全身心地放鬆下來從事自己的工作，這也是他要求設計師卡爾‧貝茲設計時的風格：優美的環境能有效地撫平人們心頭的憂鬱。

所有人在這裡創造財富的同時，更能保持自己與大自然的和諧。很明顯，透過這些，可以讓你看到比爾在公司文化中很注重員工情感世界的微妙之處。在這樣一個充滿人性化的工作氛圍中，沒有人不願意將這裡作為展示自己才華最理想的地方。

如果你有幸可以光顧一下微軟的辦公室，你一定會大吃一驚，的確，這裡就是這樣，有時完全讓你感覺不出這裡正在辦公。

美琳達第一次踏進微軟的辦公室，很讓她感到吃驚！辦公室裡擺放的全是些玩具，有靶標、健身器材、弓箭，甚至還有水箱。員工的穿著也很隨便，這裡很少有人會穿一身筆挺的西裝，或是高跟鞋等。比爾曾告訴他們：

「你們可以最大限度地無拘無束地工作。」

一位對微軟慕名已久的記者湯姆生‧費爾一踏進這裡時，他同樣感到非常驚訝：

「噢！天哪，這裡是動物園，還是幼兒園？這就是微軟嗎？」

隨同的人也一片嘩然。這裡的閒散無紀簡直如同一個自由王國。但謝利會很親切地告訴他們：

「這就是微軟，我們的家園，設計軟體是一項壓力非常大的工作，你們很難想像得出來，沒有一個可以使員工身心放鬆的環境，怎麼會讓他們表現更出色？」

美琳達曾在早些時候問過比爾：

「年輕人應該讓他們在工作中變得拘謹一些，還是輕鬆一些好呢？」

比爾回答她說：

「提供寬鬆的環境對工作很有好處，員工中有許多年輕的姑娘與小伙子，他們在進入大學之後幾乎足不出戶，而現在出了大學的校門又被我們弄到這種近乎荒野的地方，怎麼還能讓他們拘謹呢？」

在微軟還有一個不成文的規定，在一個園區內的七百多名工作人員不必整齊劃一地上班，他們可以根據自己的需要實行彈性工作制。於是，這裡的許多員工會在白天休息，晚上加班加點，

所以，即使晚上八點上班，早晨六點下班的人也屢見不鮮。美琳達也曾體驗過這樣的生活，那不像是工作的需要，而完全像似取決於你的需要，這在其他公司是不曾見到的。

微軟是美國最先實行彈性工作制的企業之一，一些參與制定這項工作計畫的企畫人員說，這主要是取決於微軟公司員工工作的特殊性。當然在這方面，比爾也算得上是第一個身先士卒的人，他經常會在晚上工作，白天休息，但是一周下來，他的工作量要遠遠超過標準的四十個小時，美琳達也能體會到這種工作方式的優越性。的確，在微軟實行了這樣的工作制度之後，尤其對於一些程序研發人員，他們的工作更出色了。他們有了更大的工作自主權，同時，生活也變得比從前更豐富了。

從前，員工之間除了在工作上可以建立聯繫，生活上幾乎很少來往。當他們有了選擇工作時間的權力後，員工們在生活上就有了更多接觸的機會，甚至他們會認為對方是最好的生活夥伴，在一起互相幫忙和照應給他們帶來了無窮的生活情趣。

例如，一塊兒租一套好的住宅，一起搭車上下班，既方便也實惠。所以當美琳達到微軟上班後，曾有一些同事有意接納美琳達做他們的生活夥伴，請她與他們一起分享工作之餘的快樂，美琳達往往欣然接受。因為這不僅可以讓她緊張的神經放鬆，還為開展工作提供了一些便利，使她與員工的相處更加融洽。

所以在微軟為人處事，你會覺得更輕鬆、更有趣，你完全可以懷著愉悅的心情走進微軟，成為其中的一員。

同時，微軟也很注重以體育活動來平衡員工緊張的腦力勞動。公司每年會給員工發放一張免費的體育俱樂部會員證，員工可以隨時到附近的一家體育俱樂部健身。這家俱樂部有開闊的運

動場與溜冰場，員工可以到這裡打棒球、橄欖球，或是排球；在公司的園區內還設有一個小巧的人工湖，員工可以在這裡盡情游泳。

在微軟內部還特別設立了一些競賽——微軟競賽。主要是根據比爾及員工喜歡的一些運動而設立的，舉行這項活動一度是公司的傳統。雖然競賽現在不再舉辦，但是微軟派對卻越來越大，也越來越精彩。這樣的活動曾經在西雅圖的會議中心舉行過幾次。

早在一九九〇年，員工與來賓參加的人數就已經達到了八千多人。美琳達深深記得，有一年的主題是曼哈頓假期，參加派對人士可以參觀小巧的義大利快餐店，以及仿造的大都美術館，還可以觀看百老彙搖籃曲表演等，真是有趣極了。

在微軟，員工可以擁有自己的喜好，你可以玩遊戲，也可以相互捉弄，尤其是在愚人節這天，連比爾都難逃「厄運」。有些員工在工作時彈奏樂器，甚至在相互的辦公室門上塗上膠泥，直到打不開為止。你也可以隨心所欲地佈置辦公室，使其真正屬於自己的空間。即使在大學，也沒有這麼豐富的生活。這裡還有足球場、籃球場與跑道，各種運動設施應有盡有。

公司不定期舉行一些集體活動與比賽，現在最常舉行的活動就是馬拉松長跑，比爾也會積極參加。此外還舉行橄欖球比賽，主要以部門不同來劃分成不同的參賽組，獲勝方不但可以獲得豐厚的獎品，還可以被批准在這一年多休三天假。微軟還有一支令他們感到自豪的樂隊，這支樂隊即使在西雅圖也是非常出名的，他們的演奏水平完全可以與國家級樂隊媲美。他們絕對有這個實力，因為他們當中的幾位鋼琴演奏家，即使在全美也是很有名氣

的。

當微軟在業績上獲得巨大的進展時，總免不了要進行小小的慶祝。那時，比爾總會騎著一輛哈雷摩托車登上微軟年度大會的舞臺，樣子十分滑稽可笑。

比爾說，這樣主要為了可以讓員工放鬆，以便充分發揮他們的潛能。而事實證明，這些對提高工作成效的確很有幫助。在微軟 Windows3.0 問世後，微軟在西雅圖一家著名的酒店舉行了一次集體慶祝會。那時的場面非常熱鬧，比爾與一百多位員工在那裡不受約束地狂歡。

也有些人傳言說，微軟雖然聲譽很高，但是對女性不友善。這種傳言是不可靠的。在微軟，一般情況下主要從電腦學院招收人才，很幸運，微軟總能從這些學院中招聘到一流的人才，其中不乏一部分女性。在微軟內部，女性職員從事的工作主要以營銷與專案管理為主，而在實際撰寫程序的人員中，女性只占到了百分之二十，但是這種比例是低於微軟指標的。微軟一向注重人才，在這裡不存在性別與種族歧視。

對於許多男、女青年，他們還沒有成家，那麼他們就會以公司為家。或許這樣不拘一格的工作方式，可以讓每一位員工產生一種歸宿感與自豪感。他們也會因此說出自己的想法，比爾公開鼓勵微軟每一位員工可以通過電腦給他發電子郵件，並告訴他們：

「我在兩天之內會給你們回信。」

有時比爾的回信可能是很粗魯的，因為他不是那種喜歡費心表現自己禮貌的人。或許正是這種開放與易於接近的特點使微軟保持了常勝不敗的紀錄。

比爾有時不給自己的員工留任何情面，他甚至可以直言不諱地對自己認為不大好的人和事建議說：

「這是我聽過的最為愚蠢的建議！」

沒有人願意聽到這樣的回答，所以美琳達曾勸誡比爾：

「你必須要學會對每位員工尊敬，是他們這些精英造就了微軟這個巨人，你只不過是一個出色的管家。」

曾經有人問過比爾，微軟為什麼在上市後如此短的時間內變得如此富有？比爾這樣回答：

「微軟會笑著告訴人們，我們在努力地工作。」

一九九○年，微軟僅有五千名員工，但那時便已經創造了巨大的經濟效益。在比爾看來，保持適當的員工人數有利於生產效率的提高，所以他經常在考慮兩個項目，一是可以多投入廣告費；二是控制員工人數，他把這叫做控制人頭數。他說：

「廣告費你可以調整，如果出了錯可以改正，但是對於人頭數你就得保守一點了，一旦你允許經理們用二百個人去做本來一百個人就可能完成的工作，那樣，損失就很難挽回了。」

比爾期待每一位員工都成為重要的一員。雖然他處在最高領導層，但是他可以清楚地認出每一位微軟部門經理，甚至一些員工，知道他們正在進行什麼項目，進行到什麼地步了。這裡的員工都非常佩服比爾的記憶力。

在微軟變得越來越龐大的時候，比爾感覺有些工作很占用他寶貴的時間，於是他只擔任了董事長一職，而將總裁讓給了鮑爾默，比爾主要從事一些策畫性的工作。

本應該出現在對公司具有戰略意義的會場中的比爾，也經常會參加一些部門會議。如有時間他不放過每個項目每一周的現場

會議，參與討論項目的進行情況等。所以，比爾認為不妥的事情，員工也可以馬上就聽到，比爾有時也會當場指出某個經理的不足或需改進的地方，他也更喜歡對自己欣賞的做法或是建議給予即時獎勵。

負責應用軟體的杰佛理·哈波斯甚至說是比爾讓他們緊張起來的。的確，比爾很善於讓那些有能力完成難題的員工全力以赴地工作。

美琳達曾經也問過比爾這樣一個問題：

「為什麼許多公司大了之後，老闆與員工都會失去必要的聯繫？」

「所以讓微軟有小公司的感覺十分重要，即使它已經不再是小公司，就像我永遠會記得做個小孩子有多快樂一樣，微軟要保持這種感覺。」比爾回答說。

比爾有時在一些問題上的態度像個孩子，但是在公司的一些重大變革上，他會比別人想得更周到、更細緻。在美琳達走進微軟的十幾年當中，目睹了微軟的每一次發展與變革。她不得不欽佩眼前這個滿是頭屑的孩子氣般的比爾的管理藝術。

最近，微軟進行了一次重大的人事調整。事先比爾曾徵求過妻子的意見：

「美琳達，現在公司面臨很艱難的發展機會，我想是把資源與人才集中起來應對挑戰的時候了，你有沒有什麼好的想法？」美琳達從不願介入公司的管理問題，她只告訴比爾：

「你是想給自己換一個新的角色嗎？的確，依你的年齡，你或許應該從事一些更有效、更具有全局性的工作。」

或許是妻子的話提醒了比爾，或是他深思熟慮後的決定，於

是比爾讓史蒂夫・鮑爾默──他近三十多年的老搭檔，取代了他的總裁職務，而他只擔任了董事長一職。他告訴新聞媒體：

「我和從前一樣，對微軟這個了不起的公司感到無比樂觀。我們有出色的員工，有比以往任何時候都有效的管理層，有數量龐大的、占絕對優勢的技術，以及無窮的發展機會。所以，如果有人懷疑今天宣布的這個決定意味著我會在微軟花的時間少一些，那麼他就徹底錯了。」

事實證明比爾的承諾沒有落空。

一九八三年，與比爾一同創業的艾倫離開了微軟，他投資一百五十億美元的資金用於高科技與體育企業，但他仍然持有百分之九的微軟股份。

雖然外界傳言艾倫是因為與比爾合不來才不得不離開微軟的，但比爾卻不這樣認為：

「我們是對一些事情有過不同意見，也彼此爭辯過，但這很正常，這絕不是他離開微軟的理由。展望未來二十年，我們兩人都相信，其實未來會有比過去二十年更多的機會，會產生更大的影響，我們各自努力奮鬥吧。」

雖然美琳達沒能親眼見證艾倫工作時的情景，但是比爾向美琳達承認：

「我比較激進，競爭心又狂熱，而保羅在我們的研究發展方向與經營上保持領先。」

在先後十多位伴隨微軟成長的高層主管中，除了保羅，現在比爾更看好鮑爾默，比爾也幾乎從來沒有將他看作外家人。鮑爾默很善於言談，做事精明果斷，這些都深得比爾的歡心。美琳達對鮑爾默的印象也很不錯，不只是因為他是極力促成他們婚姻的

當事人，更多的在於他的做事風格與談吐。鮑爾默很熱情，每次來比爾家時都不忘要見見比爾的寶貝兒子羅瑞，他們很合得來。比爾是這樣評價鮑爾默的：

「從撰寫程序方面來說，鮑爾默並不是一個專業的技術人員，但他很擅長數學，而且是個精力充沛的商業高手。這個在表達觀點猛敲牆壁並吼叫的傢伙，也是個經常踢我屁股的強制者。」

還有一些其他出色的微軟高層，他們都是比爾最得力的工作夥伴，也是微軟「智囊團」的重要成員。

微軟「智囊團」是一個特別的團隊，這也是微軟與其他軟體公司與眾不同的特色所在。不可否認，他們的智囊深度確實並非一般人想像的那麼簡單。比爾一直為自己可以找到這些最聰明的人才而倍感自豪。他認為，如果把微軟這些頂尖的二十個人才挖走，那麼，微軟便會變成一家無足輕重的公司。這樣的局面比爾當然不願意看到，所以他一直在為留住這些他最欣賞的人而竭盡全力。

同時，比爾還不忘向他們學習，他自認為自己並不是教育家，而只是個學習者而已，這便是這個「智囊團」讓比爾發自內心的感受。微軟的大部分決策幾乎都出自這裡。其中有一位重量級人物，也是微軟非常權威的創意思想家納米・米爾弗經常開玩笑說：

「在我們智囊團中，聰明人威脅不了比爾，只有蠢才才能。」

比爾在形容這些人的時候，總是喜歡用「螺旋槳頭腦」來形容。前微軟的奴羅伯・格拉雷澤曾是最讓比爾欣賞的一位專家。

在奴羅伯三十歲時，他兌現了自己在微軟的上市股票後開始自己創業。比爾說：

「他非常聰明，而且年輕，正因為這一點讓他忘乎所以，許多事情常自以為是。但是，不可否認，正是那個傢伙給公司帶來了豐厚的回報，而且在他那兒，事事都進行得非常順利，也很迅速，不需要做太多的管理訓練。」

有時，一些人會問比爾：

「在微軟，你們怎麼做才會成為『螺旋槳頭腦』呢？」

包括美琳達也對這個問題很感興趣，一次比爾告訴美琳達自己真實的看法：

「方法之一就是研讀唐納德・克努特所著的《程序設計藝術》這本書，這本書一共有三冊，而且正在出版更多。如果有人自負到自以為什麼事都懂，克努特便幫助他們瞭解，這個世界有多深奧，有多複雜。我花了好幾個月的時間才讀完這本書。這是對意志極好的訓練。我研讀了二十頁後把它放在一邊，一個星期後再讀二十頁。」

聽他這樣一說，美琳達忽然想起來，曾有一段時間，比爾只是告訴她在學習，美琳達知道比爾從來不看一些管理方面的書籍，現在也很少從事程序設計的工作，不知他在學習什麼，只當作是一種玩笑。看來他真的是在努力，並且他還告訴美琳達，那段時間，公司裡凡是能夠讀完這本書的人，他都要求他們寄一份履歷表給他。

也有一些人對微軟的這種做法感到很奇怪，新聞記者蘭德爾・斯特勞斯便是其中的一位。在他第一次接觸關於微軟的一本書時，他對於外界宣傳的微軟公司「智囊團」的種種奇聞軼事存在

疑惑。可是當他與微軟實地接觸了三個月之後，便完全改變了自己先前的觀點：

「當我近距離檢視微軟的運作時，震撼我的不是這家公司的市場占有率，而是該公司擬定決策時那種密集、務實的深思熟慮。據我的觀察，微軟不像昔日的 IBM 那樣在牆上懸掛著訓斥員工『要思考』的牌子，而是將思考徹徹底底地滲入到微軟的血脈。這是一家由聰明人組成的、管理良好的、從過程中不斷學習的公司。」

當然，如果你不具有螺旋槳式的頭腦，那麼你在微軟也很難致富。現在，可以肯定說，至少已經有二千名微軟員工成為了百萬富翁，他們都是絕頂聰明的人。

在微軟創立後不久，比爾曾經與鮑爾默等公司高層商量，打算聘用一位非常能幹的董事，最後商量決定聘用吉姆・湯姆。

在一九八二年的時候，吉姆・湯姆還不到四十歲，此前他曾在一家擁有十億資產的大公司當總經理，因為具有扭轉困境企業的特殊能力而被所有企業家看好。那年的七月六日，他正式成為微軟的執行總裁，負責日常的事務管理。比爾擔任執行副總裁，負責所有與產品有關的活動。

吉姆是一位典型的平民主義總裁，不論是他的為人處事，還是工作作風，都透露出了這一點。但他有一個非常明顯的缺點，那就是他對軟體的技術特點不是非常精通，所以在工作的時候，他很少關注公司的產品。

比爾希望他能改變這些缺點，但在吉姆・湯姆看來，比爾是個很計較的人，因為，比爾總是希望他多瞭解些軟體方面的事，而他只希望做好日常的管理事務。同時，他反對微軟在一些營銷

問題上的做法，恰巧相反，比爾卻認為這樣做是合理的。當然，沒有誰能夠分得清他們誰是正確的。

吉姆・湯姆任期不到九個月時間，比爾便開始尋覓新的總裁了，他認為聘用吉姆・湯姆是他犯的一個不可饒恕的錯誤。比爾對新聘用的董事長行政助理埃斯特爾・馬瑟斯感到非常滿意。在第一次會面時，比爾問她吃不吃午餐，她說不吃，比爾問她最不願意做什麼事，她說文件歸檔，說完後，她還強調了一遍：

「我不想搞文件歸檔。」

那時，比爾覺得她非常有個性，於是決定聘用她了。

馬瑟斯除了負責一些日常的事務外，還負責管理比爾的一些生活事務。比爾習慣工作到深夜，而早晨不按時起床，因此馬瑟斯的一項工作就是把他從床上叫起來，去赴重要的約會，甚至她會開車送比爾到機場。在重要的場合下，她會建議比爾穿什麼，並提醒他注意梳理頭髮。她還負責處理比爾超速行駛的法院傳票。

馬瑟斯認為，比爾是她見到的最聰明的人，也是非常奇怪的人。作為商人，他對錢的態度讓人難以理解。不論對現金，還是支票，他都會漫不經心，有時把錢丟在桌子上就走開了，從來沒有對任何人有過任何謹防，所以他會經常丟掉自己的信用卡。即使在婚後，這樣的事情也經常發生，當然，比爾也承認並不是人們故意從他的兜裡掏走的。所以他經常去銀行，並不是存錢，而是辦理自己的信用卡業務。

微軟的許多員工都掌握了與比爾打交道的第一規則：不要在比爾面前顯得無足輕重。一次鮑爾默將拳頭砸在了桌子上，比爾也砸了一拳，鮑爾默又砸了一拳。後來鮑爾默說：

「如果你對他畏縮不前，他就不會尊重你。」

所有這些，包括比爾與員工的工作作風，他們的人生與價值觀，都主要源於微軟的文化。

同所有大公司一樣，微軟很注重自己的文化。如果你置身於微軟，你很容易感覺到這個公司在倡導什麼，不倡導什麼，也很容易推測出這個公司的主流文化是什麼。如果這個主流文化是你喜歡的，你就會發現公司裡你不喜歡的人是少數；如果你不喜歡這個主流文化，在裡面則很難找到你喜歡的人。

有許多企業不允許管理人員和普通職員談戀愛，因為在辦公室的管理中間，很重要的原則是清楚距離，管理人員必須公平地對待他們的下屬。這樣的規定在微軟是絕對沒有的，只要員工生活愉快，工作很有成效，他們完全可以讓自己放鬆。在這方面，比爾與美琳達或許是最先成為典範的，還有鮑爾默，他的妻子同樣是微軟的職員。

還有些公司在招聘中明確規定這樣一條──不接受內部推薦的人，所有職員都是公開招聘，這就是管理半徑，否則，一種先定的親密關係，很可能會導致你和其他人的距離感。但這一條在微軟也是很早就被廢除了。微軟有這樣的規定，內部的員工可以向公司推薦優秀人才，如果他們真正能做到的話，還會因此受到公司的獎勵。

不光是微軟，任何一個知名的企業都有著自己鮮明的公司文化，他們需要做的僅僅是如何讓企業文化使員工接受，或者形成習慣並繼承下來。很多人都深信微軟在這方面走在同行的前面。

微軟也非常注重團隊精神。美國針對一些跨國企業的一項調查表明：百分之九十六的決策由團隊做出，而個人做出決策的只

占百分之二十六。這對微軟意味著什麼呢？是不是一個人每天只顧及自己的事情，直至累得疲憊不堪的樣子，才算是出色地完成了工作？當然不是。有時你需要接過別人手裡邊的工作，或者需要趕在別人前面把工作完成，但是你在這裡必須要清楚，靠一個人的力量是無法面對千頭萬緒的工作的。包括比爾在內，他永遠的角色不是一個「獨裁」者，而是一個「拍檔」，如果一個員工是一個出色的「拍檔」，那麼他就很受歡迎。這也是比爾經常告誡員工的：

「在工作中，你必須學會做一個出色的拍檔。」

在微軟工作的幾年當中，美琳達在這方面有很深的感受。這裡的人際關係與她在大學，甚至商學院的時候都有著明顯的區別。不可否認，微軟文化對她的影響是很大的。

當美琳達還是個新職員的時候，每天就免不了要與各個部門的人打交道，那時，她也開始感覺到自己在這裡並不是孤立的，在這裡，沒有一個人可以獨立完成他要完成的工作，你必須要通過與其他人合作才能完成自己的工作任務。所以微軟在招聘人才時，也特別注重人才的團隊精神。管理這項工作的鮑爾默認為，一個人是否能和別人相互協作，或獲得他人的信賴，要比他個人的能力重要得多。

可以說，微軟是白領階層的聚集地，幾乎所有人都受過良好的教育，有著睿智的頭腦。與其他一些公司相比，這裡職員相互間的關係與其他公司有著很大的不同。他們都非常關心怎樣才能通過最佳的合作而最有成效地工作，帶來最多的效益。不僅在工作上是這樣，在生活上也是如此，每個人都認為這種工作關係是互動互惠的。如果你是一個剛剛走進微軟的新職員，沒有人會告

訴你怎麼去做，甚至在美琳達剛進入微軟的時候，也找不到自己
該做的工作，一旦你適應了，便會喜歡上這裡。在微軟所有人都
能和諧相處，從中享受到和諧的同事關係所帶來的好處和樂趣。

　　雖然許多員工在一起工作，難免會產生一些不愉快，但是這
絕不會影響他們接下來的相處，以及他們的工作。美琳達在微軟
曾長時間做著別人的下屬，那時，有些人認為她應該晉升。但是
美琳達說，這裡是憑實力來為自己說話的，所以，她不會輕易接
受一個她還很不在行的職位，從頭做起便是她的初衷。美琳達就
是從一名員工做起，一步步成長並見證著微軟的發展。

　　在美琳達的職業生涯中，露絲也許是影響她的第一位職業女
性，那時，她們志趣相投，關係非常親密，也經常在一塊兒談論
比爾，露絲眼中的比爾是個絕對聰明而又有魄力的人。雖然比爾
會加倍地工作，並且她們這些經理也常被告知需要加班，雖然薪
水不見上漲，但她並不認為比爾是個貪婪的守財奴。美琳達雖然
剛踏進微軟大門，但她相信那絕對是句真話！確實比爾不是那樣
的人，他從不會用錢來誘使員工努力工作，或是用錢來讓員工產
生差別感。在微軟，一些部門經理的薪水遠不是他們先前所想像
的那樣呈金字塔式地分布，甚至好長時間比爾的年薪還達不到微
軟歐洲總裁的一半，即或在微軟內部，他的薪水也並不是最高
的。相反，一些員工的工資卻比他們的上司高出許多，甚至一
倍、兩倍……這裡只有分工的不同，沒有地位的差別。比爾非常
討厭將政府或是其他機構的等級管理制度引入微軟，甚至用薪水
將它們固定化。

　　雖然，這裡與其他公司一樣，有完備的管理體制，有健全的
規章制度，甚至各個級別的職位，但這些都是微軟在長期的管理

實踐中建立起來的,所以它並不顯得生硬,也並不突出上層管理者的地位,完全是微軟的特色。

微軟的員工都會以自己身處微軟而有種自豪感。這一點,美琳達的體驗或許更為深刻:

「當我先前的一些朋友與同事得知我來到了微軟,都羨慕不已,我告訴他們,我並不是一個十分通曉程序設計的人,只是在微軟做營銷工作,但是這裡更能讓我體驗到樂趣與工作的激情。」

微軟公司更關心員工的集體榮譽感,甚至一些人會認為,這是微軟一項令人感到望而生畏的優勢。現在,微軟在全球大約有四萬多名員工,集體榮譽感顯然非常重要,單就這一點來說,比爾是個成功的領導者。

微軟的員工在項目中都有屬於自己的模塊,如果他是一位程序員,他就可以自行設計、編譯並測試屬於自己的那個模塊。如果是項目中的非程序設計員,就會把設計傳出由程序員進行編譯,程序員負責測試整個模塊。程序管理者、營銷經理等都是如此,在任何時候、任何情形下,員工都有權力決定需要做什麼。

也就是說,微軟的員工是很自由的,這並不單純指這裡實行的彈性工作制,或是員工可以不穿工作服上班,而是員工可以自行決定完成工作的最好方法。同時,他們自己更願意承擔相關的責任,他們也從不會等待別人或是上司來為自己分配任務。

每一個微軟員工除了可以拿到每個月的薪水外,還可以擁有股票權。沒有人不想掙更多的錢,擁有了股票權時,他們更願意為公司工作。所以,微軟也可能是美國許多企業中最能培養百萬富翁的企業了。當然,這些暴富後的員工與其他公司的員工有很

大的不同，他們通常都非常敬業。雖然他們很有錢，但是他們似乎從來也不關心錢。或許正是在這個團體中因為有了一些與比爾志同道合的、忠實於公司的員工，微軟才會遙遙領先於同行。

盜版是微軟面臨的又一重大問題，打擊盜版是一項非常複雜的工作，這需要許多方面的配合，因此比爾非常注重自己的事業夥伴。一九九六年，擔任ＯＥＭ全球積極行銷經理的山米·波達斯建議比爾將這項工作開展至「微軟員工尚未踏腳的地方」。他的意思是說，希望在諸如巴西、印度、中國、俄羅斯等新興市場開展這項工作，在這些地方，個人電腦的銷售業績成長驚人。

同時，在這些國家，軟體盜版市場與電腦市場同步增長。但是並沒有任何輿論指責這些盜版行為，更沒有人瞭解智慧財產權的價值。非法盜版甚至成為亞洲與南美一些國家最大宗的組織犯罪。

因此，如要想在這些地方有所發展，微軟必須說服這些國家的領導人尊重與保護智慧財產。比爾聲明保護知識產權、打擊盜版行為是建立良好法制形象的關鍵，有一些政府開始意識到這個問題，因此在保護智慧財產權上會表現得積極一些。山米與微軟的反盜版團隊需要做大量的工作，他們有時要耐心說服個人電腦經銷商使用正版的軟體，並讓這些經銷商明白這樣做是促進業績增長與擴展市場的關鍵，甚至提供他們必要的經費。

關於微軟的故事很多，只有置身於其中，才能感受到微軟的與眾不同。作為微軟成長的見證者、比爾生活的打理人──美琳達對微軟有著獨特的感受。因為微軟不僅是比爾事業的全部，而且它也蘊含了她嫁給這個世界上最富有男人後的全部人生意義，當然還有比爾的個人魅力。

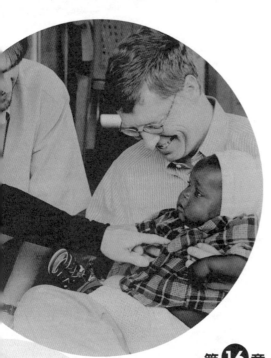

第**16**章／

熱中於慈善事業

美琳達告訴比爾，她更願意在脫離微軟之後同時做好兩件事情：家庭與慈善事業。
因為這對於一位女性，尤其是像她這樣一位女性來說，更是一種平衡的生活。

NO16　熱中於慈善事業

19^{99} 年，比爾的第二個孩子羅瑞·蓋茲出生。這時美琳達辭去了微軟的工作，成了一名名副其實的家庭主婦，隨後又進入了慈善基金會工作。她告訴比爾，她更願意在脫離微軟之後同時做好兩件事情：家庭與慈善事業。因為這對於一位女性，尤其是像她這樣一位女性來說，更是一種平衡的生活。

比爾非常贊同妻子的看法。可以說，在慈善事業方面他們有著共同的志趣與想法，即使在平日裡，他們夫婦最喜歡看的一本書就是大慈善家卡耐基所著的《財富的榜樣》，他們對於書中「身懷巨富離世的人其實走得最不光彩」這句話觸感很深。的確，這句話曾帶給許多人思考與感慨，或許這才是比爾夫婦熱中於慈善事業的初衷，而並非像有些人所稱的那樣：是純粹的利他主義，或是為了節稅。在兩人看來這些都是無稽之談！

在美琳達正式告別微軟，進入基金會之前，她還經歷過一件不愉快的事。

比爾一向喜歡將公司的每一個主管叫到一起，大聲來一次關於創造力的喧嘩。他的演講稿幾乎從來都是自己寫，更多的時候，員工喜歡他的即興演講。他的口才確實很棒，當然也很幽默。在與比爾一起埋頭苦幹的那段日子裡，美琳達很欣賞比爾在公司會議中講話的幽默。不過有一些很有見解的員工會對比爾的講話提出一些置疑，然後，比爾對他們的回答便是沒完沒了，直到那些員工再也沒有什麼問題可問為止。不可否認，比爾主持會議很有特點，有時，許多人對他感到反感，當然，也有一些人很

樂意聽他講話。

一次，公司舉行人事任免會議，有六個部門經理都已在座了，偏偏還有幾位沒及時趕來，比爾便再也坐不住了。那時美琳達以為他要對那些遲到的人發脾氣，後來他卻表揚了那些人。原因很簡單，後來比爾告訴她：

「在等這些討厭傢伙們的時候，我才發現自己沒有準備好回答那些令我感到頭疼的人的問題，恰巧有個遲到經理給我帶來了那時我急需的一些文字材料。」

那次會議氣氛很熱烈，比爾被問到了許多棘手的問題。因為，誰也不想聽到自己被董事長比爾宣布降職或是調離，所以大家都爭著發表自己的看法，並極力表現自己的業績，其中有一位運籌部門的小個子經理卡倫‧科德，他並沒有急於發表意見。比爾隨後讓大家逐個談談自己的看法，輪到卡倫時，他便開始問比爾一些問題，他問的第一個問題便是：

「董事長先生，恕我冒昧，您是如何看待您的太太美琳達小姐的表現的？」

「糟糕，怎麼會問出這樣的問題？」美琳達心裡開始有些不安，幾乎所有人同時將目光鎖定了她。

「噢，你是說美琳達的工作嗎？」比爾反問道。

「是的。」

「我們是最好的朋友。當然，他也是我的太太，這似乎並不影響我對她工作的看法，我會給她打一個不錯的分數。你是想說她工作存在不足？」

「不是，你誤解了，我想對您說，美琳達做運籌工作更合適。」

「這主要取決於她自己的喜好，但是必須要有成效。」

「董事長先生，我想提出辭呈，讓美琳達接替我的位置。」卡倫很誠懇地說。

他的發言讓在場的人都驚呆了。誰都知道，微軟最需要他這樣的人。

比爾開始有些坐不住了，他掃視著周圍，繼而用一種非常明朗的語氣說：

「卡倫先生，我不會接受你的辭呈，我希望你繼續留在微軟。」

在場的人都為比爾的話鼓掌。

卡倫並沒有固執下去，他告訴大家：

「在給法國微軟公司做預算的時候，我出了一些差錯，這個差錯很嚴重，導致公司損失了四百萬美元。是的，我原以為，董事長會像對待美琳達那樣對待我，所以……」

卡倫提起一年前的那件事，美琳達心裡也很不是滋味，雖然事情已經過去一年多了。

那時露絲到比利時出差，美琳達臨時接任了她的職位，負責公司產品的向外推廣。由於大意，竟在一份協議上簽上了露絲的名字。在先前的協議中，雙方已經聲明，必須由雙方的當事人負責簽名。這個錯誤對方也沒有發現，於是這年的年初，在帳目問題上美琳達與露絲出現了一些分歧。最後，露絲也不肯插手這件事情。為了贏得客戶，比爾只得承認這筆損失。

那時，比爾對美琳達的工作提出過尖刻的批評，他抱怨她：

「你怎麼會犯這樣的錯誤，我不希望他們懷疑我們的誠信。」

卡倫那時是第一個站出來反對美琳達的人，他不同意營銷部由這樣一個涉世未深的女子來負責，所以他們結下了這段工作上的「恩怨」。

幸好，卡倫留了下來，要不他也會像露絲一樣離開微軟，那樣，或許美琳達會很難堪的。幾次經歷之後，美琳達對從前母親從事的工作——主管，開始失去興趣。尤其是作為比爾的妻子，她雖然認為自己可以將這份工作做得很好，但是，不可避免的錯誤無形中讓比爾顯得有些被動，一度她想著如何脫離微軟，這樣可以將這個職位留給其他的人。

統管微軟的比爾，在工作中，面對妻子的失誤，無論從哪方面講，他都應該提出自己的批評，否則，美琳達在同事面前會覺得很難堪——隨便哪個人都會對她敬而遠之。雖然這樣的事情從那次事件後再沒有發生，但美琳達做好了一切準備，因為，在微軟任何不願接受批評的人，都不受人歡迎，比爾也不例外。他在更早的時候把自己的郵箱告訴所有的員工，如果有些員工對他有成見，比爾會一一回覆。

曾幾何時，美琳達也做起了一名很不自在的經理，她不願更多地給自己的員工提意見，只因為她是比爾的太太，她要對自己的言行保持謹慎。尤其是在她離開微軟的半年前，工作狀況是她有史以來最糟糕的。

終於在一九九九年，美琳達在一次病痛中決定離開微軟，而比爾竭力說服她可以到慈善基金會工作，或許那裡沒有「功」與「名」的爭執，是最適合她的。經過比爾的一番開導，美琳達終於又開始了人生中的第二次職業生涯——微軟的慈善基金管理處職員。

是的，在這裡，她有著一種與世無爭的感覺。雖然這時她的主要工作還是呵護自己的兩個孩子，但她會抽出時間管理慈善方面的一些事務。慈善基金管理對她還是一件相當陌生的事情。雖然在這裡工作的人不多，但是許多美國知名的企業家、大學教授，或是其他業界人士都與這個基金會有著密切的往來。

並不是為了單純的生活讓美琳達全身心地投入到這份嶄新的事業當中，在美琳達成長的各個階段，她都曾受到過慈善組織或其行為的影響。

最初，美琳達的母親依蓮經常會講給她自己童年時遇到的那些擁有愛心的人。後來，母親也經常參加一些慈善組織的活動，例如捐一些東西給那些窮人，或是無家可歸的人。有一次母親將美琳達的一套新棉被捐贈給了鎮上的一個慈善組織，那原本是外婆買給她上學時用的。在學校她也幾次目睹了一些貧窮學生從學校的助學機構那裡領來一些物品，或是學習用具，也有一些零用錢。每次，她都會為此感到不自在，因為，在她的身邊曾有一位依靠慈善救助而完成學業的學生，這個學生一個月的生活費竟不足普通孩子的三分之一，也很少見他吃到好一點的飯食。

那時，一些聰明的學生並沒有當著大家的面施捨這些家境貧窮的學生，怕他們感到難堪，幾乎所有獲得救助的學生都有一個共同的特點，寧願過著清貧的生活，也不接受有損自尊的施捨。所以，美琳達那時會節省一些零用錢並寄存起來，在一年當中，她會不時地將這些錢捐給學校的慈善會。

而最能觸動美琳達心弦的便是一九九三年深秋她與比爾的非洲之行，她生平第一次在那裡看到了人間的另一個世界。自那時起，她便不敢輕易相信一些媒體，或是報導。那裡有些人的生存

狀態遠不是媒體所介紹的那樣好，即使在非洲相對比較富裕的南非，這個國家中大部分處於上等生活水平的人群，其生活狀態也不比美國享受社會福利的人好多少。看著那些饑寒交迫、骨瘦如柴，或是很早就棄學、幫家裡務農的孩子，一個新的認識在她的心中誕生了：

「我們常會說人間地獄，這或許就是我所看到的最真實的寫照。」

這裡幾乎沒有什麼社會福利，更談不上像美國公民可以享受的各種保險，或是政府補貼。所有這些都深深觸動了美琳達的心。

當然，同時被觸動的還有同行的比爾的父親亨利，這是一位始終熱中於人類慈善事業的老人。他接管了兒子創建的世界上最大的慈善基金會。在他的帶領下，這個組織規模越來越大，他將大把的錢用來資助全球各地的醫療與教育事業。

在微軟名氣與財富同步增長的同時，外界要求微軟捐贈的信件也像雪花一樣飛來。比爾的媽媽瑪麗是一位頗有社會責任心的人，她經常開導比爾：

「你應該學會做一個好公民，一定要為社會多做些事情。」

比爾最初並不能聽進母親的話：

「媽媽，我有一個公司要管理，我為社會能做得最好的事情，就是讓這個企業更加成功。」

不過，最後比爾還是向母親屈服了。在父母的引導下，比爾也開始非常熱中於慈善事業，他認為這些錢也應該用在高等教育上，所以他曾經向瑪麗的母校華盛頓州立大學捐贈了一千二百萬美元。

　　二〇〇一年一月份的時候，為了便於管理，比爾將原先設立的兩個基金會統一起來，並改稱「比爾─美琳達基金會」，這成了真正意義上蓋茲家族的慈善基金會。

　　這時，基金會的資金儲備更多了，達到了二百四十億美元。同時，比爾還將自己的一些股票也投入其中，加上其他一些微軟高層的參與，致使基金會的資金來源相對充足了很多。由於業務量的突增，亨利決定讓美琳達與他分開管理，亨利主要負責資金，而美琳達主要負責援助計畫的實施與審核。

　　曾為了慈善事業，亨利與美琳達走訪過世界許多地方。他們在二〇〇〇年走訪了南亞的一些國家，他們吃驚地發現，世界上有許多兒童竟得不到在美國人看來是理所當然的東西，如疫苗、營養食品，甚至乾淨的水。

　　每當他們回來之後，美琳達都要進行仔細研究。她發現，如果他們能提供一些疫苗或是食品等，實際上他們便能以很低的費用每年拯救數以百萬計的生命。與她的看法相同，亨利也覺得這件事情不宜再拖下去，要是等到自己失去工作能力再去做這件事，那只會留下一生的遺憾。於是他們決定將這些貧困地區的婦女與兒童納入到資助的對象中。

　　還有一件感動過美琳達的事情，這一度讓她對慈善事業更加投入。

　　西雅圖市郊區的一個小鎮曾經發生了一件事情，當地一個青年不幸去逝，附近的許多人都準備參加他的葬禮。吉姆·法雷死得很突然，留下妻子與三個兒子相依為命。他的長子也叫吉姆，才剛滿十歲，因家裡沒有多少錢，不得不去瓦廠做工，他的工作是攪土，並將它們放入模型中，做成雛形，再排列在太陽下曝

曬。其餘兩個小孩，一個六歲，還没有上學，一個剛會學説話。他們的母親看上去很瘦弱，一家四口只能依靠政府的救濟生活，這也是美琳達二十年來看到的最凄慘的家庭。後來，基金會決定資助兩個孩子的所有學費，直到他們讀完大學。這也是美琳達參與基金會事務以來救助的第一批失學兒童。

這件事讓她產生了深刻的認識——她覺得世界上再也没有一件事情比這更有意義、更寬厚仁慈了。

自從這個基金會成立以來，向各種慈善機構的捐款已近四十億美元。現在，每天都可以收到大約有三千多份贊助申請，雖然現在這個基金會的基礎資金已達近三百億美元，並且還有許多資金在不斷注入，但是目前，他們只能每年贊助三百多個項目。目前，在美國這個基金會主要是為低收入家庭的孩子提供獎學金，此外，還給一些學校或是圖書館捐款。在世界的其他地方，基金會則更側重於醫療健康事業，至今他們仍在尋求在兒童疫苗領域中做出傑出貢獻的科學家的合作。他們也開始注意到了一些機構，如聯合國，以及其他一些致力於兒童與婦女服務事業的組織，他們希望能與這些機構、組織合作。

比爾曾計畫在有生之年能夠捐出一千零五十億美元的資產。這是一個了不起的數字，它幾乎接近微軟現在的所有資產總額。作為這個基金會的管理者，亨利在接受英國《星期日泰晤士報》的採訪時表示：

「我的兒子因為其財富正受到許多不公正的偏見與批評，但是我很樂觀，大量地捐錢只能證明我們的豁達，我們不在乎這些指責。」

這或許是蓋茲家庭的真實想法。

一九九九年六月，在徵求了美琳達的意見之後，比爾決定捐出十億美元以幫助那些無法完成大專課程的部分學生。這是比爾個人捐助中數目較為龐大的一次，甚至有人稱它為「蓋茲千禧獎學金」。這項工程主要由美國聯合黑人大學生基金會來管理，西班牙裔學生獎學金基金會與美國印地安大學生基金會也都十分支持並參與了這項計畫。黑人大學生聯合會基金會的主席及首席執行官 WilliamH.Gray 表示：

「這項援助工程將對消除高等教育中的某些不公平現象具有歷史性的意義，它可以使教育的大門向所有原來沒有機會得到進一步教育的人敞開，我們看到了未來的領導人因此而產生，我們非常感謝比爾夫婦的這項善意舉措。」

預計，這筆獎學金在此後的二十年當中，每年至少可以資助一千名高中生修讀教育、數學、工程，以及計算機專業的課程，甚至可以解決他們的住宿費與學費。獲獎學金資助的學生將獲得整個大專教育的費用，包括他們將來研究生學習的費用。

一些批評人士仍然質疑比爾此舉是否純粹出於利他主義，因為比爾曾一度被批評人士認為他是以大筆捐款作為節稅之道。比爾—美琳達基金發言人尼爾森曾否認過他們的這種看法：

「我們之所以這樣做，是因為，我們覺得這是正確的，沒有其他可以隱瞞的理由。如果有人硬說那是為了節稅，從邏輯上也是說不通的。當然，我們獲得更多的支持者，莫過於那些從事愛滋病等一些疾病研究的科學家們，無疑，這又會給他們輸入新的資金。」

也有許多醫學專家站出來表示支持：

「這樣做太好了！我們絕大部分的工作都集中在發展中國

家，而醫藥公司對這些地方不感興趣，因此我們極其需要這筆資
金。」

二〇〇二年，比爾參加了在瑞士召開的世界經濟論壇年會，
在會上他宣布一項重要的行動，這便是比爾－美琳達基金會與美
國國立衛生研究院（NIH）共同提出的二億美元的生物學研究項
目計畫。在一些貧困國家，尤其是非洲，每年都有上百萬的人死
於各種疾病，諸如肺結核、瘧疾等。這一筆贊助資金主要用於這
些疾病的特效藥研究開發上。

這一行動的管理工作交由美國國立衛生研究院基金會負責，
該基金會是一個成立於一九九六年的慈善組織，它與比爾－美琳
達基金會有著良好的合作關係。它的主旨便是促進與其他慈善組
織或是團體的合作，並且由 HaroldVarmus 領導的學術委員會負責
把握基金會的科研方向。他們認為，這一行為有利於支持「高風
險、高影響力的科學工作」，同時也是NIH主要資助項目——研
究者感興趣項目的補充，這樣有助於吸引全球頂級科學家來關注
健康問題。

當然，美琳達與亨利更願意它成為一個真正意義上的國際計
畫，就此，他們曾與英國倫敦的兩所醫學院與英國研究慈善基金
會 Wellcome 進行過相關事宜的洽談。在一些共同關心的問題上
雙方取得了共識。

世界上每年用於醫學研究的經費高達七百億美元，可是其中
只有不足百分之十的經費用於研究造成殘疾、死亡的疾病。這是
一個巨大的懸差，所以比爾將這個計畫視為是對這種現狀的一種
挑戰：

「在解決全球健康問題上，科學與技術有很多機會，但是我

們需要更多的是資金。」

　　美國消費者權益協會的活躍分子納德曾寫信給比爾，在信中納德告訴比爾他希望帶領全球三百五十八名億萬富翁召開一個會議，討論美國及全球貧富懸殊問題，以及解決的方案，並期望通過這次會議來制定一項資助窮人的計畫。他為了能說服比爾，在信中列舉了一連串的數字：

　　「比爾財富超過一千億美元，比全美國百分之四十窮人的財產總和還要多。美國是全球貧富差距最大的國家，占百分之一的富翁資產比占百分之九十的窮人資產還要多。全球三百五十八名億萬富翁的總資產超過窮國三十億人口的總收入。

　　當這封來信被公開以後，在美國引起了不小的轟動，許多人都拭目以待：比爾將如何行事。

　　比爾告訴公眾，他會自主地參與到這種活動中來，以此來回報社會！

　　這是一個人性的問題，美琳達也相信他們的行動會帶動更多的人，以使他們投身於這一領域——人類的慈善事業。的確，許多事實表明，這一領域開始越來越敏感，越來越受到人們的關注，也得到了人們越來越多的支持。

　　二○○三年初，美國的 VaxGen 公司終於在全球首次完成了一種愛滋病疫苗的三期人體臨床試驗，結果卻令人感到失望。從統計學意義上說，那種疫苗對受試者基本上沒有什麼保護作用。

　　那麼，愛滋病疫苗何時才能研製成功，這也是比爾─美琳達慈善基金會一直關注的問題。顯然，就目前而言，從他們與一些

醫學專家的接觸中不難看出，醫學界對此都表示出相當謹慎的回答。

但是美國 AaronDiamond 愛滋病研究中心的亨達夷告訴基金會，全球每年感染愛滋病的人高達一點五萬，這位科學家還說，愛滋病仍然是全球最需要關注的問題。

世界衛生組織與聯合國在二〇〇三年上半年發布了一份最新報告，他們預計，以目前速度流行的話，到二〇一〇年，全球HIV患者將增加到四千五百萬，到二〇二〇年，死亡人數將會達到七千萬。這是多麼可怕的數字！在這種情況下，迫切需要加快愛滋病疫苗的開發進程，資助研發愛滋病疫苗成為比爾—美琳達基金會最重要的援助計畫。

從另一方面來講，在比爾—美琳達基金會設立之初，它的宗旨就是解決教育、醫療與兒童問題，所以在世界衛生組織，以及一些科學家的倡導下，比爾很願意每年從基金中拿出一部分錢投入到愛滋病疫苗的開發上。

但是，對於愛滋病疫苗研究開發的特殊性，在全球七百億美元的慈善基金中，僅有百分之四用於了醫療健康，這是遠遠不夠的。一些國家在這方面的投入也非常有限，所以經常會有一些科學家到政府部門遊說。比爾—美琳達基金會也曾組織過這樣的活動，但這只是一種形式，問題的最終解決需要更多的政府機構與慈善機構的投入。

也有人將這項計畫與人類基因組計畫相比，但美琳達卻認為，人類基因組計畫更像一個工程計畫，基因序列測定肯定是可以在規定的時間內完成的，而全球愛滋病疫苗開發計畫則是一項科學探索計畫，其成功的時間難以測算，也就不能主觀地設定它

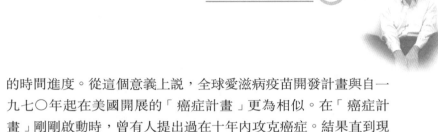

的時間進度。從這個意義上說，全球愛滋病疫苗開發計畫與自一九七○年起在美國開展的「癌症計畫」更為相似。在「癌症計畫」剛剛啟動時，曾有人提出過在十年內攻克癌症。結果直到現在，癌症還是醫療界棘手的難題。

比爾－美琳達基金會的一些分析人員認為，在愛滋病疫苗的研究過程中，全球至少需要建立十個左右的開發中心，他們將會根據進展情況提供必要的一些經費。當然，他們正在爭取其他基金會、企業界、政府部門的支持。

第 17 章

簡單地豐富著生活

美琳達與比爾都認為雖然自己的生活簡單,但它仍然需要他們共同來維護⋯⋯生活在他們看來越簡單越好,只要不影響相互之間的夫妻感情他們就覺得很有意義,所以他們不約而同地選擇了努力工作。

NO17　簡單地豐富著生活

西雅圖的緯度很高，所以，生活在這裡，你會感覺到一年四季有很大的不同。尤其到了冬天，每天你都會經歷漫漫長夜，下午四點多太陽就不見了，直到第二天早晨十點，你才會感覺一天的開始。但是到了夏天情況就正好相反。所以，在夏天比爾與美琳達常常在晚上十點鐘的時候才回家。那段時間，西雅圖會聚集許多來自世界各地的遊人，就像人們所說的那樣，這裡是度假的天堂。

在西雅圖有一個上流社會的組織——勞瑞赫斯特海灘俱樂部。幾乎整個夏天，整個俱樂部的成員都會攜帶家眷聚在一起游泳、划船、烤肉，或是駕遊艇。他們可以盡情地享受浪漫的夏日時光。比爾的父親亨利與鄰居卡洛琳的父親都是這個俱樂部的成員。在那裡，亨利很有名望。

一次，美琳達與比爾也參加了這個夏日活動。他們像許多人一樣驅車帶著各種裝備，興高采烈地來到海邊，在這裡紮營，痛痛快快地玩了幾天。雖然比爾和美琳達的工作都非常緊張，但是，他們都有一個共同的愛好——出遊。他們一直是以此來豐富自己簡單的生活，好讓自己變得更充實。

比爾與美琳達都是受過良好教育的人，所以在家的日子裡，他們都對書懷有一種非常特殊的感情，在每個工作日的晚上，他們都要安排一個小時的時間來閱讀，在周末會把時間擠得更多些。特別是比爾，有些報紙他幾乎每天都要看，一個月下來，他還要看幾十本雜誌。

他經常會從頭到尾閱讀一份新聞性的周刊，因為這可以開拓他的視野。美琳達也經常學著比爾的樣子將一本書全部讀完。她喜歡的書比爾也大都喜歡，例如《大亨小傳》、《麥田捕手》、《麥迪遜之橋》。如果說商業性質的書籍，比爾較喜歡小艾佛瑞德・史隆的《我在通用汽車的日子》。

在他們戀愛的時候，比爾與美琳達曾共享過一本叫做《露西》的書。曾經也有一段時間，比爾在睡覺前要閱讀歐尼斯特・蓋恩斯的《死前的教訓》，還有安妮・普魯克絲的《海角家園》。每逢他讀完之後，美琳達都會借來一讀，以便共同分享其中的故事，也因此多了一些共同的話題。但是對於書中的一些觀點，他們往往有不同的看法。當然，那是因為他們選擇的閱讀側重點不同的緣故，比爾更喜歡帶有神秘色彩、驚險刺激的情節，而美琳達則會注重書中主人翁生活的細節。

現在，他們工作起來還是像陀螺一樣高速運轉。有些時候，美琳達因為基金會的工作太忙而感到勞累，她嘗試著開始改變自己的生活方式，於是與比爾一樣喜歡運動。在家庭健身房裡經常會見到他們的身影，美琳達並不願用那些種類繁多的健身器材，而願做一些輕巧的肢體運動。

在一個周末的晚上，美琳達與比爾商定去學習麗舍（Leesa），這是源於美國的、也是很流行的一種健身運動。在西雅圖就有幾家這樣的俱樂部，它的內部看上去有點像桑拿房，是由加拿大百年香杉搭拼而成的漂亮而有香味的小屋。那時，美琳達最喜歡在有時間的時候拿著一瓶可樂走進麗舍小坐，她會因此感到渾身放鬆。但比爾對這些顯然沒有一點激情，他寧願去蹦床，或是去開模擬賽車，不過他也會陪陪妻子——自己寧可在安靜處靜靜候

她。

比爾經常會出國參加一些會議，此時美琳達帶著兩個孩子過著清靜的生活。比爾不在身邊，美琳達又沒有足夠的時間時，亨利就會來照顧這兩個孩子。他的鬍渣很硬，所以羅瑞從不願意他接近自己的臉，他總愛讓爺爺與自己做著看似重複而無聊的遊戲，他會從中找到樂趣。亨利耐著性子陪著他，不時爺孫倆人還哈哈大笑，那樣子看上去快樂極了。

比爾幾乎每天都要上網，如果他到國外的話，總會記得給美琳達發回電子郵件，或是在網上與她交談。他是個很古怪的人，很少從國外打電話回來，即使在微軟也喜歡在網上與美琳達聊天。有時他會在網上給她說一些笑話、故事，其中有一次比爾到瑞士參加一次經濟論壇時，給妻子發過這樣一個故事：

有一天，一個青年過河，一隻青蛙叫住了他說：

「如果你吻我，我會變成一位漂亮的公主。」

青年彎下腰，撿起青蛙放入口袋裡。這只青蛙又大聲對他說：

「如果你吻我，讓我變成一位美麗的公主，我會永遠和你在一起。」

這個青年把青蛙從口袋裡拿出來，衝著它笑，然後又把它放回口袋。

這只青蛙後來哭著說：

「如果你吻我，讓我變成一位美麗的公主，我願意為你做任何事。」

這一次，青年把青蛙從口袋裡拿出來，衝著它又笑了笑，然

後依然把它放回口袋裡。

最後，這只青蛙厲聲道：

「怎麼回事？我已經告訴你我是個美麗的公主，我會永遠跟在你身邊，並為你做任何事，為什麼你還不吻我？」

這個青年說話了：

「瞧，我是誰？比爾！我真的沒時間陪美麗的公主，但是有一隻愛說話的青蛙倒是很有趣！」

美琳達怎麼也琢磨不透這則笑話的含義，或許他是說自己像那只青蛙？弄不懂，的確，美琳達自認為自己的相貌平平。當然，她也向他說過，希望自己變得很美麗，但也不至於將自己與青蛙相比。最後比爾向美琳達解釋，這是他從朋友那兒聽來的，是他的朋友親身經歷的故事的翻版。這只是他們網路生活的一部分。確實，他們非常喜歡網路，也離不開網路。

一九九七年，美琳達與比爾走訪了俄羅斯，在克里姆林宮，比爾做了因特網的專題演講。大概有四、五千因特網愛好者都擁入那裡，比爾的演講引起了幾乎所有人的興趣。那也是美琳達親臨的比較壯觀的演講場面，先前只有在商學會才偶爾有幸欣賞到有如此規模的演講。比爾告訴這些熱情的俄羅斯人，因特網會讓他們與全世界聯繫在一起：

「人們不需要移動，他們之間不需要改變所處的位置，就能對全球各地的客戶提供完美的技術服務。這與你們的人才流失恰恰相反，這是『留住人才』，而且賦予具備良好教育經歷的人多得不可思議的機會，你們會因此而實力大增。」

比爾告訴美琳達現在全球大約有四千萬人使用因特網。儘管

在這麼短的時間內，因特網的使用率竟如此激增，但比爾並不認為這樣人們就真正體驗到了因特網的全部，當然未來也不盡如此，除非人們對因特網的顧慮消失。

現在，美琳達也會視因特網生活方式為理所當然，因為她經常需要與親戚、朋友交換電子郵件，她還可以掌握在校讀書孩子的行蹤，如果她想買些什麼東西，她首先會到網上瞭解它們的行情。形形色色的信息都在那裡，能夠在網路上取得值得信賴的信息，自然是件非常令她興奮的事情。

美琳達對網路的依賴越來越大，可以說她生活的一半是在網路中度過的，每天她都會很忙碌地回覆來自各地朋友的信件。工作上的事情，更需要她鑽進網路中。同樣學著比爾，會將她最美麗的照片送給遠方的朋友，如果沒有什麼緊要的事情擔誤，她通常會在網路上給比爾及一些朋友留言。在工作中，如果有些客戶要來訪時，她可以事先通過網路得知與他們以往合作的歷史，並瞭解他們目前正在做的事情。在她的心中，網路或許並不是虛擬的，而是實實在在充實了她的生活。

比爾更是個網路迷，甚至在珍妮佛出生前，比爾會整天伏在電腦旁，從網上查找有關分娩的信息。的確，任何事情，比爾總會首先想到網路。他曾送給他的姊姊與妹妹每人一部不用底片的數位照相機，當然，他也送給了美琳達一部。在他開會的時候，或是到其他地方，總不會忘記給自己的這些親人從網上傳過去他所到之處的新照片。雖然，他並不喜歡拍照，或許是網路的便利總會讓他想到去利用它。同他的一些朋友，他也習慣用這種方式與他們「見面」。

只要是自己可以信賴的人，他都願意發送自己的照片給他

們。「看起來還年輕」，他希望人們這樣回答他，但是也有一些人會直截了當──為什麼非要用照片來醜化自己呢？

這或許就是比爾網路生活的真實寫照。但是他也多次抱怨這種生活的不完滿。一次，他告訴美琳達他要為美國總統感到難過，美琳達不明白，他說：

「因為我收到本來應該傳給他的消息──美國總統，而我猜想他一定會收到更多難以讀懂的郵件。」

因特網不僅給他們家庭帶來了很有情趣的生活，當然也給所有人帶來了新奇感受。但是也伴隨著許多新問題。早些時候，美琳達與朋友在一起看電影，放映之前播了一些廣告，其中一個廣告顯示出一個地址，大約有七十多個字母符號那麼長。所有人被逗得哄堂大笑，美琳達開始不知道他們為什麼要笑，是因為那些長達七十多個字母的符號，或者只是因為那些點與線之類的東西？她後來才知道，原來是那則太長的廣告比後來放映的電影還有趣。

在美琳達看來，因特網還是不值得完全信賴。對於一些事情，尤其是網路安全在她看來還是個很嚴重的問題。

比爾總是在美琳達不經意的時候作弄她。玩拼板圖美琳達會經常敗在他的手下；玩數字遊戲，他也會占上風，比爾告訴美琳達這些都是他童年時贏取女孩子們喜歡的秘密武器。

現在比爾又迷上故事了，不但孩子們被他的胡言亂語給矇騙了，有時，美琳達也不知所以然。但是可以看得出來，他很喜歡與自己的妻子、孩子們嬉戲。每次與他們開過玩笑之後，他都會顯得非常輕鬆而得意。

在外界的眼中，比爾是一個很怪異的人。有人會認為他快樂

而憂鬱，隨和而固執，神秘而坦白。但是在人們想像的背後，他又確是如此真實的簡單，他說：

「我習慣一個人背著肩包到處走，不花完身上最後一分錢決不會回來。」

比爾與美琳達曾到過世界上許多地方，新加坡、新西蘭、法國、英國、埃及、奧地利等等，不論到哪裡，比爾最想感受的就是那裡的氣氛，美琳達更願意讓自己以一種寬鬆的心態去體驗當地人的生活。的確，他們有過豐富的旅行生活，一度讓這對世上最忙碌的人倍感世界的新奇。

比爾夫婦曾用十多天的時間流連於希臘的各大島嶼之間，在那裡他們可以看到一群群與眾不同的年輕人，坐在船的頂層上，快樂、輕鬆地談論著什麼。在島嶼上，白色的房子讓人感到新異，沿街的店鋪都售有精緻的藝術品，小巷子裡有紅色的樹，是那種地中海特有的植物，耀眼卻悅目。沿街的行人都面帶著微笑，是那種很陽光、很熱情、很親近的笑容。尤其在美琳達看來，這些是多麼有趣，儼然沒有了一種拘謹與呆板。

他們在倫敦也有過非常刺激的經歷。一九九八年，美琳達出門之前總要先往頭上噴一些綠色發膏，並用發膠將頭髮全都豎立起來。然後到朋克服裝的 Kensington 市場買回一大堆化裝品，把自己打扮得像一隻熊貓，然後再出去，這樣就沒有人知道她是誰，也沒有人瞭解她的過去、現在，她完全可以自我陶醉。

那時候她並不知道這種打扮的人被稱為哥特。最令美琳達感到驚訝的是，她的這身裝束，加上特別的化妝，每天都會有人用欣賞的眼光看著她，甚至有人問她是從哪裡來的，並告訴她：

「你有一張美麗的臉。」

美琳達曾與比爾參加了露營三天的 Glastonbury 音樂節。搭帳篷的時候，一個英國老頭走過來，他並沒有跟美琳達說話，而是走到比爾面前說：

「她是你的女朋友嗎？」沒等比爾回答，他又說：「你是全世界最幸運的男人，她的臉是一件藝術品！你一定要把它記錄下來。」

比爾表現得很驚訝：

「對，我有時候給她拍照片。」

「你要好好珍惜她。」老頭說了一句就走了。

雖然，美琳達從不認為自己應該被劃分在美女一類，但那個夏天她陶醉在前所未有的興奮當中，認真地扮演起被所有人都愛戴的角色。她白天去超市買一些東西，然後四處逛逛，晚上還一塊兒同 Hackney 區的朋友們吃飯，有時也到城裡的俱樂部跳舞，然後坐夜班車趕回他們的住地。

美琳達最喜歡音樂，到了倫敦當然不肯錯過這裡有名的 DJ，例如，Goldie、Orbital、DJShadow 等，這些演出往往會在一些小的俱樂部進行，氣氛很熱烈，那裡很少有裝酷的時尚青年，是她最喜歡的一種地方。

但是那段日子裡，她仍然瘋狂地思念著西雅圖，以及她的家鄉達拉斯。她與自己所有的朋友不間斷地進行著通信，她經常想，如果他們也能到這裡，那是多麼美妙呀。在美琳達的印象裡，倫敦彷彿是一座讓人親近的城市，所有的人都可以在一塊兒玩。英國人不像美國人那樣熱情，他們要與陌生人相處好長一段時間才決定與他們拉近心裡的距離。這一點，即使是比爾這樣很開朗的人，也深有同感。英國人有時表現得很親熱，但是內心卻

非常收斂。英國人一旦發現自己在感情上依賴別人，便會產生一種莫名的恐懼，認為這是一種不正常的需要。這些總令比爾感到十分惱火，但是美琳達卻很欣賞英國人的這種行為方式。

除此之外，棕櫚島也是比爾和美琳達經常光顧的地方，那裡曾經發生過許多有趣的事情，也留下他們許多值得回憶的往事。

棕櫚島被美國人公認為是一顆耀眼奪目的明珠。這裡山花爛漫，草木青翠，還有迷人的海灘。所以這裡每年要吸引數以萬計的遊人。另外它還有「藝術之島」、「天堂島」之稱，這裡的居民普遍信仰伊斯蘭教，這裡的廟宇很多，幾乎每天都舉行古老的祀典。在島上的東北角有一個山坡，還有當時正在建設中的藝術博物館。

美琳達第一次來到這裡，便深深地喜歡上了這個地方，那時她與比爾約定，在她們結婚紀念日的時候，一定要再次踏上這個小島。美琳達也是一個迷戀大海的人，在這裡，她看到的海與在西雅圖看到的海並不相同，這裡的帆，這裡的黃昏落日，都讓她迷戀不已。

比爾也是個浪漫的人，他也非常喜歡這裡，不錯，這裡的確是一個極富個性化的港灣，有時沈靜，有時激情。

美琳達與比爾還到過其他一些地方，顯然，那些收穫並不是單純的旅行就可以得到的。那時，他們都認為雖然自己的生活簡單，但它仍然需要他們共同來維護。比爾或許沒有更多的精力來創造新的生活，但美琳達也沒有以為自己投入了全部的精力就可以做得很完美。所以許多時候，美琳達更願意向比爾推薦一種新的生活方式，但是她卻往往很難做得到，畢竟他們都有自己的事情要做。生活在他們看來越簡單越好，只要不影響相互之間的夫

妻感情他們就覺得很有意義，所以他們不約而同地選擇了努力工作。

美琳達也經常會虛心地向比爾學習，就像十幾年前她請教自己的老師一樣，尤其是在比爾出國回來的時候，她總可以聽到比爾講給她許多聞所未聞的事情，使她一次次大開眼界。可以這樣說，比爾就是妻子每次出行的嚮導。

當然，對於商業領域一些陌生的說法，比爾也非常精通，雖然他只有半個大學學歷，但是他的商業頭腦精明得讓所有人吃驚。尤其是商業領域涉及到的一些有關法律的問題，他考慮得非常仔細，並不像他的生活觀念那樣模糊。有一件事足以證明這一點。

在微軟成立初期，比爾還是個二十多歲的小夥子，一次他與IBM總裁羅伯特談論合作事宜時，他堅持要把雙方的合作形式以協議的形式寫下來，也就是他要與IBM簽訂一份協議。當羅伯特遞給他協議書的時候，他仔細看了一遍，然後就迅速指出了合同中的不明確，或存在疑惑的地方。這讓羅伯特感到非常驚訝。從此，他與這個大男孩共事的時候再也不敢小瞧他了。

在微軟一樁樁官司接踵而來的時候，他經常會與美琳達在一起討論一些法律問題。從那時起，美琳達也開始對法律產生了濃厚的興趣，當然，這些知識也在她的工作中得到了應用。從那時起，這位聰明過人的妻子也不再是一個法盲了。

同樣，比爾在投資學方面的知識也令美琳達嘆服，美琳達確信一些投資學教授也未必有他那樣的遠見卓識，如果說那些教授會將理論灌輸到她的頭腦，那麼比爾在具體操作中的膽識足以讓她感受到自己是在看一場生動的「實戰演習」。如果說她嫁給比

爾最大的收穫是什麼，或許就是這些從普通人身上看不到的睿智與膽識，這讓她大開眼界。

相比之下，雖然她有一個非常體面的碩士學位，也曾是一位深得人們敬重的主管，但就她現在的工作來說，她或許更願意成為他的學生，向他請教。這一點無論從年齡還是學識上講，都不過分。

但是在生活上，比爾都要甘敗妻子下風，甚至他不會做一道像樣的菜，這一度使美琳達對他感到頭疼，給她的印象也很是糟糕。

比爾第一次下廚，竟將廚房弄得到處是煙霧。那時，美琳達的第一反映就是著火了。還好，比爾及時關閉了電源，但是他做的那頓牛肉誰也沒有吃到嘴。平日裡，美琳達也很少會讓比爾幫自己洗奶瓶，或是幫她給孩子餵奶。比爾很粗心，常常將鞋隨便丟在一邊便去睡覺，而在自己醒來的時候卻到處找鞋。

從這一點看來，美琳達是絕對不應向他學習的。一般說來，兩個工作狂聚在一起，他們之間是不會有多少生活情趣的，但美琳達和比爾卻不在此列。

有時他們會開一些玩笑。一臉稚氣的比爾不願意妻子誇他長得很帥，他會認為那是在譏諷他。的確，比爾並不是美琳達先前仰慕的那種美男子，但是她時常會以此來誇耀他，比爾很知趣，總是一個勁地搖頭說：

「母親告訴我，在我們家三個孩子當中，我的容貌是讓人失望的，所以母親很擔心我的婚事。」

美琳達不相信瑪麗竟是為了這個才擔心比爾的婚事。在比爾的心裡，他並不羨慕很英俊的男人，對一些著名的歌星、影星，

他也從不表示崇尚，他並不很認同他們的成長：

「美貌是上天賦予的，與他本身無關。」

美琳達也十分清楚，在比爾的心中，最不討好的讚美就是誇一個男人長得美，他更認同男人應當用腦袋說話。

相對讚美而言，比爾更願意妻子精心料理他的生活，或是向他學習微軟經營哲學。所以他們現在都會視對方為生活、或是事業上的伴侶。

所以，他們的家庭生活更有內涵，更有質量。其實這只是一種普通的家庭水準，然而往往許多有一定層次的家庭卻失去了這種基本標準，失去了本來的生活意義。

世界上沒有一個人的生活是完美的，在人的一生中，難免會留下遺憾與懺悔。每逢與妻子回想起年輕時的生活，以及自己輟學的經歷，比爾難免有過幾絲悔意。

比爾告訴美琳達有兩件事最值得人們去爭取，並且使人永遠不會感到後悔。

比爾告訴她說：

「其實很簡單，是我從一個神父那裡聽來的。第一，做自己喜歡做的事情；第二，想辦法從中賺錢。」

比爾講了一個故事：

泰萊是紐約曼哈頓區的一位神父。一天，新教區醫院裡一位病人生命垂危，家屬請他過去主持臨終前的懺悔。他到醫院後聽到這樣一段話：

「仁慈的上帝！我喜歡唱歌，音樂是我的生命，我的願望是唱遍美利堅。身為一位黑人，我實現了這個願望，我沒有什麼要

懺悔的。現在我僅想說，感謝您，您讓我愉快地度過了一生，並讓我用音樂養活了我的六個孩子。現在，我的生命就要結束了，但是我死而無憾。仁慈的神父，現在我只想請您轉告我的孩子，他們的父親是值得他們驕傲的。」

這是一個流浪歌手在臨終前的告白。這段告白讓泰萊神父感到非常吃驚，因為這名黑人歌手的所有家當，只是一把吉它。他的工作就是每天到一處，把頭上的帽子放在地上，開始唱歌，從而換取報酬，這樣的生涯已經持續四十多年了。

黑人的話讓神父想起了幾年前他曾主持過的一次臨終懺悔。那次要去天堂的是位富翁，他也住在本區，他的懺悔與這名黑人相差無幾。他對神父說：

「我喜歡賽車，我從小就研究它們、改進它們、經營它們，一輩子都沒有離開過它們，這種喜好與工作很難分離，讓我非常滿意，並且從中賺取了大筆的錢，我沒有什麼要懺悔的。」

結束了白天的經歷與對富翁的回憶，泰萊神父當夜就給報社寫了一封信，他寫道：

「怎麼度過自己的一生才不會留下懺悔呢？我想大概做到以下兩條就可以了：第一條，做自己喜歡做的事情；第二條，想辦法從中賺錢。」

聽完比爾講的這個故事，美琳達才隱約發現，美國人原先公認的兩種最不懺悔的活法竟源自於此。

第 **18** 章／

爲了一生的改變

婚姻改變了比爾與美琳達的生活與人生觀。因為多年來，比爾只知道專注於自己的事業，只專注於實現自我。是丈夫與父親的職責讓比爾在生活中學會了改變。現在的比爾是個不折不扣的好父親。

NO18　爲了一生的改變

比爾與美琳達的關係是建立在相互尊重與情感相融基礎之上的。一如從前，像現在微軟的許多員工那樣，他們會彼此分享抱負與成就、勝利與失敗，這一點從未改變過。

從結婚到現在，許多年過去了，他們都成了對方最重要的夥伴、最貼心的朋友。他們都在為對方做著一種不懈的、無私的改變，包括他們的性格、喜好，甚至偶像。

比爾與美琳達都是積極樂觀的人。一些心理書籍告訴人們，心情是可以傳遞的，沒有人願意和一個對生活沒有激情的人在一起。

但這個道理在比爾夫婦那裡似乎並不成立。在遇上了十分麻煩的事情時，美琳達也會心情煩亂，但她不想讓比爾和孩子們與自己分擔這些苦澀，不過每次，都不會逃過比爾的眼睛。比爾會告訴她：

「你要樂觀，你需要對我說：『我們是最優秀的，肯定可以把這件事解決，如果成功了，那麼我請你喝咖啡』。」

於是坐落在西雅圖南郊的那個充滿溫馨氣息的KOKO咖啡館便成了美琳達消解憂鬱最好的去處。

對於一些彼此的分歧與過失，他們都會盡最大可能容忍，相信，這對任何夫婦都是非常重要的。回首他們走過的婚姻生活，美琳達與比爾並不是第一對在商業與生活中彼此依賴的夥伴。不需要歷史學家的幫助，他們也都知道，在美國歷屆總統中，亞當斯總統的太太阿比蓋比經常給丈夫提政治上的建議，而被人們稱

為「總統太太」；而塔夫脫總統之所以會得到前任總統羅斯福的信賴，最終還得歸功於他的太太海倫在私底下的運作；杜魯門總統的太太貝絲曾為丈夫修改演講稿與書信……

所有這些，都是女性在男性成功道路上扮演的重要角色，很難說她們誰是對的，誰是錯的。但是可以肯定的一點就是，做太太的協助丈夫在事業上取得成功起著重要的作用。美琳達或許不否認比爾的名聲會遜於這些總統們，至少她不會認為比爾在四年或是八年中會脫離人們的視線與關注的焦點，所以他的行為在商業界的影響足以讓她為之犧牲一些個人生活。諸如，她可以晚兩個小時睡覺，為比爾準備第二天到其他地方開會的行裝；比爾想孩子的時候，她會把他們從學校裡接回來……

作為妻子，美琳達更能深切地感受到，由於工作繁忙，丈夫常常沒有辦法享受生活、建立溫馨的人際關係。所以不論比爾走到哪裡，她都會盡力給他營造一種溫馨的氣氛，她認為她在那時是比爾周遊世界的親善大使！

關於事業上的一些問題，比爾並不會像許多人一樣，生怕與他們的妻子討論後，妻子將這些東西全盤托給她們的朋友或是美容師。比爾會給美琳達講工作中的每一件事情，那些事情都不會從她的耳朵進去，從她的嘴巴出來，沒有哪一位朋友可以輕易從她的嘴裡得到這些。對於一些比爾不想講的細節，美琳達並不刨根問底。

雖然，在比爾工作的時候，美琳達對於發生在他身上的事情同樣會產生關注與興趣。她認識一位會計師朋友喬・柯迪芬，他娶了一位漂亮的太太，她對於會計的瞭解，就如同一個搬運工對原子理論那樣一竅不通。但是這位朋友卻對她說：

「甚至是在我公司裡所發生的最技巧性的問題，我都可以向她說個痛快，而她似乎都能直接領悟。回到她的身邊，知道她將會靈巧且有耐心地聽我講話，這是多麼奇妙的事情。」

在家庭生活中，美琳達同樣會扮演這種角色，她會儘量與比爾交流。個人的知識、能力、經歷造成了他們對同一件事情的不同看法，他們認為交流是協調的開始。美琳達會把自己的想法說出來，再聽聽對方的看法，她經常會說這樣一句話：

「你看這事怎麼樣，我想聽聽你的看法。」

不論比爾的回答能不能使她滿意，至少，他們是民主的。只有體驗並瞭解自己的丈夫或妻子，才會讓整個家庭更溫馨。

美琳達有一個連自己都感到奇怪的愛好，這就是辯論。在她的記憶當中，她經常會與一些志同道合的夥伴們在一塊兒磋商辯論的技巧。有時她會逼著自己的妹妹與她辯論一些民主、世界文化等議題。顯然，卡西傑並不是她的對手，那可憐的樣子著實讓姊姊沒有了取勝的念頭。年輕時的美琳達會專注於電視中的一些辯論會，雖然她那時還不十分懂「哲學與邏輯」，但是她會憑直覺支持其中一方。

有幸，美琳達在婚姻生活中遇到了比爾，他是一個極其爭強好辯的人，他們可謂是「冤家對頭」。為此，他們會就一些公司或是家庭、甚至無關緊要的事情發生「爭執」，並且在觀點上互不相讓，其中不乏許多樂趣，例如，比爾在著急的時候，會突然站起來，揮舞著他修長的胳膊呼喚上帝。見鬼，他的這一招很靈，他因此就會滔滔不絕地講上好一陣子，美琳達會沒有插嘴的機會。如果在這個時候，美琳達說：

「算你贏了。」

比爾也不會就此罷休，直到美琳達承認：

「我確實輸了，心服口服。」

比爾才會得意地衝著她微笑起來，但是這位「固執」的妻子並不會輕易承認自己是輸家，所以有機會的時候，她總忘不了要挽回些面子。

正是這一次次的辯論使美琳達在一些觀念或是觀點上表現得更積極和主動，讓整個家庭增添了活力。

有一次，他們就西雅圖施行新的道路法規產生了分歧。美琳達很激動地對比爾說：

「是的，我不希望你整天瘋顛顛地開著車到處亂跑，這回政府會嚴懲飛車族，所以，這對於我來說是一個好消息。」

「糟糕，如果你認為惟有罰款才能解決問題的話，我是不贊成這種做法的。即使他們給我錢叫我把車子開得快點，我也未必喜歡。」

「我不知道你在說些什麼，我是說，你要從此引起注意，至少你不要把車子開到警察身上。」

「我現在並不覺得、也許將來也不會覺得這是一種有效的交通管理改革。例如，他們要求所有的車子必須在市區最主要的行車道上大幅減速，這樣只能造成交通擁擠。噢，你懂嗎？我寧願跑著去上班，或者開會，也不願像個痴呆傻傻地坐在車裡等著、等著……」

比爾的話語中流露出一種氣憤。的確，他最討厭交通阻塞。一次他們從公司趕往西雅圖市政廳的時候，原本只有二十分鐘的車程，由於交通狀況很差，結果足足用了一個半小時。比爾急得直按喇叭，硬是招來警察，被開了一百美元的罰單，事後，他告

訴妻子：

「這樣感覺還好些。」

比爾與美琳達都能相互諒解彼此的缺點與不足，從來沒有指責過對方。

當美琳達覺得比爾有錯誤時，她會習慣地對他說：

「事實上，我並不是那麼想，可能，可能是我的錯誤，我常會發生錯誤的。如果我有錯誤的話，我會改正過來的，在此，讓我們好好研究一下。」

一次，美琳達讓內裝潢商店做了一幅窗簾。當她收到這窗簾的收費單時，上面所標的數字竟使她有種難以呼吸的感覺。幾天後，比爾看到新的窗簾後表示非常喜歡，他問美琳達：

「我想，它的價錢一定很貴吧。」

美琳達告訴他後，只聽他喊道：

「啊！怎麼這麼貴，那家店一定賺了很多吧！」

比爾這話說得很對，但他忽略了美琳達的感受，因為沒有一個人願意聽到批評，他的態度讓美琳達覺得自己做了一件非常愚蠢的事。當時，美琳達成了自己惟一的辯護人，她說買好東西並不代表自己吃虧，反而占到了便宜，雖然高貴的藝術品比特價商品貴多了。比爾彷彿意識到他的話語有些太直白了，轉而對美琳達說：

「這窗簾確實很美，可惜我並不懂它們的質地，或許如果是我，也會買這麼漂亮的窗簾。」

此時，美琳達也認為它並不值得自己花費那麼多，或許自己被裝潢店敲了一筆。

生活也教會了美琳達對待任何人都要和氣，不僅是對比爾這

樣的人。從小母親依蓮就說美琳達是個不會生氣的人,當然很多時候,是她不知自己的怒氣該洩到何處。她在任何時候都會心平氣和地對待所有人,這並不是擔心自己是比爾的太太,容易引起別人的非議。她對比爾、孩子,甚至其他不認識的人態度都一樣平和,這讓她感到工作非常順心,讓許多人更願意親近她。

有一次,她舉行了一個小規模的午餐會,客人都是美國慈善界的重要人物。她非常重視這次午餐會,不希望有任何意外發生。以往她舉行諸如生日宴會一類的聚會,都是請一位很能幹的領班查理替自己包辦一切。這次她仍然請他幫忙。

但令美琳達意想不到的是,宴會已開始了,查理竟然沒有來,而是另派了一位不算敏捷的侍者。這位侍者顯得有些糊裡糊塗,不是在上菜時冷了主客,就是在大大的拼盤裡只放了一棵萵苣,肉燒得半生不熟,馬鈴薯又使人覺得太油膩……總之,這次宴會徹底失敗了。

當時,美琳達快要氣瘋了,她心裡想,下次碰到查理時,一定要讓他好看。但參加宴會的客人自始至終見到的都是滿臉堆笑的美琳達。

這次宴會是在星期一舉行的。第二天晚上,也就是星期二晚上,美琳達來到基金會,那天恰好所有人都在商量一件事情——準備捐資贊助一所學校,大家的意見總是統一不起來,爭得面紅耳赤。美琳達知道這樣爭吵是無濟於事的,如果造成難堪,以後大家就很難在一起合作了。在她的建議下,基金會決定先解決學生的學費問題,接下來再考慮其他方面的事項。不知怎麼的,那天,她的心情開始變得特別好,昨天的氣也消散了。

然後,她又想起了在昨天那頓午餐中發生的事,最後她決定

先不急於責備查理，先以溫和的態度與他交談。

當她再次看到查理時，發現他對自己存有很大的戒心。他板著臉孔，準備隨時反擊。美琳達卻顯得非常平靜：「查理，你實在是我宴會中不可缺少的一部分，因為你是西雅圖首屈一指的領班，由於這次宴會的採購與烹飪都不是你親自辦理的，以致出現了尷尬的場面。」她的話還沒有說完，查理就表現得非常得意：

「是的，夫人，這都是那廚師的過錯，才使您的宴會失敗，要是我在……」

「查理，最近我還想舉行一次宴會，我想若沒有你的幫助，這次宴會是不可能成功的。哦！你能不能幫這個忙？」

「願意為您效勞，這不會有任何問題的。」

過了兩個星期，美琳達又舉行了一次宴會，以彌補上次的不足。這次的客人並不完全與上次相同，其中有許多是她的朋友。這次的菜單是由美琳達親自與查理共同商定的。只要查理提出意見，美琳達都會毫不遲疑地答應。

宴會開始了，客人們走進會場，只覺眼前一亮，原來查理在桌上裝飾了美麗的玫瑰花。查理一直在場中招呼客人。美琳達心想，即使接受女王的招待，也無法享受到這麼親切的服務。當天不只是菜好，服務周到，甚至連侍者也比從前都出色。宴會快結束時，查理竟親自出來端菜。

當天的客人在美琳達耳邊輕輕地說：

「您不是對那位領班使了法術吧？我還是頭一回受到這麼周到的禮遇。」

美琳達終於挽回了面子。是的，美琳達就是這樣，她不光對自己的丈夫、出色的企業家比爾，即使對一些普通人也會和藹可

親、坦誠相待。這對於她的事業與人際至關重要。

由於工作需要，美琳達會輾轉奔波於全美各地，還有其他一些國家。或許是她的性格不適合做一位出色的演說家、談判高手，所以更多的時候，她不論走到哪裡都只是在傾聽他人講話，但這並不影響她的工作。她從事的是一份慈善事業，重要的是做而不是說。有些時候，甚至與自己最親密的朋友在一起的時候，她也願意做她們的忠實聽眾。

一次，她接受朋友的邀請，到朋友家去打橋牌。她一向是不打橋牌的，正好客人當中有位金髮婦女也不會打橋牌，她們便很自然地坐在一起聊起了閒話。

這位朋友知道美琳達曾是微軟營銷部門經理，現在在基金會工作，走訪過許多地方，便要求美琳達談談旅遊的見聞。她說：

「美琳達，你能告訴我，在旅遊當中，印象最深刻的事與景色最優美的地方嗎？」

但是，還沒等美琳達開口，這位朋友便自顧地談起了她最近去非洲旅行的事。

她興趣盎然，滔滔不絕地說了四十多分鐘，將她在非洲的所見所聞，鉅細靡遺地全部告訴了美琳達，也不要求美琳達發表什麼感想了。其實，她所希望的就是美琳達能聽她講話，以滿足她的自我存在。

而美琳達一直微笑著聽這位婦女把話講完。其實對待任何人，美琳達都會保持這個樣子，她總是不急於談論自己的想法，而非常尊重別人的談話。

還有一次，美琳達去參加西雅圖慈善組織的一次聚會。在聚會上，美琳達認識了一位植物學家，在此之前，她從未認識過鑽

研植物學的專家。她卻被那位專家的話題深深地吸引了。他的話題很廣，包括被回教徒當作麻醉藥使用的大麻、培植許多植物品種的路沙·巴龐、室內庭園與馬鈴薯等問題，她越聽越覺得有趣。雖然自家有一個小小的花園，但是對室內庭園來說她有不少疑問，聽了這位植物專家的話之後，這些問題得到了很好的解決。

出席宴會的共有三、四十位賓客，美琳達顧不得禮貌，與這位植物學家談了好長時間。後來她猛然發現時間已經很晚了，才匆匆向主人告別。事後，植物學家還在主人面前稱讚她，說她是世上極少見的「聆聽者」。

那天晚上，美琳達難得開口說句話，因為她對植物學一點都不懂。與植物學家交談時，只有一直靜靜地傾聽，也許就是這個緣故，使這位專家深切地感覺到美琳達喜歡聽他的說話。或許在他看來，這是美琳達對他最大的尊重。

美琳達高超的溝通藝術，也是她與比爾獲得幸福家庭生活的一個重要原因。

婚姻改變了比爾與美琳達的生活與人生觀。因為多年來，比爾只知道專注於自己的事業，只專注於實現自我。是丈夫與父親的職責讓比爾在生活中學會了改變。現在的比爾是個不折不扣的好父親。自從有了孩子以後，這個世界上最忙的人會儘量早些時候從公司趕回來，幫助美琳達照顧自己可愛的孩子。這已經成為一個不爭的事實。全微軟的人都知道比爾與他的孩子們入睡的時間，因為當比爾郵箱裡滿是還沒有來得及閱讀的郵件的時候，那他一定是在哄他的孩子。

也有人開玩笑地說：

「當比爾跑得太遠的時候，也只有美琳達可以將他拉回到正常的軌道上來。」

如果真是這樣，美琳達必須要感謝比爾已故的母親，是她的溫情、關心、體貼感染了每一個人，包括美琳達。她的靈魂是純潔無邪的，是她給予了兒子這樣一個家庭。

美琳達清楚地記得，在二○○○年的時候，比爾不幸又惹上了官司，但當時美琳達並不知曉，因為她總能看到比爾的笑臉，這已與兩年前大不相同了。或許比爾因此會說要感謝妻子、感謝孩子、感謝整個家庭。

自從美琳達成為一位名副其實的母親，她便開始喜歡嘮叨了，如果喜歡嘮叨的人明白它給人帶來的厭煩感，並且想改正的話，除非他自己首先知道這種毛病，否則會給他的家庭帶來不和諧。但是美琳達通過這種嘮叨更能表現出愛心的力量，無疑這種嘮叨更能讓家人感到貼心的愛。不論是對自己的丈夫、孩子，還是朋友，她都會讓他們感覺到溫馨。

以前，美琳達會因為比爾懈怠了他們的結婚紀念日，而萌生一種不悅的心情。因為那時她更堅信，如果一個人可以忘掉心愛人的生日，那足以說明他對她已經沒有了愛心。因此，美琳達便會嘮叨個不停，比爾總是想著法子彌補自己的過失，討美琳達的歡心，他們的日子就在這種「嬉戲」中「度過」。直到有了自己的孩子，美琳達那「不悅」的情況就再沒有發生，或許她認為那樣毫無意義，她也不希望因為自己飄渺的感受而破壞了他們之間的默契。當她並不是很在意慶祝紀念日之類事情的時候，比爾總不會忘記一月一日帶著全家到他和美琳達初次約會的餐館飽餐一頓，然後開著他的寶時捷到郊外兜風，一家人其樂融融，那時美

琳達更覺幸福萬分。

　　每當看到比爾憂愁的神色，以及欲哭無淚的雙眼時，美琳達只覺得他更像個孩子。雖然他長自己九歲，但是那時瑪麗的遺言最能喚醒她的心：自己必須繼續盡到一位母親對比爾的那些責任與關愛。這或許是這位老人惟一希望自己的兒子從他妻子那裡得到的東西。所以即使在最開心的時候，美琳達也不曾有過如釋重負的感覺。

　　美琳達從不願意將自己的付出與金錢銜接在一起，她只認為錢是事業的一種資本。因此她與比爾從不會因為金錢而高傲地自居起來，那注定會給人留下笑柄。如果說她被金錢麻木了，也不過分。的確，她曾為金錢而工作，但她現在工作絕不是為了金錢。

　　其實，美琳達從沒有因為自己是比爾的太太，而想被「特殊」對待的想法。心理學家會認為，那種自我陶醉的心理狀態是從兒童時期遺留下來的，是一種狹隘而自私的心理。美琳達超越了這種境界而成為一個品格高尚的人。

　　在一次給比爾整理書房時美琳達發現了一本名為《成功人生》的書。比爾向來是很少看這些所謂的管理傑作或是經營思想著作的。美琳達很明顯地感覺到書的其中一頁被折疊了。好奇心使她翻到了這一頁，在這一頁，比爾用筆勾畫出了其中一段話：

　　「專業人員與商業經理人都知道妻子的重要性，他們的妻子都會靈巧地向世界宣布，她們嫁給了一個多麼偉大的奇才。在芝加哥的商會集會上，芝加哥律師協會會長柯西曼·畢塞爾告訴會員們，不可以低估妻子在幫助自己成功上所具的能力。」

在旁邊，比爾還注明了這樣一句話：

「與我有同感，好好地巴結自己的太太。」

這個傢伙從不願意當著面誇讚妻子，令美琳達沒想到的是，比爾居然變著法子吐漏自己的真實感受。

從結婚到現在，比爾從來沒有向美琳達提起過婚姻帶給他的煩惱，他婚前懼怕的事情並沒有在他們之間發生。有些人總是很關心地問他：

「你當初為什麼害怕結婚？」

他會繞著圈子回答：

「我從來沒有害怕結婚，直到美琳達給我一種美妙的感覺，我突然覺得自己想結婚了。」

許多時候，美琳達的平凡在比爾偉大的襯托下顯得很神秘。其實在美琳達看來，身為商業界風雲人物的太太與慈善基金會的一員，拋頭露面難免會有人指指點點，是她有意將自己變得「神秘」起來，一次她與一位慈善基金會的同事租了輛小汽車到一家機構處理一些事務，到了那裡之後她們才發現，這家機構所在地已實行了交通管制，所有過往的車輛必須繞行，當然，他們只有步行走一段路了。一路上，她並沒有見到誰回過頭來看她。當他們來到了預定的地點時，那裡的董事長很熱情地招待了他們。在談話中，她的同事無意中告訴這些人：

「美琳達，一個非常出色的女性，她就是我要讓你們見的比爾先生的太太。」

　　語出驚人，在座的都抱怨這位同事為什麼不早告訴他們，美琳達那一刻成了他們的焦點。當然，他們協商的一些事宜也中斷了，這使得美琳達有些不知所措，她不想給他們造成一種影響——因為自己是比爾的太太才會得到他們的認同或是欣賞。那樣會令她感到很尷尬。所以，在以後的日子裡，不論她到什麼地方與人會談，或是出差，她都絕不會事先讓一些人告訴對方自己的家庭背景，她更願意與對方就事論事。當然，當對方不問及她家庭的一些情況時，她會顯得最坦然。

　　曾幾何時，共同的事業追求與對生活的嚮往，使美琳達與比爾有了各自不同的偶像。外祖父是比爾的偶像之一，他經常向妻子提起這位被人們稱為麥斯威爾的先生，他的全名叫詹姆斯·威拉爾·麥斯威爾。曾經是西雅圖一位很成功的商人，他的名字也多次被載入《西雅圖郵報》。

　　應當承認，比爾的創業熱情多少受到他外祖父的影響。麥斯威爾只念過一年高中，然後就棄學從商了。他的第一份工作就是幫助一家銀行的總裁挖地窖，所以他總是告訴比爾，他是真正從底層幹起的。

　　更讓一些人感到有趣的是，比爾長大後，並在事業上獲得極大的成功時，親友們都會認為他那種肯幹肯拼、對工作充滿狂熱等種種特徵，正是源於他的外祖父麥斯威爾的遺傳。

　　如果說比爾在商業中的偶像是他的外祖父，那麼，對於一些歷史上出色的科學家，比爾也表示非常敬重。他通常也會用偶像一詞來形容他年輕時仿效的人，或是他尊敬的人。他從小就喜歡讀偉人的傳記，從牛頓到拿破崙各個領域的都有。

　　他曾經在一場拍賣會上以三千零八十萬美元買下了列奧納多·

達芬奇在二十一世紀流傳於世的一本筆記，也就是列奧納多的手稿。因為早在十幾歲的時候，比爾就非常崇拜這位義大利十六世紀最偉大的科學家了。他說：

「列奧納多是有史以來最令人嘆為觀止的天才之一，他的天賦涵蓋領域很大，勝過任何時代任何科學家，他也是位令人嘖嘖稱奇的畫家與雕刻家。」

比爾從沒有用這本筆記做商業炒作，但是他同意把它借給一些博物館，還同意從義大利的一家博物館開始做為期一年的展出，然後在世界各地進行巡迴展。雖然微軟的寇比斯公司曾在一九九六年出版過一片有關列奧納多的光碟，但那只是以列斯特手稿為重心做成的，光碟裡的圖像不是取材於真實的手稿，而是掃描的圖片。這些圖片來自於一九八〇年著名的工業家亞曼‧海默以五百六十萬美元購得的手稿。

比爾對政治從來都不感興趣，但是他也有自己非常崇拜的近代政壇偶像，這個偶像不是美國的哪一位人所皆知的總統，也不是出生於豪門的政治名人，而是前南非總統內爾森‧曼德拉。這位近代出色的政治家曾被南非施行種族隔離政策的政府拘禁了二十七年，在獲釋不久，他發表了一次重要講話，比爾聽了他的演講後，深有感觸：

「聽他談論他獲釋後的歷程，我感到他特別喜歡為人著想，關於拋開過去的重要性的分析竟這麼透徹，我一直在想：『曼德拉的那些悲劇情緒呢？那些悲痛呢？』曼德拉對這個問題是這樣想的，他遵照他的理智行事，而不是他的情緒。因為他曉得情緒不是前進的方向，理智才能引他走向正確的道路。」

相比之下，美琳達可能更專注於一些傑出的商業女性。她也

　　有自己在營銷行業的偶像。當她還是一名微軟職員的時候，美國出名的雅芳集團因為生產全球女性都喜歡的化妝品而聞名於世，至今美琳達還是公司產品的忠實用戶。如果從產品營銷方面講，她向這家公司借鑑了許多寶貴的經驗。特別是一九九九年新上任的 CEO 鍾彬嫻女士，一直是美琳達非常崇拜的職業女性。

　　那時她會認為，對於一個女人來說，美滿的婚姻僅僅是人生幸福的一半。婚姻沒有擋住美琳達實現自己夢想的腳步。在家的感覺與夫人的角色帶給她的是可以更加審慎地選擇未來的道路。比爾一直沈浸於微軟大大小小的事情當中，但是美琳達同樣在自己嶄新崗位上做出了不朽的成績。

　　美琳達最喜歡愛默生說過的一句話：

　　「任何人都有長處，都值得我去學習。」

　　這句話成為了她的人生哲學。沒有一個人會在不需要任何人的情況下完成任何事情，比爾做不到，美琳達做不到，他們的婚姻也做不到，所以他們相互依賴著，相互改變著……

第**19**章／

未來的幸福之家

對於比爾來說，「家」是一個相對簡單的概念，但他卻可以從中得到兩種「平衡」
—— 家庭與事業的平衡；情感與生活的平衡。

NO19　未來的幸福之家

對於比爾來說，「家」是一個相對簡單的概念，但他卻從中得到兩種「平衡」——家庭與事業平衡；情感與生活平衡。

　　結婚之後，美琳達依然就職於微軟，但她很不願意在公眾場合公開自己的身分。因為在她看來，那會惹來很多不必要的麻煩。這一點在許多美國婦女身上極為少見。她也曾寫信給昔日的大學同學和從前的鄰居，請他們不要在媒體面前談到自己，包括她的婚姻與家庭。甚至她不願意讓自己的母親依蓮·夫蘭奇說出這一切。令美琳達欣慰的是，依蓮做得很周到，每當新聞媒體問起關於女兒的一些問題時，她總會告訴他們：

　　「我被告知，如果你們需要任何信息，應該打電話給微軟。」

　　在工作當中，總不免有些人會打電話詢問美琳達的一些情況，那大概是些媒體想從中打主意，美琳達非常討厭他們這樣無視自己的工作，讓她整日沈浸在一種沒有了方向的生活中。

　　由於美琳達的「聰明」使得她可以經常「平安無事」地陪著孩子出沒於麥當勞餐館，可以安心地坐在公園長椅上。沒有媒體與公眾狂熱視線，不僅會得到一份坦然，更重要是她可以緊緊地捍衛只屬於自己、比爾和孩子的秘密空間。

　　比爾在談到自己的生活偏好時，他總是說：

　　「人工智能、偉大圖像、塑造令人喜歡的事物的編輯工具，以及與聰明的人一起工作，是我狂熱著迷的事物。我會在業餘時間著迷看書，還經常看電影。」

比爾沒有誆騙大眾，他與美琳達的家便是在比爾這種偏好的誘使下一手造化的。這是一個非常別樣的住宅，無法用一般意義上的豪華來形容，它看上去就像一個小村莊。這裡很特別，有時會讓美琳達找不到家的感覺。這是比爾花了七年時間，用去了近七千萬美元建成的。它的問世也曾驚動了全美，因為這完全可以稱得上是世界上最昂貴的私人住宅。與其說家，還不如說更像是一個社區或娛樂場所，但是他們都不願意對外公開。

其實，早在一九八八年，還是單身貴族的比爾就開始為自己夢想的家園張羅了，他請了全美最出色的建築師梅迪拉為自己設計這座豪宅。他花了四百萬美元買下了西雅圖華盛頓湖畔近三十英畝的土地，還有四百多英尺的湖岸。比爾決定將大約百分之八十的建築置於地表面。在建築風格上，比爾要求與他們鄰居的建築相仿，否則會引起他們的不安與憤怒。

不光是這些鄰居，即使美琳達也並不認為這一定就是一個五星級的家，它更像是一個未來世界的家，或是科幻夢想成真的家。相信許多人都想一睹它的風貌，當然，親眼目睹過它的人並不多。如果說對它的內部用巨大寬敞、金碧輝煌來形容一點也不過分。這是比爾的所愛，也是二十一世紀超級富豪們熱中於修建展現個性風格的住宅。在這裡，展現的是一個高科技、智能化的豪宅。

它由三座相連玻璃樓閣與呈圓拱狀的會議中心構成。包括六個商用廚房、七個臥房，一個十七英尺寬、六十英尺長的室內游泳池，一個有二十個座位的小電影院，還有一個計算機中心，以及許多辦公室，還有停車場與圖書館。

整個住宅根據不同的功能被分為十二個區，通道進出口處都

裝有機關。來訪者通過通道口時會産生個人信息，例如他的指紋、聲音等，這些都會被作爲來訪者的資料而記入電腦中。在所有的房間裡幾乎都鋪設了光纖電纜，所有的電腦與服務器都被聯結了起來，這樣便可以控制屋内所有高科技設備。比爾可以坐在車裡遥控家中的一切，例如可以調節浴池的水温與深度。屋内與屋外的地面都有加熱裝置。甚至地板還被做成了一個巨大的傳感器，當有人進入屋内時，地板會根據外界條件來調節房間内的温度、亮度與空氣濕度。

如有客人來訪，計算機系統會根據客人喜好自動調節室内音響與電視系統。只要客人在胸前戴上一個小小胸針，電腦便會識别他的位置，並提供周到服務。整個家具揉合了音樂、音響、影碟於一體，由計算機中心控制，非常有趣！

當然，智能化程度最高的便是比爾的會議室。在這裡，隨時可以上高速互聯網，並從中得到所有需要的信息。有時，比爾需要召開一些電視會議，自然，他會選定在這裡進行。客廳也非常别緻，牆壁上掛著一個四十英寸的背投電視。其中有一個廚房大得令人瞠目結舌，足足可以滿足一百多人同時進餐。當然還有一個可供二十個人進餐的小餐廳，這兩個地方，都是美琳達的最愛。

比爾還特意爲自己安置了一個蹦床與一個遊戲室。這裡的娱樂設施應有盡有，並且非常先進。

在所有現代化裝飾映襯下，一顆百年老松顯得格外有情調，住宅裡的傳感器可以根據其需水情況，及時澆水。

有人開玩笑説，這是另一座加州聖西蒙紀念館，美琳達認爲它更像是一座未來之殿，但是比爾總不忘了將它與自己的微軟聯

繫起來。家中到處都是高科技的影子，所以小女兒珍妮佛總是問母親，什麼時候可以再增加一個機器人。

倘若是一個電腦盲，走進這裡，或許會無所適從。比爾曾向美琳達表示，要在家裡修建一個最現代化的網路中心，展示今天與明天的家庭計算機技術的日臻完美。對於家的科技化，比爾表示：

「我並不是要讓人人嘖嘖稱奇的科技成為這個房子的特色，我只要讓科技在這裡扮演一種巧妙、實用的角色。」

早在一九九五年十二月，比爾所著的《未來之路》被翻譯成二十多種語言在世界各地發行，發行量達一百五十多萬冊，在書中比爾生動地描述了未來人類生活與工作的圖景，或許他自己的家便是這些圖景的雛形。

第20章

他到底需要什麼

嫁給比爾的女人是幸運的，也是「不幸」的。說幸運，是從此擁有了平常人所難擁有的一切；說「不幸」是說即使你已經擁有了一切，但比爾會使你永遠不知足，永遠不停地追求下去，永不停息。

NO20　他到底需要什麼

有人說過這麼一句意味深長的話，嫁給比爾的女人是幸運的，也是「不幸」的。說幸運，是從此擁有了平常人所難擁有的一切；說不幸是說即使你已經擁有了一切，但比爾會使你永遠不知足，永遠不停地追求下去，永不停息。

比爾在湖濱中學讀書的時候，他就是班上數學最好的學生。在哈佛讀書時，比爾攻克過一道數學難題，潘帕迪米托教授決定把比爾的方法記錄下來，並於一九七九年發表在《非線性數學》雜誌上。即使如此，比爾還是沒有去專攻數學，或是按照父親的提議改讀法律，直到他從哈佛退學，電腦都一直是他的最愛。

在比爾十五歲的時候，他就為一家信息公司編寫過非常複雜的工資程序。在湖濱中學上學時，只要一有機會，比爾就會鑽進湖濱中學那間小計算機房，這裡有著無窮的魅力吸引著他。保羅·艾倫就是從那時與比爾結成最好朋友的。兩人經常在湖濱中學的電腦上玩三連棋的遊戲。那時的電腦只不過是一台 PDP-8 型的小型機，但也能編一些小軟體，例如排座位等。小比爾玩起來總是得心應手，他在程序上略施小計，就可以使自己的前後左右全都是女生。

一九七二年夏天，保羅拿來一本《電子學》雜誌，告訴比爾有一家新成立的叫英特爾的軟體公司推出一種稱為 8008 的微處理器晶片很有趣，於是兩人想方設法弄到了這些晶片，不久後就擺弄出一台機器。這台機器可以用來分析城市內交通監視器上的信息。後來他們決定成立一家名為「交通數據庫」的公司，不過很

快他們便打消了這個念頭。

一九七三年，比爾以優異的成績進入了哈佛，這裡可以完全施展他的才智，但是他很快就對學業感到厭煩了。

在一九七四年的時候，英特爾又推出了比 8008 要快十倍的 8080 晶片，保羅認定諸如那些PDP-8 的機器快要被淘汰了。他們開始看到對每個人來說都堪稱是完美電腦的輝煌前景。

於是比爾開始向母親瑪麗提出退學的請求，理由是他想與別人一道從事計算機事業。當然，瑪麗與父親都反對他的做法。要知道，還有一年他就要畢業了。

為了能讓比爾安心完成學業，父母特意請來了白手起家的一位著名企業家斯托姆來說服比爾放棄退學的計畫。誰知斯托姆聽了比爾的講述後，不僅沒有勸阻他打消計畫，反而鼓勵他要好好地幹。

無奈之下，瑪麗和亨利給比爾想出了一個絕紗的主意：

「你告訴學校，稱自己休假，這樣，以後你還可以回去上學的。」

所以比爾後來也曾很自豪地說：

「是的，如果我真的失敗了，哈佛會接納我的，我只是一個休假的學生。」

幾個月後，比爾正式退學了。他與保羅正式在新墨西哥州中部的格蘭德河上游的一個城市阿爾伯克基成立了微軟公司。之所以會起微軟這個名字，他們主要考慮公司專門為今後的微型計算機編寫軟體，比爾堅信，軟體比硬體更重要。

一旦拿定主意，他們便開始了沒日沒夜的工作。保羅曾說：

「那時我們經常幹到半夜三點，我們愛死電腦軟體的工作

了，那時候我們工作得很開心。」

後來美琳達從比爾的嘴裡得到了證實：

「那時候，保羅常常把我從垃圾桶上拉回來，而我卻繼續趴在那裡不肯起來，因為在那裡我找到了一些上面還沾著咖啡的程序設計師的筆記與字條，然後我們一起對著這些寶貴的資料來研究操作系統。」

一九八〇年，IBM在全世界尋求合作夥伴。一次，公司總裁在與比爾進行了短短的五分鐘交談後便認定，這是可以與之打交道的最合適的人選之一。由此，奠定了比爾輝煌的前程。

包括美琳達在內的許多人都曾為比爾的退學感到遺憾：

「你完成哈佛學業後創業可能會更容易些。」

比爾談到了自己的真實想法：

「我很留戀大學生活的樂趣，希望當初有更多的時間容我完成學業，但當我聽到或是看到許多成功人士都不具備很高學歷的時候，我首先想到的就是『創業優於學習』。不過現在我不這樣看，除非他有一個非做不可的構想，而且認定除此之外不會再有更美妙的機會。」

他還說：

「讓我這麼來解釋，比如說，你讓我多活二年，並且讓我上商學院。那樣我並不認為我在微軟的工作就會做得更好。瞧一瞧我們這裡的書架，看看有沒有商學院的書刊，對不起，那些書一本也不需要。」

但是比爾卻從來沒有否認過教育的作用，他說：

「聽有些年輕人說，因為我沒畢業，所以他們也不想上大學，這讓我感到憂慮，從某方面來說，我獲得了十分良好的大學

教育，儘管我中途輟學，沒拿到學位。再說，這個世界變得越來越快，競爭越來越激烈，專業化也越來越強，使得大學教育在今天的重要性，與從前的高中教育同等重要。」

比爾在還沒有走進大學校園時，他與老搭檔艾倫便成立了一家電腦公司——西依庫比編寫程序公司。這期間還有許多曲折的故事。

「西依庫比」公司可能因為幾個合夥人都是教師出身，都不擅長經營，所以不久便以身價六萬美元賣給了芝加哥的 ACQ 電腦公司。這對於當時年僅十五歲的比爾來說，是一個沈重的打擊。

比爾與艾倫那時在西依庫比編寫程序，直到公司被收購，他們仍然坐在辦公室裡，默默地工作。

「喂，」一個領班非常輕蔑地對他們說，「你們不就是那些為『西依庫比』公司工作的學生嗎？」

比爾和艾倫抬頭看了看他，沒有言語，繼續自己的工作。

「你們難道還不知道『西依庫比』已經關門了嗎？今天是最後的一天，根據合約規定，明天你們就可以離開這裡了。」

接著那人就與其他的工作人員合計著如何重新裝潢擺設，他們根本沒有將比爾等人放在眼裡。

至今，提起這些，比爾還傷心不已，當然他懷念在西依庫比的那段快樂時光。他更認為是西依庫比事件啟蒙了自己。美琳達與他曾一起追憶那段往事：

「你當時是如何表現的，會不會像受到委屈一樣流眼淚？」

「當然，當時我與艾倫都哭了，只是沒有出聲，我的一些同伴也都非常傷心。那是我在工作中遭受的第一次打擊。但是後

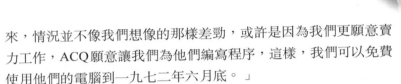

來，情況並不像我們想像的那樣差勁，或許是因為我們更願意賣力工作，ACQ願意讓我們為他們編寫程序，這樣，我們可以免費使用他們的電腦到一九七二年六月底。」

比爾還告訴美琳達，那時他首先想到了與 ACQ 公司這個簽約，這樣他們就不會將自己當小孩子看，最後二人都是以「湖濱程序設計協會」的名義簽約的。

當時他們都鼓足了勁兒，沒日沒夜地工作，並且彼此給對方打氣地說：

「這個程序編出來，我們就可以免費使用電腦那麼長時間，我們一定要爭取。」

「我們一定要精打細算，利用好每一分鐘。」比爾總是不忘提醒自己的夥伴們。

有時他們也會隨口聊上幾句，在編寫完程序後，還會舉行一個小小的慶祝。

除了艾倫之外，比爾還有一個密友，叫肯特。他不十分贊同比爾大幹三天，再大睡三天的工作方法，他更願意用空閒時間去爬山或是參加一些運動。

在規定的時間裡，他們相繼完成了 ACQ 公司的編程任務，接下來，他們開始精心合計著如何充分利用免費使用電腦的時間。

就在七月快要來臨的時候，肯特竟在一次爬山活動中發生了意外，過早地離開了人世。在沒有一點心理準備的情況下，比爾失去了一位摯友，他的心靈蒙受了巨大的傷痛。後來，從不喜歡寫作的比爾，親自完成了一篇充滿感情的悼文來紀念這位英年早逝的摯友。

對於自己的事業，比爾保持著高度的自信，所以他從不吝嗇自己的付出。同時，他還會培養員工每時每刻都保持對事業的堅定信念。即使在美國聯邦法院宣布微軟為「壟斷企業」，並有意將微軟拆分時，他也沒有動搖過自己對事業的信念。法院宣判的那天，比爾發給員工每人一份郵件。他這樣告訴自己的員工：

「我們相信，法庭最終會發現，微軟過去的行為完全符合法律，而且對消費者有利。我們認為，現在的裁決沒有反映電腦行業的現實——激烈競爭、飛速發展，先進的軟體產業不斷給消費者帶來好處。這個裁決沒有反映這樣的事實——我們致力於發展全新的軟體平臺，為大量相關企業提供服務，我們應永遠有創新的權力，並且把新的技術放到產品中，這對整個產業至關重要。」

隨著年齡的增長，比爾關心的一些問題常令妻子美琳達感到非常奇怪，他說自己很想知道人類的大腦是怎麼運作的。美琳達並不認為這與他的工作有關，他說：

「腦子學習的能力讓我肅然起敬，孩子如何逐漸學會語言，自閉症為什麼容易導致精神錯亂，甚至大腦皮層在香味的引發下會發生怎樣的變化，這都使我著迷。」

「看來你更適合做個醫學專家。」

「那倒不是，我一向對這些問題極有興趣，即使是最有才華的人，最後可能會占有重要的位置嗎？在政治界、商業界、學術界，甚至軍界，有些人一生的發展令人感到驚訝。」

沒有人知道他在說些什麼，於是美琳達也不再與他「商討」了。尤其是近幾年來，比爾特別關心一些醫學方面的重大事件，並且經常為醫學界的重大發明興奮不已。對遺傳學他也非常感興

趣，一次，他出資贊助了華盛頓大學人類基因組研究計畫。有時間他也會鑽研動物學家查德·道金斯所著的《自私的基因》一書。

還有，世界棋王加理·卡斯帕洛夫在與電腦的一次對戰中失利，更是讓比爾驚訝不已：

「等到有這麼一天，電腦成為人機對弈的冠軍，那個里程碑的意義不會是那麼的平凡，那不應該被視為電腦對人類的不尊。正如同世人瞭解，一個人假如用雙筒望遠鏡看事物，會比沒有望遠鏡的人看得更清楚。下棋能協助一個人如何將他的策略應用到遊戲當中，但是下棋教不會電腦任何東西。我也不認為人類的智慧有什麼特殊之處，形成視覺與情緒的腦神經細胞，全部都是以二進制的方式進行的。」

未知世界，對比爾有著非同尋常的吸引力。在微軟這個軟體王國中，比爾一刻也沒有放鬆過自己，他對整個公司的未來永遠都充滿希望。

早在一九九五年二月，比爾為了微軟在財務軟體方面取得更大的市場份額，準備收購直覺公司，當這個消息被公布後，美國銀行界開始極力反對，他們擔心微軟會形成金融壟斷。

於是，聯邦政府法院否決了一九九四年七月微軟與聯邦貿易委員會達成的庭外和解協議，並且通知比爾，要對微軟公司銷售軟體涉嫌違反壟斷法重新開庭。

不僅如此，兩個月後，即一九九五年四月，美國司法部在三藩市提起訴訟：

「微軟公司與直覺公司合併將使有關產品的價格上升，以及使增長中的個人電腦財務軟體市場失去創新的機制。」

微軟與直覺公司的合作失敗了。但在同年，微軟的 Windows95 版系統問世，微軟開始轟動世界。這樣的反差並沒有讓比爾大喜大悲。那時，他表現得很平靜，也沒有因此影響他的正常生活。在接受美國《財富》雜誌採訪時，他說：

「從內部與外部觀察微軟公司，得到的感覺完全不同。如果從內部來看，微軟總是受壓迫的形象，但是在外界看來，我們是在搞壟斷，原因很簡單，就是我們的增長速度要快於同行，我們的銷售額以每年百分之五十的速度增長。但是我們真正想得起來的事情就是長期的擔心與不安，以及對我們事業的不懈追求。」

除了努力地工作，他還會經常告訴員工，不要沈迷於成功後的歡樂中，要保持高度的警覺，要多想想我們的對手在做什麼，下一個取代我們的會是誰，並反省自己的不足。比爾在一份備忘錄中寫道：

「IBM 公司怎樣在大力推銷他們的 OS/2 系統，以此來取代微軟的 MS-DOS 系統？三大網路公司的網路軟體把微軟遠遠地拋在了後面，其他軟體公司如何與微軟進行著激烈的市場競爭，以及微軟還正在受違反『托拉斯法』的調查……」

正是這些促使比爾沒日沒夜地為微軟操勞，為微軟的明天勾畫圖景。當然，他也曾向媒介表示，希望微軟能在信息時代引領世界。

「噢，如果是這樣，我想你會完全丟開這個家，像年輕時那樣。」美琳達很擔心他又會因此沒日沒夜地工作。

「當然要工作，但是你必須要讓人們知道，微軟更能代表將

來的主流。」

是比爾大膽的暢想一度讓自己擺脫了藍色巨人 IBM 的「擺布」；是比爾的膽略與遠見——視窗操作系統使微軟一夜間成為業界的巨無霸；……他總是不忘先人一步。

他曾經有過這樣的夢想：在未來的家庭中，每家都有一台個人電腦擺在那裡。如今這正在變成現實，或已經成為現實。可以想像，在未來的五到十年，是微軟戰略實施的關鍵時期，如今這些神話很可能會在一些地方變成現實。

無可辯駁，他在商業方面有著過人的洞察力，在「二○○○年經濟論壇」中，比爾向外界公開了他的戰略——Mircosoft.MET。

比爾的看法是，Mircosoft.MET 將代表網路的發展趨勢。因為，幾乎所有微軟的軟體產品都可以放到 Mircosoft.MET 中，它其實就是一個在線商業軟體服務系統，它融合了微軟辦公軟體在線版，以及視窗操作系統與其他服務軟體。

比爾的遠見還不只表現在他對微軟產品戰略的制定上，他更注重培養微軟的新人。他甚至聘用了兩個還不足二十歲的年輕人做業務顧問，美琳達曾不解地問他：

「你完全可以聘用一些資歷很高的人來擔任這個職務。」

而他卻認為，如今的美國青少年更能引領時代潮流。微軟戰略的實現更需要年輕一代。

所以，作為已不再年輕的一代，美琳達嫁給比爾，無疑是嫁給了微軟，嫁給了他那份沈甸甸的事業。在這樣的生命旅途中，美琳達・夫蘭奇同樣有了自己的人生驛站，她在與比爾不懈的追求與奉獻中品味著生活，追求永遠的人生。

嫁給比爾‧蓋茲 ／ 金誠致編譯. -- 臺灣初版.
-- 臺北市 ： 臺灣商務, 2005[民 94]
面 ； 公分

ISBN 957-05-1942-8(平裝)

1. 蓋茲（Gates, Bill, 1955- ）- 傳記

785.28   93024674

嫁給比爾‧蓋茲

定價新臺幣 290 元

編 譯 者	金 誠 致
責 任 編 輯	劉佳茹
美 術 設 計	江美芳　吳郁婷
發 行 人	王 學 哲
出 版 者 印 刷 所	臺灣商務印書館股份有限公司 臺北市 10036 重慶南路 1 段 37 號 電話：(02)23116118 ‧ 23115638 傳眞：(02)23710274 ‧ 23701091 讀者服務專線：0800056196 E-mail:cptw@ms.12.hinet.net 網址：www.cptw.com.tw 郵政劃撥：0000165 － 1 號 出版事業 登 記 證：局版北市業字第 993 號

‧ 2004 年 5 月北京第一版
‧ 2005 年 2 月臺灣初版第一次印刷
（本書經北京金誠致遠文化發展有限公司授權出版）

讀者回函卡

感謝您對本館的支持，為加強對您的服務，請填妥此卡，免付郵資寄回，可隨時收到本館最新出版訊息，及享受各種優惠。

姓名：＿＿＿＿＿＿＿＿＿＿＿＿　　　　性別：□男 □女

出生日期：＿＿年＿＿月＿＿日

職業：□學生 □公務（含軍警） □家管 □服務 □金融 □製造
　　　□資訊 □大眾傳播 □自由業 □農漁牧 □退休 □其他

學歷：□高中以下（含高中） □大專 □研究所（含以上）

地址：□□□＿＿＿＿＿＿＿＿＿＿＿＿＿＿＿＿＿＿
　　　＿＿＿＿＿＿＿＿＿＿＿＿＿＿＿＿＿＿＿＿＿＿

電話：（H）＿＿＿＿＿＿＿＿　（O）＿＿＿＿＿＿＿＿

E-mail：＿＿＿＿＿＿＿＿＿＿＿＿＿＿＿＿＿＿

購買書名：＿＿＿＿＿＿＿＿＿＿＿＿＿＿＿＿＿＿

您從何處得知本書？
　　　□書店 □報紙廣告 □報紙專欄 □雜誌廣告 □DM廣告
　　　□傳單 □親友介紹 □電視廣播 □其他

您對本書的意見？ （A/滿意 B/尚可 C/需改進）
　　　內容＿＿＿　編輯＿＿＿　校對＿＿＿　翻譯＿＿＿
　　　封面設計＿＿＿　價格＿＿＿　其他＿＿＿＿＿＿＿

您的建議：＿＿＿＿＿＿＿＿＿＿＿＿＿＿＿＿＿＿
　　　＿＿＿＿＿＿＿＿＿＿＿＿＿＿＿＿＿＿＿＿＿＿
　　　＿＿＿＿＿＿＿＿＿＿＿＿＿＿＿＿＿＿＿＿＿＿

臺灣商務印書館

台北市重慶南路一段三十七號　電話：（02）23116118・23115538
讀者服務專線：0800056196　傳真：（02）23710274・23701091
郵撥：0000165-1號　E-mail：cptw@ms12.hinet.net
網址：www.cptw.com.tw

100臺北市重慶南路一段37號

臺灣商務印書館　收

對摺寄回，謝謝！

傳統現代　並翼而翔
Flying with the wings of tradition and modernity.